memórias de um cineasta publicitário

Wellington Amaral Jr.

Memórias
de um cineasta
publicitário

© 2022 - Wellington Amaral Jr.
Direitos em língua portuguesa para o Brasil:
Matrix Editora
www.matrixeditora.com.br
◐/MatrixEditora | ◐ @matrixeditora | ◐ /matrixeditora

Diretor editorial
Paulo Tadeu

Capa, projeto gráfico e diagramação
Patricia Delgado da Costa

Ilustração da capa
Eduardo Baptistão

Copidesque
Márcia Lúcia Amaral Fernandes

Revisão
Alessandra Siedschlag
Adriana Wrege
Silvia Parollo

CIP-BRASIL - CATALOGAÇÃO NA PUBLICAÇÃO
SINDICATO NACIONAL DOS EDITORES DE LIVROS, RJ

Amaral Jr., Wellington
Memórias de um cineasta publicitário / Wellington Amaral Jr. - 1. ed. - São Paulo: Matrix, 2022.
400 p.; 23 cm.

ISBN 978-65-5616-262-1

1. Amaral Jr., Wellington. 2. Publicitários - Biografia - Brasil.
3. Diretores e produtores de cinema - Biografia - Brasil. I. Título.

22-79139   CDD: 791.43092
                                        CDU: 929:791

Meri Gleice Rodrigues de Souza - Bibliotecária - CRB-7/6439

Sumário

Prefácio 11
Prólogo 13
Introdução - A descoberta.. 15

FASE ZERO
0.1 Passageiro acidental 21
0.2 Quero ser grande! 30

FASE UM
1.1 À espera de um milagre 41
1.2 O recruta 45
1.3 Dormindo com o perigo 49
1.4 Infiltrado... 53
1.5 O jogo da imitação 57
1.6 Contatos imediatos 62
1.7 O grande desafio 69
1.8 A grande virada 76
1.9 Ao mestre com carinho 80
1.10 Um corpo que cai 85
1.11 De volta para o futuro 89
1.12 New York, New York 100
1.13 Era uma vez na América 103

FASE DOIS
2.1 Tempo de recomeçar 109
2.2 Encontros e desencontros 116
2.3 Missão impossível 120
2.4 À procura da felicidade 125

FASE TRÊS
3.1 Código de conduta 135
3.2 Um estranho no ninho 141
3.3 Rede de intrigas 149
3.4 Faça a coisa certa 154
3.5 Fama 158
3.6 Um grande salto 161
3.7 A negociação 165
3.8 Senso de justiça 168
3.9 Corações divididos 171
3.10 Rio, eu te amo 177
3.11 A troca 183

3.12 Despedida em grande estilo 188
3.13 Erros irreversíveis 193
3.14 A ilha da fantasia 198
3.15 Um novo recomeço 210
3.16 Ruptura 216
3.17 Admirável mundo novo 220

FASE QUATRO
4.1 A vida é bela 229
4.2 Na toca do leão 239
4.3 Sem controle 244
4.4 O cobrador de impostos 258
4.5 Nashville 267
4.6 Amor sem fronteiras 272
4.7 Um golpe do destino 278
4.8 Alphaville 286
4.9 Ex machina 296

FASE CINCO
5.1 À meia-luz 305
5.2 Sorte grande... 311
5.3 O especialista 316
5.4 Pequenos detalhes 326
5.5 A missão 331
5.6 Golpe de mestre 335
5.7 O primeiro encontro 338
5.8 Um tiro no escuro 343
5.9 O jogo do dinheiro 346
5.10 Um sonho de liberdade 350
5.11 Estrelas além do tempo 357
5.12 Grandes esperanças 362
5.13 Busca implacável 368
5.14 Foi apenas um sonho 373
5.15 A conquista 376
5.16 Parceiros até o fim 380

FASE SEIS
6.1 Infidelidade 387
6.2 O show não pode parar 392
Agradecimentos 397

Experiência não é o que acontece a uma pessoa,
é o que essa pessoa faz com o que lhe acontece.

Aldous Huxley

*Aos meus mestres e irmãos de alma
Cláudio Meyer e Ronaldo Moreira.*

Prefácio

"É melhor ser mais ou menos, fazer bem-feito e ter sucesso em diversas áreas, do que ser excelente em apenas uma."

Duke me pediu, por WhatsApp, pra eu escrever o prefácio deste livro. Eu nem sabia que ele estava no meio dessa tarefa, escrever um livro:

"Acho que ninguém mais do que você acompanhou a minha carreira tão de perto e tão de cabo a rabo... Por isso considero você a pessoa ideal para escrever o prefácio do meu livro. Se puder me fazer essa gentileza, ficaria muito honrado".

Fui pego de surpresa e respondi no ato, também por WhatsApp:

"Confesso que não me sinto muito à vontade e também sem autoridade pra escrever o prefácio do seu livro. É mais do que um livro, são flagrantes da sua vida, da vida de alguém. Gosto desse alguém, do autor. Acompanhei boa parte da trajetória dele, mas sem me envolver, sem fazer parte de fato. Foi um acompanhamento pelo acostamento, enquanto você corria pela via principal, a sua via principal. Digamos que te acompanhei a distância, factual e cronologicamente. Pra começar, na década de 70, ambos iniciando a vida no trabalho e na McCann, você no Atendimento e eu na Criação. Você mudou de agência, mudou de área, mudou de competência. Nos distanciamos, até nos trombarmos aqui e ali no mercado, em diferentes fases das nossas vidas e carreiras, em diferentes papéis, diferentes atuações. Nunca fomos amigos íntimos o suficiente pra eu ter a autoridade de escrever sobre você. Mas não posso negar uma síntese do que você sempre significou pra mim, pelo que te respeito e admiro, foi e é sua capacidade de agir por antecipação, com crença e empenho naquilo que fez e faz. Antecipar-se às tendências do mercado, antecipar-se aos rumos que a profissão ia tomando, antecipar-se aos avanços da tecnologia e do negócio da Comunicação. Antecipar-se, enfim. Uma iniciativa depois da outra, mudanças sucessivas, em série e sempre correndo na frente. Espero que tenha ficado claro e que você me perdoe por não escrever um prefácio pro seu livro, Duke".

Resposta do Wellington, também imediata:

"Compreendido, e nada a perdoar. Thanks anyway pelas palavras. Esse seu texto já poderia ser um prefácio... do jeito que está... rsrs. Abs".

Encerro o assunto. Ou achei que encerrava:

"Pelo menos seria um prefácio honesto, o que é raro em prefácios de livros semibiográficos. Just in case, manda pra mim uma breve e sintética linha do tempo da sua trajetória: fazendo o quê, quando, onde, como, com quem".

O Wellington me mandou uma "linha do tempo" não tão sintética assim...

Em uma planilha de Excel com quase 50 linhas ele indicou, ano a ano, informações extremamente organizadas e detalhadas sobre tudo que fez, onde fez e com quem fez durante mais de 35 anos de carreira!

Típico do Wellington. Reflete bem o título deste meu texto, que é uma frase dita pelo próprio Wellington: é melhor ser mais ou menos, fazer bem-feito e ter sucesso em diversas áreas, do que ser excelente em apenas uma.

Então, este aqui já foi o prefácio. Agora, desfrutem o livro.

Percival Caropreso
Profissional de Comunicação e publicitário
Muito aposentado

Prólogo

Confesso que foi apenas recentemente que me dei conta de que muitas passagens da minha infância e adolescência já prenunciavam o meu futuro profissional.

Começou a ser traçado já naquela época o contorno do primeiro fragmento de um grande quebra-cabeça que, junto com centenas de outras peças, viria a formar a minha história profissional.

Por isso peço licença para abordar neste livro algumas passagens da minha vida pessoal que antecederam meu ingresso na publicidade, que explicam muitas coisas que viriam a acontecer.

As peças desse *puzzle* nem sempre vinham casadas... Muitas vezes surgiam do nada, totalmente desconexas, não fazendo muito sentido sem que houvesse outras para ajudar a formar pelo menos parte de uma imagem mais definida.

Parafraseando Khalil Gibran: "Para um alpinista, a montanha é mais nítida quando vista da planície".

Para mim foi necessário um certo distanciamento de todas aquelas peças que compunham o meu quebra-cabeça para que, mesmo com ele incompleto, eu pudesse apreciar o seu quase todo e tentar entender o sentido de cada uma de suas partes.

A imagem que meu quebra-cabeça forma não é nada especial.

Não é grandiosa, nem importante ou necessária para a história do cinema publicitário. O seu todo é, em si, apenas um pequeno fragmento de um *puzzle* muito maior, que também merece ser montado e contado.

Neste livro, divido com você alguns desses pedaços. Não por outro motivo senão um pouco de vaidade pessoal, e principalmente pelo fato de eu poder hoje ter o distanciamento e o tempo suficientes para fazê-lo.

O conteúdo deste livro está baseado na minha versão dos fatos, como os percebi, como os mantenho vivos em minha mente, cujas sinapses já não são tão confiáveis... Portanto, me perdoe por eventuais involuntários erros e omissões.

Da mesma forma, os diálogos aqui inseridos não têm a pretensão de ser *verbatim*, mas representam fielmente a essência e a intenção do que foi dito, ao menos na minha interpretação.

Claro que eu não conseguiria incluir no livro todos aqueles que de alguma forma cruzaram ou tangenciaram a minha vida profissional. Foram milhares de pessoas, entre colegas, amigos, clientes, que tiveram seus caminhos cruzados com o meu. E a grande maioria ficará de fora desses relatos, mas não por isso foram menos importantes para mim.

Boa leitura!

Wellington Amaral Junior

INTRODUÇÃO

A descoberta

Meu primeiro contato com o cinema, além de ser mero espectador, foi por volta dos 8 anos, quando construí um projetor. Isso mesmo. Com algumas caixas de sapato, uma lâmpada, muita fita adesiva e uma lupa quebrada eu montei o que talvez tenha sido a pedra fundamental da minha carreira.

Aquela lupa tinha sido um objeto de magia, através do qual eu podia ver o mundo de uma maneira diferente, achava que podia olhar dentro das coisas. Talvez enxergar o que as outras pessoas não percebiam.

Aí ela quebrou – não a lente, mas sua haste. Eu precisava dar alguma nova utilidade para ela. Objetos mágicos não podem ter defeito! A perfeição é a qualidade que mais se espera de algo tão admirável.

Me veio a ideia de um projetor. Não sei bem de onde surgiu aquela imagem na minha cabeça... Onde eu já teria visto aquilo? Eu não sei, só sei que achava que era capaz de fazer!

Com muito cuidado, erros e acertos, aos poucos fui montando o primeiro quebra-cabeça da minha vida, e finalmente meu projetor estava pronto. Faltava o que projetar.

Eu já era um grande fã dos personagens da Disney, colecionava todos os gibis que eram publicados e tinha aprendido a desenhar uma boa parte deles de memória. Aí foram aqueles momentos de êxtase, desenhando "fotogramas" com Donald, Pateta, Mickey, Pluto... em tiras de papel de seda! Pronta a tira, eu a colocava entre duas peças de papelão que dividiam a caixa de sapato ao meio, entre a lupa e a lâmpada. Essas peças tinham uma janela central, onde os meus "fotogramas" eram perfeitamente encaixados.

Com o "filme" no suporte e a caixa tampada, a mágica era ligar o fio na tomada, girar a rodinha de liga-desliga no soquete, e a sessão começava!

No início, com o coração agitado, eu percebia que as imagens ficavam desfocadas, mas depois fui chegando a cadeira onde eu apoiava o meu "projetor" para a frente e para trás, ajustando a distância, em várias tentativas, até que foi possível ver com nitidez o meu filme projetado na parede do meu quarto.

Uma pequenina imagem com poucos centímetros quadrados... mas de cabeça para baixo!

Descobri que eu tinha que inverter o filme no suporte, para a imagem ser projetada corretamente na parede. Hum!

E eu ia puxando o papel de seda de um lado para o outro, até que uma nova imagem se encaixasse na janela do suporte.

Era um milagre ver tudo aquilo acontecendo ali, ao vivo, na projeção. De vez em quando o papel se rasgava, para a minha frustração, mas bastava eu criar um novo "filme" para a sessão recomeçar.

Adorava quando minha irmã e meus pais participavam de uma matinê, riam e aplaudiam a minha criação.

Que conquista! Que vitória ter recuperado aquela lupa, num grau tão mais mágico! Foi o maior encantamento de que me lembro.

A bem da verdade, meu primeiro encantamento tinha sido um televisor Invictus a válvula, que ocupava um local nobre em nossa pequena sala de estar. Desde que me conheço por gente, havia televisão em casa – um luxo improvável, considerando-se as condições financeiras do meu pai naquele tempo.

Mesmo assim, era o único aparelho de TV do bairro, e isso fazia com que eu me sentisse privilegiado, sortudo mesmo, pois podia assistir aos meus programas favoritos todos os dias, a qualquer hora, pelo menos até passar o comercial dos cobertores Parahyba.

Foi nessa fase da infância que tomei gosto por filmes. Adorava assistir aos longas e, em especial, aos seriados, como *Fury*, *Zorro*,

As aventuras de Rin Tin Tin, *Os quatro homens justos*, *Lassie*, *Roy Rogers*, *The Red Skelton Show*. Havia algumas poucas séries brasileiras, como o *Capitão 7* e *A turma dos sete*, claro, na Record, canal 7, em São Paulo. Na Tupi, o icônico *O vigilante rodoviário* e os teleteatros, *TV de comédia* e *TV de vanguarda*, alternando-se a cada domingo, o único dia em que minha irmã e eu podíamos ficar acordados até um pouco mais tarde.

Mas projetar aqueles simples desenhos no meu próprio projetor era tão poderoso quanto ver qualquer série ou filme na TV. Era construir algo com minhas próprias mãos, era dar utilidade a um monte de quinquilharias espalhadas pela casa. Era dar vida a alguma coisa. Era a sensação de poder absoluto, quando você decide, cria e executa o seu próprio sonho, assumindo simultaneamente o papel do arquiteto, do engenheiro e do construtor. Fatores que nortearam o meu caminho ao longo de toda a minha vida. A busca do equilíbrio entre a arte e a lógica.

Claro que isso não era algo de que eu tinha consciência na época. Eu nunca tive a oportunidade de olhar para trás, analisar e refletir sobre o significado e as consequências de todas aquelas experiências... até hoje.

O mercado publicitário
ainda não existe para você.

0.1
Passageiro acidental

A turbina, bem ali ao meu lado, cuspia intermitentes labaredas de fogo. Olhei à minha volta. Estavam todos alheios ao que acontecia lá fora, muitos até dormindo tranquilamente. Talvez turbinas funcionassem daquele jeito mesmo, mas, por via das dúvidas, chamei a aeromoça e perguntei:

– Olha... Aquilo é normal?

Ela olhou através da minha janela e não me respondeu. Imediatamente se dirigiu à cabine de comando, aparentando estar calma.

Menos de um minuto depois, o aviso de apertar os cintos e o mergulho do avião.

A aeromoça, agora visivelmente nervosa, puxou seu assento basculante e também se afivelou. Do alto da minha total ignorância (jamais tinha pisado em um avião em toda a minha vida), na hora imaginei que teria sido eu o salvador da pátria, aquele que detectou o fogo antes de todo mundo e deu o alerta aos pilotos. Mas, obviamente, na cabine todos já estavam cientes da situação e estavam apenas se preparando para realizar os procedimentos de praxe para aquela situação, entre eles, uma descida de emergência. Nada grave, não estávamos muito longe de Lima, e apenas uma das quatro turbinas tinha pifado.

Não sei dizer quanto tempo durou o mergulho, porque tudo paralisou dentro de mim. Parou o tempo. Todo o meu ser havia se concentrado naquela queda livre, que me pareceu uma eternidade.

Naquele espaço de tempo, imaginando que eu poderia estar diante do meu precoce fim, eu me perguntei: "Por quê? Justo agora? Justo comigo?".

Era o ano de 1969, e, embora eu tivesse apenas 15 anos recém-completados, nos últimos meses eu havia travado uma batalha dentro de mim, sentindo que tinha que fazer algo diferente na minha vida.

Não aquele "diferente" de mudar de turma ou começar a praticar um esporte. Era algo mais, uma guinada mesmo. Alguma coisa me chamava de longe, uma ansiedade, a necessidade de um salto, quase aquela sensação que pega a gente um minuto antes de apostar todas as fichas em um único lance. Algo grande, fora da mesmice, um desafio, um ponto fora do plano e da curva.

O irmão da minha namoradinha, um pouco mais velho que eu, havia me falado sobre intercâmbios estudantis internacionais e me incentivou a pesquisar mais sobre o assunto.

Desde criança, eu sempre tive uma forte ligação com os Estados Unidos. A escola em que estudei no jardim de infância e em todo o primário (chamava-se Nossa Escolinha) tinha fortíssima influência norte-americana. As diretoras, dona Julieta e dona Ruth Bradfield, adotavam algumas das práticas implementadas nos Estados Unidos, incluindo um magnífico micro-ônibus, carinhosamente apelidado de "Amarelão", idêntico aos tradicionais ônibus escolares americanos. Quando Kennedy foi assassinado, em 1963, a Nossa Escolinha foi a única escola que decretou feriado e luto por três dias. Acrescente-se a isso a enorme quantidade de filmes e séries americanas a que eu assistia... Tudo isso gerou uma empatia enorme com os Estados Unidos, cuja cultura muito cedo passou a ser um dos meus maiores sonhos de consumo, de *rock and roll* e *milk-shake* a calças Lee e Hollywood.

De repente, morar um tempo nos Estados Unidos saiu do campo do improvável para se tornar uma real possibilidade. Um intercâmbio cultural!

E eu senti que era por ali que eu queria ir: para longe, ousar, experimentar, sair da zona de conforto, testar a mim mesmo sem a proteção de um teto, uma família estruturada, pais amorosos e vigilantes... Às vezes, até demais!

Eu corri atrás de informações, em uma época em que não havia um Google disponível. E achei um intercâmbio, o Youth for Understanding – YFU, que me pareceu promissor.

Minha mãe relutou muito em me deixar bater asas, ela que sempre me cercou dentro do ninho, superprotetora, no verdadeiro sentido da palavra: protetora em excesso. A relutância era tão forte que, no dia em que eu liguei para ela dando a notícia de que havia sido aprovado no programa de bolsas de estudo, ela desmaiou ao telefone. Muito depois ela confessaria que só havia permitido que eu me inscrevesse porque tinha certeza de que eu não passaria nos exames.

Eu já tinha passado por experiência parecida quando, aos 10 ou 11 anos, tornei-me escoteiro, ingressando em um grupo formado na Igreja Metodista, que frequentei por muitos anos, no bairro de Santo Amaro, em São Paulo.

Apesar da vontade natural de qualquer pai ou mãe de ver sua cria crescer e se tornar independente, minha mãe não resistia à tentação de aparecer de repente em nossos acampamentos, no meio do mato, para ver se eu estava bem e se precisava de alguma coisa. Isso me mortificava e me causava imensa vergonha perante os meus colegas de escotismo. Essa experiência como escoteiro foi fundamental para desenvolver meu espírito de ousadia e liderança e logo me tornei chefe da "Lobo", a minha saudosa patrulha com bandeira amarela e preta. Meu nascimento havia sido bastante problemático, e sofri graves crises de bronquite asmática durante a infância, o que talvez tenha motivado os medos e as inseguranças da minha mãe quanto a me soltar mundo afora.

Já meu pai apoiou aquela minha iniciativa de me descolar da família, porque sabia que essa experiência seria um grande e positivo divisor de águas na minha vida. E o apoio não era apenas moral, mas também financeiro. Eram necessários 1.000 dólares para que eu pudesse viver durante quase um ano com uma família americana. Em números atuais não parece muito, mas, considerando-se a inflação norte-americana, hoje seriam quase 7 mil dólares. Ao cambiar aquele valor para a nossa moeda, isso representava provavelmente alguns salários do meu pai, que era ainda apenas um gerente de banco. Mas ele generosamente bancou o meu desejo, e eu estava finalmente a caminho da minha terra prometida.

Um solavanco maior do avião me fez questionar minha decisão. Lembrei da confusão que fora o embarque em Viracopos, cerca de 150 estudantes que partiam para aquele intercâmbio, no DC8 da Aerolíneas Peruanas, com escala prevista em Lima.

De repente a queda livre parou: finalmente o piloto estabilizou o voo e pouco depois aterrissamos no aeroporto Jorge Chávez, em Lima.

E ali o avião ficou: a turbina teria de ser trocada.

Somente 24 horas após o incidente, as quais passamos no próprio aeroporto e arredores, é que conseguimos seguir para Miami, em um outro avião fretado. É claro que esse atraso fez com que todos nós perdêssemos nossas conexões.

Realocar cada um dos estudantes bolsistas em novos voos era uma tarefa bastante complexa, em uma época em que tudo era feito manualmente, sem o auxílio de computadores.

Todos nós estávamos apreensivos, éramos muito jovens para aquela experiência, e, para complicar mais, ninguém falava inglês suficientemente bem para se comunicar com as autoridades e entender as recomendações dos instrutores locais.

O representante e coordenador do YFU que nos recebeu em Miami chamava-se Earl Rose. Depois de algumas horas de espera, ele juntou todo o grupo em um canto do saguão e, de posse de nossas passagens reemitidas, foi chamando cada um dos bolsistas, disparando:

– Ricarrrdôu Cansayssao, *here are your tickets and documents, run now to South Terminal, Concourse H, level 2, gate 17! You gotta be there in 15 minutes max!* Sayceelya Payvah! *You! Central Terminal, Concourse F, Gate 23, second level! Go! You've got 10 minutes!*

Alguns poucos estudantes conseguiram entender as instruções e pegaram seus passaportes e bilhetes, mas a imensa maioria entrou em pânico e todos começaram a abordar o coordenador ao mesmo tempo, com uma avalanche de perguntas.

Também preocupado, eu fiquei de lado aguardando a minha vez, assistindo ao verdadeiro tumulto que se formou em volta do coordenador. Senti que ele estava com muita dificuldade para suportar toda aquela pressão. O altíssimo nível de nervosismo de Earl Rose era visível, e de repente ele desabou no chão, estrebuchando, com a boca espumando, em um violento ataque epiléptico.

Diante de todo aquele pandemônio, eu vi aparecer um grupo de homens da segurança do aeroporto, que simplesmente colocou Earl Rose em uma maca e desapareceu com ele. Com ele e com a caixa com todos os nossos bilhetes e passaportes.

Naquele momento, ficamos todos ali, em estado de choque, sem ninguém para nos ajudar ou tranquilizar, e sem termos como entrar em contato com nossas famílias no Brasil ou com as americanas que haviam "adotado" cada um de nós.

Não existiam as facilidades de hoje: e-mails, celulares... Então, estávamos à mercê das circunstâncias, sem maneira de avisá-los.

Alguns anos mais tarde eu viria a perceber, depois de um longo processo de amadurecimento e autoconhecimento, que aquele momento da minha vida faria emergir em mim a capacidade de funcionar bem sob pressão e aprender que, em situações em que ninguém toma a iniciativa, ou em que não há uma solução aparente, eu tinha a tendência de tomar a dianteira, de "arregaçar as mangas e partir pra cima".

Foi o que eu fiz. Corri atrás dos seguranças:

– *Wait... wait!* Vocês estão levando os nossos passaportes, os nossos tíquetes!

Finalmente uma representante da área de segurança do aeroporto recuperou a caixa com os documentos e voltou comigo até onde estavam os estudantes reunidos.

Com a ajuda dela, eu ia convocando e entregando, a cada bolsista, um envelope contendo o passaporte e a passagem de cada um. Muitos não conseguiam identificar os dados de embarque, e na medida do possível eu os instruía de acordo com os dados dos tíquetes.

Por causa do atraso causado pelo incidente com Earl Rose, vários bolsistas perderam as suas novas conexões, inclusive eu, já que fiquei ali até o fim, até que todos tivessem embarcado.

Foram dois dias e meio de atraso para chegar a Jesup, a cidadezinha para a qual fui designado, na região nordeste do estado de Iowa.

Eu não sabia o nome da família, não sabia se estariam à minha espera no aeroporto, não tinha o contato deles.

Como não havia voo direto de Miami para lá, eu tive que pegar um voo para Chicago, depois para Dubuque, que fica à beira do rio Mississipi, a uns 100 quilômetros a leste de Jesup.

Eu não tive nenhum acompanhante, precisei me virar sozinho no aeroporto de O'Hare, o mais movimentado do mundo, para trocar de terminal e embarcar em outro avião. Quando cheguei a Dubuque, nem podia acreditar! A minha "família" estava me esperando: eles tinham acompanhado todo o processo pela central da YFU em Battle Creek, em Michigan.

Depois do turbilhão que foi essa viagem, chegar ao meu destino e encontrar alguém me esperando fez com que aqueles desconhecidos parecessem mesmo entes queridos. Eu me senti muito acolhido, apesar da recepção pouco calorosa, bem própria do povo americano, sem grandes e efusivos abraços: largos sorrisos, fortes apertos de mão, e só.

Lá estavam os meus "pais", Milroy e Grace Brown, e meu "irmão" Scott.

A caminho de Jesup me contaram que eu tinha outros "irmãos", Buzz, Sandy e Bonnie, mas já eram casados e não moravam mais na "nossa" casa.

Naquela época, minha família de sangue (meus pais, minha irmã e eu) morava no centro de Santo André, na Grande São Paulo, em um apartamento em cima da agência do banco do qual meu pai era gerente. A agência ficava a poucos metros da estação de trem, um lugar barulhento, poluído visualmente e muito movimentado.

Quando, depois de umas duas horas de viagem na enorme *station wagon* dos Browns, finalmente chegamos a Jesup, e vi a rua onde eu ia morar. Tive um choque.

Primeiro, porque havia deixado o Brasil com 36 ou 37 graus, para enfrentar os 10 graus negativos dali. Depois, eu admirei a cidade plana, as alamedas bem-cuidadas, as casas com os jardins abertos, os extensos gramados sem muros e aquele manto branco de neve cobrindo tudo. Aquilo que eu pensava que só existia nos filmes era verdade!

Depois de tantas dificuldades, dúvidas, temores e cansaço, chegar à casa de uma família que eu nem conhecia me deu a sensação de realmente chegar a um lar.

Era uma outra paisagem, uma outra realidade, que eu podia ver ali na minha frente. Só o que eu não podia ver, naquela época, é que com aquele passo eu estava plantando o meu futuro.

Aos poucos fui me moldando à maneira de viver das pessoas dali. As dificuldades não foram poucas: já no dia seguinte comecei a frequentar a escola e somente então fui perceber que eu pensava que sabia falar inglês.

Dia após dia, comecei a interagir com aquele mundo à minha volta, com as pessoas, com a cultura. Comecei a aprender que teria que ajudar nas tarefas domésticas, como todos na família, fazer parte de uma comunidade, em uma cultura em que o senso de comunidade realmente existe.

Aos poucos fui aprendendo a gostar da cidadezinha, cuja população não chegava a 3 mil habitantes. Em qualquer direção que se olhasse, não se via uma única montanha ou mesmo uma pequena colina. Todo o estado de Iowa era tão plano quanto uma mesa de bilhar. Por isso, a diversão era ir deslizando, mesmo sem patins, pelas ruas cobertas de gelo até a escola. No começo, eu perdia feio para o Scott. Eram 200 metros pela Hawley Street, onde ficava minha casa, e depois mais 500 metros pela 6th Street, que nos conduzia diretamente até o *campus* da Jesup High School. Ao final do inverno, eu já tinha ficado bom na arte de patinar sem patins – mas jamais ganhei do Scott.

O prédio da escola era extenso, moderno para os padrões da época, todo construído com tijolos escuros e generosas aberturas envidraçadas.

Mas o que mais me impressionou foi o fato de aquela escola, que tinha no máximo quinhentos alunos (metade deles morando na zona rural), ter tantas atividades regulares.

Além de uma orquestra sinfônica completa, havia diversos grupos de câmara, grupos vocais, corais e, como era de esperar, uma fantástica banda marcial. Além disso, havia grupos de teatro, fotografia, jornalismo, até mesmo de prendas domésticas, agricultura e trabalhos preparatórios para a carreira militar. Isso sem falar da infinidade de modalidades esportivas praticadas no imenso *campus* da Jesup High.

Go Hawks!

Hoje percebo que talvez essa variedade de aprendizados tenha tido uma importância decisiva na minha formação profissional, no desenvolvimento de minhas habilidades.

Em uma escola e uma comunidade tão pequenas, era de esperar que eu me tornasse uma pequena celebridade da noite para o dia, fato que me ajudou muito e me abriu várias portas entre os habitantes da pequena Jesup, em especial meus colegas e professores da escola.

Estar ali, naquele cenário lindo e pacato, sem a poluição visual e sonora a que estava habituado, era um verdadeiro sonho. Deixar uma Santo André quase provinciana e desembarcar na terra onde Woodstock acabara de acontecer foi um salto para o futuro. Talvez de uns vinte anos.

Mas foi ali, em Jesup, que eu aprendi a fazer de outra família a minha família. De outra escola, a minha escola. De outra língua, a minha língua. Adaptação, força de vontade, superação. Transformar saudade em tenacidade, medos em desafios. Foi ali que aprendi que, longe da família, tinha que me virar sozinho, fazer jus ao sacrifício que o meu pai estava fazendo para me proporcionar aquela oportunidade.

Mesmo não conseguindo entender ainda o seu significado, sabia que cada peça do *puzzle* que eu colecionasse ali acabaria por se encaixar no seu lugar, e então eu passaria a compreender a sua relevância dentro do todo.

Uma dessas pecinhas foi uma estudante sênior daquele ano, Peggy Thompson, que conheci logo no meu primeiro dia de aula, no salão de estudos. Eu a ajudei em umas questões de francês, continuamos a nos cruzar nos corredores e logo me interessei por ela (apesar de ser muita areia para o meu caminhão, já que eu era, então, apenas um *sophomore*[1]).

Ela trabalhava na Young Street, na única lanchonete da cidade, que eu sempre frequentava para jogar fliperama, comer um hambúrguer e, claro, flertar com ela. Uma noite, eu era o último cliente e aguardei Peggy fechar a casa. Depois de organizar tudo, ela apagou as luzes, e eu já estava me dirigindo para a porta quando, para minha surpresa, a *jukebox* ressuscitou, com Percy Sledge cantando "When a man loves a woman". Peggy me tirou para dançar, e acabamos ficando ali entrelaçados, iluminados apenas pela tênue luz da *jukebox*, rodopiando lentamente até altas horas. Foi uma das experiências mais românticas da minha vida, com um quê de *Verão de 42*... Uma noite que ficou platonicamente tatuada na minha memória.

Para meu enorme desgosto, descobri algum tempo depois que ela havia se casado repentinamente e estava grávida. Aquilo foi um

---

1 Segundanista. N. do E.

choque para mim, uma frustração muito grande. Ela acabou dando à luz enquanto o marido defendia as cores americanas no Vietnã. Mesmo desconsolado, mantive minha amizade com ela e até a ajudei, atuando de vez em quando como *baby-sitter* da pequena Tracy. Ao menos podia estar perto dela – um amargo prêmio de consolação.

Sem o devido distanciamento, não é possível enxergarmos o quadro geral e, portanto, naquela época não consegui identificar, nos contornos frustrantes daquele episódio, uma peça do tabuleiro que me seria muito importante alguns anos depois.

O que não fazia sentido era não valorizar cada evento, rotulando os acontecimentos incompreendidos como pequenos, e descartar a pecinha sem compreender seu valor.

Aproveitar cada oportunidade ao máximo era poder colocar, um dia, cada peça do quebra-cabeça no seu lugar; tudo era algo que poderia vir a ser relevante, uma ferramenta a colocar na bagagem.

Um dia, ali em Jesup, minha família me levou para conhecer a capital de Iowa, Des Moines. Lá, meu "pai", Milroy, me pediu que registrasse o passeio e me estendeu uma Bolex 16 mm a corda, carregada com um rolo parcialmente usado, e que vivia esquecida no fundo de um armário. Peguei, fascinado, aquela pequena máquina em minhas mãos, como uma coisa preciosa. E aquele foi o meu primeiro contato com uma câmera de cinema.

0.2
Quero ser grande!

E
u passei quase um ano em Jesup, absorvendo aquela cultura, vivenciando uma outra maneira de estar e de olhar as coisas, sem nem perceber quanto aquilo estava me moldando para a minha vida futura, construindo uma base para a minha carreira e influenciando minha maneira de ser, de forma tão profunda.

Ao voltar para o Brasil, percebi que tinha amadurecido tanto em tão pouco tempo que tentar me encaixar de novo na rotina da minha vida de antes era como tentar enfiar um elefante dentro de uma geladeira.

Talvez o pior tenha sido deixar para trás uma vida em que eu me governava e tomava praticamente todas as decisões do meu dia a dia, para enfrentar novamente a velha rotina da minha mãe querendo cuidar de mim e me superproteger, mais do que eu estava disposto a permitir. Afinal, eu já era um adulto.

Então, vivi um hiato por algum tempo, pensando em alguma maneira de voltar para os Estados Unidos. O chamado continuava. Em meu íntimo eu sabia que, de alguma maneira, eu queria fazer parte daquele lugar.

Resolvi então tentar o mesmo intercâmbio, YFU, apesar de saber que eles jamais haviam dado uma segunda bolsa para a mesma pessoa. Mas, para minha surpresa, graças à minha "performance" no incidente do aeroporto em Miami, fiquei conhecido pela administração, pelo próprio Earl Rose. (Olhe aí a pecinha do quebra-cabeça encontrando o seu lugar!)

Assim, quando solicitei uma nova bolsa, eles não só me aceitaram, como permitiram que eu escolhesse o estado para onde eu gostaria de ir.

Eu escolhi a Califórnia.

Em 1971 eu estava nos Estados Unidos de novo, e dessa nova experiência resultaria a minha decisão de seguir a carreira de publicitário.

Dessa vez viajei alçado à condição de monitor do grupo, já que tinha passado por aquela experiência pouco tempo antes. Dois dos bolsistas sob os meus cuidados durante aquela segunda viagem viriam a se tornar no futuro peças importantes do meu quebra-cabeça, Odorico Mendes e Claudio Gaiarsa.

Após a experiência da primeira viagem, eu já estava muito mais à vontade, já tinha objetivos um pouco mais definidos, passara daquela fase de admirar quintais sem muros. Já me sentia mais preparado para maiores desafios, e estava um pouco mais entrosado com aquela cultura: o primeiro choque estava superado e a barreira da língua não existia mais.

A vida em San Jose foi bem mais tranquila do que a que eu vinha tendo nos últimos meses, especialmente nos estudos. Enquanto no Brasil tínhamos treze matérias na escola, nos Estados Unidos eram apenas oito. A única questão era que entre elas havia um esporte obrigatório.

Nunca fui muito ligado a esportes, nem como torcedor, nem como praticante.

Mas na Blackford High School eles eram matérias obrigatórias e sazonais, ou seja, no inverno entravam os esportes praticados no ginásio, como basquete, vôlei e *wrestling* (a luta greco-romana); no verão era a vez daqueles praticados nas áreas externas, como futebol americano, beisebol, atletismo e natação. O nosso "soccer" estava ainda engatinhando nas terras de Tio Sam, e talvez tivesse sido essa a oportunidade de me destacar um pouco.

Durante a minha infância, graças ao meu tio Dalmi, irmão de minha mãe que morou em casa por muitos anos, eu me tornei mascote de um time de bairro, chamado Floriano Futebol Clube. Eu entrava em campo com o time, entregava a medalha ou o troféu para o vencedor, estava presente nas comemorações e nas fotos. Isso me aproximou um pouco do futebol, e meu tio sempre brincava comigo no nosso quintal, me ensinando alguns dribles e truques com a bola. Cheguei a formar um timezinho no bairro, mas minha paixão pela bola não durou muito tempo.

Aquele pouquinho que tinha aprendido com meu tio na infância já foi suficiente para me considerarem um verdadeiro Pelé em San Jose.

Talvez até tivéssemos tido uma chance no campeonato local, se tivéssemos conseguido montar um time inteiro, mas faltou quórum. Não havia interesse suficiente para juntar ao menos o mínimo indispensável para montar um time com três reservas, portanto ficávamos apenas treinando mesmo, sem nunca termos de fato competido.

Mas preferi isso a me aventurar no futebol americano. Não tinha estatura, velocidade nem agressividade suficientes para sequer poder considerar a opção.

Eu estava entre os alunos mais baixos de Blackford High, o que zerava minhas chances de treinar com o time de basquete. Mas na minha temporada em Jesup eu joguei pelo time oficial da escola e chegamos à final do campeonato do condado. Eu não tinha altura para chegar próximo à cesta ou mesmo para entrar no garrafão, portanto eu me especializei em arremessos de longa distância. Se a regra dos 3 pontos já tivesse sido estabelecida – a NBA só viria a adotá-la dez anos depois –, teríamos ganhado o Campeonato Estadual daquele ano.

Como os resultados de competições contribuíam para compor a nota trimestral do aluno, e no futebol não conseguíamos competir, eu tinha que escolher outro esporte, optar entre natação e beisebol. Passei por um processo de triagem, primeiro na natação, e fui dispensado depois de dois minutos na água. Simplesmente não conseguia me manter à tona.

Meu pai dirigiu a área de recreação do banco onde ele trabalhava, e uma de suas responsabilidades era administrar o clube recreativo onde os funcionários se divertiam nos fins de semana. Ocorre que o medo que minha mãe tinha de que eu me afogasse era tão grande que ela mal me deixava aproximar da piscina. Esse temor, reforçado constantemente por um longo período, foi se enraizando em mim de tal maneira que eu nunca de fato aprendi a nadar. Consigo atravessar uma piscina não muito longa, mas, se me largarem a duzentos metros de uma praia, não tenho certeza de conseguir chegar até ela.

Portanto, natação não era uma alternativa viável.

Já no beisebol me saí melhor. Já tinha alguma experiência adquirida em Jesup, no final consegui me integrar ao time da escola e, apesar de uma atuação abaixo da média, consegui conquistar minha letra atlética, tão desejada por qualquer jovem naquela fase.

Aquela fase esportiva foi muito desafiadora e ao mesmo tempo uma gigantesca lição de vida. Aprendi que, diante de adversários maiores, mais poderosos, agressivos e experientes, temos que primeiro escolher bem as batalhas que iremos (ou não) enfrentar e depois desenvolver armas, ferramentas, estratégias, táticas e posturas alternativas que compensem (ou superem) nossas deficiências ou desvantagens.

Foi um aprendizado que procurei levar comigo desde aquela época em que, apesar do forte desejo de já me considerar um adulto, eu ainda tinha muito a amadurecer e um longo caminho a percorrer na minha busca pela própria identidade.

Como todo adolescente, é claro que tinha muita dificuldade em descobrir e definir o que iria fazer na minha vida profissional. Às vezes, eu só queria achar um emprego, talvez até trabalhar no banco em que meu pai fizera carreira. Naquela época não havia tantas profissões consideradas "nobres", além das de advogado, engenheiro ou médico. Mas outras vezes minha intuição me impelia para alguma coisa ligada a criação ou arte, mas era muito complicado ganhar dinheiro nessas áreas, frequentemente consideradas opções de "vagabundos".

Eu realmente não sabia por onde seguir. Cheguei até a pensar em um caminho bastante radical – me tornar um físico nuclear –, mas foi um impulso que durou pouco tempo.

Quando estudava no Colégio Américo Brasiliense, em Santo André, eu tinha um professor de Física, Roberto Stack, que havia trabalhado na Nasa e na Barreira do Inferno, a base espacial brasileira. O professor Roberto me provocava uma grande admiração, aquela coisa da Nasa era fantástica, Neil Armstrong tinha acabado de caminhar na Lua – façanha que eu havia acompanhado como a uma novela, quando eu ainda vivia em Jesup, e que me suscitou uma sensação incrível de patriotismo por um país que nem era o meu. Havia todo aquele encantamento e curiosidade em torno da corrida espacial, e, por consequência de tudo isso, nasceu um certo interesse meu pela Física.

Notando esse meu interesse, o professor Roberto me "adotou" como um protegido seu, e no final de 1969 me colocou no *staff* de uma exposição paralela à II Bienal de Ciências no Parque do Ibirapuera, em São Paulo, chamada "Átomos em Ação".

Era um evento gigantesco, que custou a extravagante quantia de 300 milhões de dólares e teve a iniciativa e o patrocínio da Comissão de Energia Atômica dos Estados Unidos e o apoio do Instituto de Energia Atômica de São Paulo.

Na companhia de diversos estudantes da Universidade de São Paulo (USP), eu ajudei o professor e os cientistas gringos da ORAU (Oak Ridge Associated Universities) na montagem e operação do evento, e foi uma coisa incrível. Testemunhei a construção, em apenas dois dias, de três galpões semiesféricos de aproximadamente 30 metros de diâmetro cada um. Foram inflados balões enormes, despejaram uma solução por cima, deixaram que secasse e – *voilà*! – os pavilhões estavam prontos.

E foi uma grata surpresa quando, no final, um dos cientistas que estavam por trás da organização do evento, James Sealey, me disse que, se fosse do meu interesse, ele provavelmente conseguiria uma bolsa de estudos para mim na ORAU, o maior instituto de pesquisas nucleares dos Estados Unidos, localizado no Tennessee.

É claro que eu fiquei muito entusiasmado, até que o professor Roberto, com toda a sua experiência e sabedoria, me convidou para jantar em sua casa. Como ele já tinha percebido o meu jeito, já conhecia o meu perfil, a ideia era me mostrar como era, na real, a vida de um físico nuclear.

Naquela noite eu desisti de vez de seguir por aquele caminho.

Pude ver que, mesmo depois de longa e bem-sucedida carreira, meu mestre ainda era obrigado a dar aulas para poder manter uma vida minimamente digna. Seu apartamento era bem pequeno, espartanamente mobiliado, seu carro era de um modelo de dez anos atrás, enfim, ele estava financeiramente em pior estado que meu pai, gerente de banco. Além disso, eu percebi que não conseguiria ter a disciplina e a paciência para me dedicar anos a fio a um único propósito, trancado em algum laboratório, sem nenhuma garantia de sucesso.

Então eu voltara à estaca zero: profissionalmente, não sabia que rumo tomar.

Mas isso tudo mudou em um dia.

Meu intercâmbio desta vez havia me levado a San Jose, na Califórnia, como disse. Minha casa ficava no número 4.099 da Teale Avenue, e, quando eu cheguei ali, senti que estava atrasado mais outros vinte anos.

Em todos os aspectos, eles estavam muito mais avançados, desde o comportamento da juventude até o nível de preparo nas escolas, o comércio, a tecnologia... tudo.

Meu novo "pai" americano (diferentemente de Milroy Brown, de Jesup, que era mecânico de uma concessionária John Deere) trabalhava no Vale do Silício, então o berço da tecnologia. Ele se chamava Mack Johansen e era técnico em computação, algo que para mim era coisa de ficção científica.

Mesmo nos pequenos detalhes do dia a dia, dava para perceber esse avanço americano, e a televisão deles refletia tudo isso.

Se assistir à televisão já me fascinava desde criança, imagine então assistir aos programas maravilhosos que havia lá, em cores, tecnologia que só no ano seguinte começaria a engatinhar no Brasil.

Outra coisa que me deixava encantado eram os comerciais fantásticos que eles exibiam. Para mim, os *breaks* eram tão interessantes quanto o resto da programação, e eram também um verdadeiro entretenimento. Não era aquela coisa de você aproveitar para ir ao banheiro ou buscar um sanduíche na cozinha; dava gosto acompanhar os intervalos.

Apesar de eu nunca ter adquirido o hábito de fumar na minha vida, e portanto nunca ter sido parte do público-alvo, foi um comercial do mentolado Salem que deflagrou em mim o interesse pela carreira publicitária.

Era um filme que tinha uma trilha alegre, pra cima, daquelas pegajosas, que não saem da cabeça.

"You can take Salem out of the country but...

(Aí entrava um sininho, *pimm*, que introduzia a segunda parte.)

You can't take the country out of Salem."

Esse refrão era repetido umas cinco ou seis vezes ao longo do comercial, com algumas poucas e curtas intervenções de um locutor, sempre com o tal *pimm* dividindo as duas frases musicais.

Eu achava fantástico aquele comercial, que tinha uma mensagem muito bem-concebida: "Você consegue tirar o Salem do campo, mas... *pimm*... não consegue tirar o campo do Salem". Uma letra simples, inteligente e criativa.

Só esse conceito já me chamou muito a atenção.

Mas um belo dia, depois de algumas semanas de campanha, o comercial entrou no ar com seu refrão habitual executado algumas vezes, sendo que na última delas...

"You can take Salem out of the country, but... *pimm*..."

Nada mais! Já entrou o próximo comercial.

Aí deu aquele branco. Eu fiquei sem entender, esperando o resto da música. O coral não completa a frase, a música para, e entra simplesmente aquele sininho... e mais nada!

Isso me pegou em um contrapé mental, porque eu já estava no automático. Meu cérebro, adestrado, já ia para a segunda parte da assinatura. Mentalmente, já estava cantando o resto da frase, para completar a música.

Foi nesse momento que eu percebi a força de uma boa ideia aplicada a uma mensagem publicitária. Aquele silêncio, a ausência do coral, o *pimm*... Isso foi cem vezes mais poderoso do que se o coral tivesse simplesmente entrado, como em todos os outros filmes da campanha.

Isso começou a mexer comigo de uma maneira muito forte, e a partir daquele *insight* passei a reparar nos pequenos truques, nas mensagens sutilmente sugeridas por trás das explícitas, a enxergar através das imagens exibidas, ouvir além das palavras ditas ou cantadas. Percebi que propaganda poderia ser uma coisa extremamente poderosa. Quando criativa e pertinente, conseguia de fato mexer com a emoção, com a imaginação, curvar a linha de raciocínio.

Achei aquilo fantástico! Foi com esse *pimm*, nesse exato momento, que eu descobri o que queria fazer na minha vida: Publicidade.

Aquele instante foi um divisor de águas, quase uma epifania, que me descortinou um horizonte, me apontou uma direção, mostrando um caminho que eu viria a trilhar por toda a minha vida profissional.

Meu querido mentor e amigo Lair Ribeiro tem por hábito anunciar o início de seus cursos, ou a retomada da aula após os intervalos, caminhando pelo saguão tocando um sininho. Cada vez que eu ouvia aquele som, nas dezenas de cursos de que participei, seja como aluno ou membro de sua equipe, ele me remetia àquela experiência em San Jose, algo que com certeza ficou grudado na minha memória.

De qualquer maneira, embora eu ainda não tivesse vislumbrado o cinema como opção, me dei de presente de formatura uma câmera Super 8 mm e uma simplória mesinha de edição.

Mais duas pecinhas pra coleção.

Você entra no mercado publicitário, não conhece absolutamente ninguém e ninguém jamais ouviu falar de você.

1.1
À espera de um milagre

Ao retornar ao Brasil, informei ao meu pai que já tinha escolhido uma profissão. Apesar de bastante surpreendido, por ter outros planos para mim, ele me apoiou, como sempre, e disse que ia tentar me ajudar a conseguir uma colocação em uma agência de publicidade.

Na época, papai já era o diretor e chefe de todos os gerentes do Banco Comercial do Estado de São Paulo na cidade de São Paulo, cuja conta publicitária pertencia à agência McCann Erickson.

O Banco Comercial era insignificante para a McCann, a verba era irrisória, mas ele imaginou que, por meio de Fulano, que conhecia Beltrano e se relacionava com Sicrano, que conhecia o Sr. Francisco Gracioso, gerente-geral da McCann, seria possível tentar uma entrevista, com o objetivo de um emprego – no mínimo, um estágio naquela agência. E ele conseguiu.

A entrevista tinha sido marcada para as 9 da manhã, mas um pouco pela ansiedade e por medo de chegar atrasado, às 8 e pouco eu cheguei à agência. A recepção estava quase vazia, havia só uma recepcionista.

– O Sr. Gracioso ainda não chegou...
– Ok, obrigado, mas eu posso esperar por ele?
– É que eu nem sei a que horas ele vai chegar!
– Mas eu tenho uma entrevista marcada com ele às 9 horas!
– Então tá bom, se quiser aguardar...

O escritório da McCann Erickson ficava em um prédio antigo da Rua 7 de Abril, sede dos Diários Associados.

Eu fiquei um pouco decepcionado, não era a imagem que eu esperava da maior agência de publicidade do mundo – aquilo poderia ser a recepção de um escritório de contabilidade.

O prédio tinha o formato de um "U", e a recepção ficava no centro da base desse "U", de frente para os elevadores, com uma pequena área reservada para espera ao lado, onde eu me instalei e fiquei no aguardo.

O tempo foi passando. Já eram 9h30 e nada. Cada vez que o elevador abria a porta, eu percorria as caras das pessoas, para ver se seria ele.

10h30 e nada. Eu já estava me sentindo constrangido por estar ali.

Perto das 12h, a recepcionista recebeu um telefonema e logo em seguida me chamou.

– O Sr. Gracioso vai atender você, muito rapidamente, viu?

– Mas ele já chegou?

– Ele chegou pelo elevador dos fundos...

Depois vim a saber que não existia esse elevador dos fundos.

O Sr. Gracioso, na verdade, estava lá o tempo todo, mas não estava a fim de me receber. Fiquei sabendo disso muito depois pela sua secretária, Cristina Prietto.

Só que, por outro lado, ele também estava "preso" na sua sala. Ele tinha receio de que eu o reconhecesse e se viu sem saída, a não ser me conceder alguns preciosos minutinhos do seu tempo.

Eu fui levado para uma salinha de reunião, num dos vértices do "U", e ali ele tentou de todas as maneiras me fazer desistir da ideia de trabalhar antes de fazer uma faculdade. Talvez tenha sido a maneira mais fácil que ele encontrou para se livrar de mim.

– Mas eu já estou no cursinho, no final do ano quero prestar o vestibular para Comunicação na Faap.

– Ótimo, então você vai e faz. Quando acabar a faculdade, você volta e a gente conversa.

Nenhum de nós dava o braço a torcer.

Eu insistia em uma oportunidade; ele, com o olhar cravado em mim, através dos seus óculos fundo de garrafa, no melhor estilo Mr. Magoo, insistia em querer me ver longe dali pelos próximos quatro anos. Até que, por fim, eu mostrei pra ele o meu diploma da Blackford High School.

O diploma era impressionante, com a capa toda estofada com couro vermelho e gravada com letras de ouro. Ele o abriu, viu meu nome estampado em letras góticas, um selo dourado digno de uma Harvard, e se admirou.

– Ah! Então você fala inglês?

– Sim, com fluência, morei lá quase dois anos!

– Bom... Então eu consigo uma vaga, você pode começar estagiando na área de Atendimento.

Aleluia! Não importava a área, para mim estava ótimo, o que eu queria era trabalhar em uma agência.

Aquela não era uma posição garantida; ainda teria que me provar merecedor da vaga: na semana seguinte eu faria um teste psicológico, um de conhecimentos gerais e mais um de aptidão à profissão de publicitário. A secretária do Sr. Gracioso iria me receber e orientar, já que ele estaria em viagem.

Os dias correram numa longa espera, todo o meu foco estava naquela entrevista. Eu sabia que poderia não haver outra chance melhor do que aquela, afinal era a McCann Erickson, a maior agência do mundo e a maior do Brasil desde 1953, ano do meu nascimento.

Na semana seguinte eu estava lá, e fui atendido por Cristina Prietto.

– Olha... Como o Sr. Gracioso está viajando, você pode ocupar a sala dele, logo aqui em frente ao corredor, e faz lá com calma o seu exame, tá?

Feliz por poder ficar sozinho e me concentrar no teste, fui para a sala do Gracioso, só que, em vez de me sentar na cadeira do visitante, como seria de esperar, eu me sentei na cadeira dele.

Pela porta entreaberta, as pessoas que transitavam pelo corredor estranhavam ao ver aquele garoto sentado à mesa do gerente-geral da empresa. Por não saberem quem eu era, ninguém veio me importunar. O que me importunou mesmo foi o teste de conhecimentos gerais.

As perguntas abrangiam história, geografia, política – não só do Brasil, mas internacionais. Aí eu comecei a ficar preocupado e a suar frio; a educação nos Estados Unidos não prima muito pela inclusão de temas que não sejam relacionados aos Estados Unidos. Eu estava, como se dizia na época, "boiando", não sabia o que fazer, até que percebi que havia na estante atrás de mim um *Almanaque de Seleções*, uma verdadeira enciclopédia condensada, com um pouco de tudo.

Vi ali a minha tábua de salvação. Pensei: "Bom... fodido, fodido e meio".

Uma das questões: "Cite um rio da Rússia..."

Aí eu folheava o almanaque e achava quatro rios. E punha logo os quatro na resposta! Descaradamente, fui copiando tudo o que encontrava no almanaque, dando respostas múltiplas, tecendo pequenos comentários, acrescentando dados e estatísticas que nem haviam sido solicitados. E assim fui até o fim, colando tudo o que eu encontrava, agradecido por ninguém ter me flagrado.

Quando o teste passou para assuntos relacionados à publicidade, eu relaxei, minhas mãos pararam de tremer e pude contribuir com algo da minha própria cabeça.

Na semana seguinte, meu pai chegou eufórico em casa.

– Filho! O Sr. Gracioso está impressionado com você. Disse que você é um gênio!

– Ah, o teste foi fácil! Só precisei ser um pouco... criativo.

1.2
O recruta

Quando eu estava prestes a ir para os Estados Unidos pela segunda vez, houve um fator que me deixou muito preocupado: meu pai e eu ponderamos que eu completaria a idade em que seria obrigatório o alistamento militar, exatamente enquanto eu estaria em San Jose, na Califórnia. Perder o prazo de alistamento era uma falta grave, especialmente naquele período de regime militar; para que eu não tivesse problemas na minha volta ao Brasil, decidimos que seria melhor eu me alistar antes da viagem.

Diferentemente do meu pai, que quando jovem sonhara com uma carreira militar e por causa disso teve um desentendimento sério com o meu avô, eu não tinha nenhuma aptidão para essa atividade.

Meu avô, atropelando a vontade do meu pai, moveu céus e terra até que conseguiu livrá-lo do Exército. Claro, estavam em 1942, em plena Segunda Guerra Mundial. Mesmo assim, meu pai ficou furioso, mas, em obediência ao vovô Leobino, antes de ir para o quartel, ele passou horas esfregando limões nas solas dos pés, criando as indesejáveis feridas que acabaram livrando-o de servir no Exército.

Quanto a mim, eu faria qualquer coisa para me livrar daquilo, mesmo não sendo tempo de guerra em que o Brasil estava envolvido. Meu pai disse para eu não me preocupar, porque um militar amigo dele iria dar um jeito. Para facilitar a ajuda, esse amigo transferiu minha inscrição de Santo André para São Paulo, onde ele tinha mais influência.

E eu viajei tranquilo.

Acontece que, pouco tempo depois, esse tal amigo foi destacado para outro posto, na Amazônia, perdendo o contato com meu pai e, pior, a tal influência.

Quando retornei ao Brasil, vi o desastre que tinha sido a coisa. Se eu tivesse permanecido em Santo André, teria escapado do serviço militar, pois meu mês de nascimento, setembro, tinha sido sorteado para cair no chamado "excesso de contingente". O Tiro de Guerra de Santo André não tinha capacidade para absorver todos os jovens da região em idade de servir, portanto havia um sorteio de meses pares ou ímpares para a definição de quem serviria ou não, e meu mês tinha sido beneficiado. Mas, como tinha sido transferido para São Paulo...

Eu fui convocado para me apresentar ao Exército justamente na mesma semana eufórica em que eu tinha conseguido o emprego na McCann. Ou seja, ia perder a minha grande chance. Não poderia ter acontecido em pior momento.

No dia da apresentação, desconsolado, eu fui a pé do meu apartamento na Brigadeiro Luís Antônio até o quartel da Manoel da Nóbrega. Fiz os exames médicos. E ali tentei de tudo para me livrar – disse que tinha bronquite, pé chato, tudo sem êxito. Já foram tirando as medidas para o uniforme, e fui encaminhado para uma entrevista.

Preenchendo a minha ficha, o militar do outro lado da mesa comentou que eu tinha muita sorte, porque, como eu falava inglês, iria com certeza pegar um cargo fácil, como secretário ou motorista de oficial, normalmente isento dos esforços físicos impingidos aos soldados em geral.

Lá pelas tantas, enquanto todos nós, alistados, aguardávamos sei lá o quê, simplesmente me deram uma vassoura e me puseram para varrer o pátio, e logo virei motivo de chacota dos demais recrutas. Isso me despertou dolorosas memórias de momentos penosos pelos quais eu havia passado na época de ginásio, quando ainda não havia sido cunhado o termo "bullying".

Em dado momento, ouço meu nome e vou até o militar que estava me procurando. Eu o acompanho e ele me põe diante de um oficial – um médico – que estava tentando entender uma bula escrita em inglês. O meu entrevistador já tinha espalhado que havia um recruta que era fluente em inglês, então o médico pediu que me encontrassem.

Bom, traduzi a bula para ele, alertando que não entendia nada dos termos técnicos, mas ele pareceu compreender tudo, agradeceu e me liberou para voltar para a vassoura.

Depois de quase uma hora debaixo de sol e de poeira, fomos todos chamados a um ginásio, onde um sargento, daqueles típicos de cinema, ríspido e arrogante, fez uma longa preleção, que resumidamente explicitava quão sortudos nós éramos, pela maravilhosa oportunidade de podermos nos sacrificar em benefício da pátria amada. Vale lembrar que tínhamos na Presidência da República o temível general Emílio Garrastazu Médici.

Eu não sabia o que fazer – se chorava, se me atirava do alto da arquibancada para onde tínhamos sido levados. Lá pelas tantas, em alto e bom som, o sargento pergunta para a muda plateia, com um sorrisinho para lá de irônico:

– Por acaso alguém aqui presente não está feliz em servir ao seu país?

Depois de um momento de silêncio, o idiota aqui levanta a mão.

O sargento dirige o seu olhar para mim, incrédulo, e caminha lentamente na minha direção.

Eu já me imaginava sendo conduzido para a cadeia.

– Quer dizer então que o senhor não está satisfeito em servir ao Brasil?

Em uma fração de segundo, eu pensei, de novo: "Bom, fodido, fodido e meio".

– Não, senhor... Sargento... é o seguinte: eu acabei de voltar dos Estados Unidos, onde morei por um tempo, e lá eu acabei tendo uma filha. Um juiz de lá determinou que eu tenho que pagar uma pensão, tenho que ajudar a sustentar a menina... Acabei de arrumar um emprego pra poder cumprir a ordem.

Ele me olhou desconfiado, e disparou rapidamente algumas perguntas.

– Qual o nome da menina?

– Tracy.

– O nome da mãe?

– Peggy Thompson.

– Quanto você tem que mandar por mês?

– 150 dólares.

Silêncio absoluto. Podia-se ouvir uma mosca no ginásio, ninguém acreditando naquilo.

O sargento ficou meio sem ter o que dizer e comentou:

– É... é esse mesmo o limite mensal pra enviar dinheiro para o exterior. Mas por que eu devo acreditar em tudo isso que você está me dizendo?

– Eu moro aqui perto, posso ir buscar uma foto que eu tenho com a minha filha.

Ele pensou mais um pouco e seu olhar percorreu o ambiente, até que cruzou com o do tal médico que eu havia ajudado uma hora antes.

O médico encolheu os ombros e abriu os braços, com as mãos espalmadas para o alto, como que dizendo para o sargento: "Dá uma força pro moleque, vai?".

Foi quando o sargento olhou para mim e falou:

– Muito bem! Excesso de contingente. Pode ir.

Eu não sabia nem o que estava sentindo; parecia estar acordando de um terrível pesadelo. E se ele tivesse me pedido alguma prova? Algum documento? Como ele tinha aceitado a minha palavra... apenas a menção de uma fotografia? Meu pavor devia ser tanto que acabei sendo convincente.

Desci os degraus da arquibancada lentamente, sentindo centenas de pares de olhos me acompanhando. Passei pelo médico, que me deu uma piscadela, e saí do ginásio sem acreditar no que acabara de acontecer, acompanhado pelo mesmo soldado que havia feito a minha inscrição.

Ele carimbou a minha baixa, reiterando sua ideia de quão sortudo eu era, e disse que eu teria que voltar dali a algum tempo para retirar o meu certificado de reservista e fazer o juramento à bandeira. Foi ele quem me explicou que a grande maioria das pessoas que estavam no ginásio era de voluntários.

Passei pelos portões sentindo o peso do mundo ainda nas minhas costas e deixei o quartel, com medo de olhar para trás. Fui caminhando lentamente em direção à árdua subida da Brigadeiro Luís Antônio.

Quem se lembra da sequência final do filme *O expresso da meia-noite* vai entender como eu me senti naquele momento.

Eu só tinha um pensamento: tentar me lembrar onde eu tinha enfiado a foto da Polaroid em que eu aparecia segurando a filha de Peggy Thompson, minha frustrada paixãozinha platônica de Jesup, Iowa, Estados Unidos.

1.3
Dormindo com o perigo

O meu início na McCann, apesar de ser a concretização e o *start* de todo um processo extremamente positivo, me pegou em uma época bem complicada, em termos de esforço para cumprir as tarefas que foram impostas por mim mesmo. Paralelamente, muita coisa estava acontecendo na minha vida.

Naquele ano, além de frequentar o cursinho, estava concluindo o ensino médio (porque no Brasil, nessa época, não se aceitava o diploma de conclusão do colégio que eu tinha feito nos Estados Unidos) e ainda dava aulas particulares de inglês para levantar algum dinheiro para sobreviver.

Sim, porque apesar de ser um emprego muito bom, em uma agência *top*, como eu era apenas um estagiário e só trabalhava meio período, ganhava meio salário mínimo na McCann. Era muito pouco, mal pagava a condução que eu pegava para ir trabalhar lá na Sete de Abril.

Então, com tudo isso para fazer, eu tinha pouquíssimas horas para dormir.

Eu ia para o Cursinho Objetivo, na Avenida Paulista, por volta das 7h e, dependendo da programação de aulas no dia, conseguia ainda passar em casa, a três quarteirões dali, para engolir alguma coisa antes de pegar duas conduções para ir trabalhar. Mas, geralmente, por causa das aulas ou simulados, eu tinha que ir direto. Entrava na McCann por volta das 13h30, trabalhava até as 18h30 e ia a pé até o Alfredo

Pucca, colégio que ficava na boca do viaduto Santa Ifigênia, onde eu estava concluindo o colegial.

Aliás, esse colégio era um daqueles do tipo "pagou, passou", em que só se exigiam presença e pagamento em dia. Mas o que importava era que eles davam o diploma. Era tudo de que eu precisava.

O que eu não queria era ter que passar novamente pelo desespero que tinha sofrido da vez anterior – como os anos escolares do Brasil e dos Estados Unidos não são sincronizados, eu tive que tirar, em um único semestre, notas que valessem pelo ano todo.

Em tese, eu teria que tirar 10 em todas as matérias, de forma que, divididas pelos dois semestres do ano, as notas garantissem um 5, o mínimo necessário para passar de ano.

Minha sorte é que havia, na época, algo que se chamava "ponto de conceito", que permitia que cada professor ou professora desse ao aluno até um ponto a mais em sua média do semestre, seja pelo seu interesse, seja pelo esforço ou por algum trabalho extra, e todos os meus mestres, de antemão, disseram que me dariam esse ponto de conceito, facilitando um pouco a minha vida: passei a precisar tirar "só" um mínimo de 8 em todas as provas – o que, convenhamos, não é nada fácil, ainda mais não tendo estudado as matérias desde o início do ano letivo brasileiro.

Bom, acabei passando de ano, mas não queria jamais ter que passar por aquela experiência de novo. Daí ter escolhido o Alfredo Pucca, onde não era necessário estudar, só pagar. Só que, de qualquer maneira, eu tinha que ir lá e responder "presente" na chamada, em pelo menos 75% dos dias letivos.

Para completar a maratona, às vezes eu saía do Alfredo Pucca e ainda me reunia com o pessoal do cursinho para estudar em casa, sempre que houvesse exames simulados no dia seguinte. Assim, eu ia dormir às 2h ou 3h, e às 6h já estava acordando de novo.

Além de tudo isso, três vezes por semana, antes de começar o meu horário na McCann, eu passava no então INSS, na Avenida Nove de Julho, para dar aula de inglês para um grupo de médicos. Foi a forma que encontrei de repor a mesada que já não recebia mais do meu pai.

A distância dali até a McCann não era muito grande, mas para poder cumprir o meu horário eu tinha poucos minutos para perfazer quase um quilômetro, a pé, de terno, sob o sol escaldante de verão. Dava sempre uma vontade enorme de dar uma paradinha no Paribar, na Praça Dom José Gaspar, para me refrescar com um chopinho, mas nunca tinha tempo.

Naquele segundo ou terceiro dia de emprego eu consegui parar no boteco da esquina e comprar um sanduíche grego que pedi para viagem, para comer na minha sala.

Na verdade, eu não tinha uma sala propriamente minha. Eles me deram uma mesa em uma sala que eu passei a dividir, durante algum tempo, com ninguém menos que Márcio Moreira, então com 25 anos.

O Márcio estava de saída: ia se mudar para a Europa e aquela sala ia vagar, então permitiu que eu ficasse ali com ele, até que fosse embora.

A sala era pequena, não tinha mais que 4 m x 4 m, com uma janela por onde quase não entrava luz, voltada para dentro do "U" do prédio. Na sala só havia duas mesas dispostas em "L", antigas e escuras, como todos os móveis na McCann. A minha mesa, como "decoração", tinha uma imensa nota de 1 dólar sob o tampo de vidro, e era só.

Eu tinha sido avisado pelo meu chefe, o Conrado Porta, logo no primeiro dia de trabalho, de que ele não toleraria que eu fosse trabalhar sem usar terno. No dia seguinte eu já deveria me apresentar vestido adequadamente.

O Conrado era o responsável pelo atendimento de um grupo de clientes da agência. Era uma figura solene, altiva, de voz grave e fala afiada, com um português e um figurino impecáveis. Ele aparentava ter trinta e poucos anos, e hoje em dia seria rotulado de "metrossexual". Bom... ele queria qualquer coisa parecida da minha parte.

Eu não tinha e nunca tivera um terno, mas vi que muitos ali na agência usavam blazers, com calças de outra cor e até de outro tecido. Então, para quebrar um galho, eu peguei emprestados do meu pai algumas gravatas e alguns blazers (alguns eram paletós mesmo!). Eu tinha algumas camisas coloridas. Na época estava na moda contrastar as gravatas com essas camisas e, embora as peças do meu pai ficassem enormes em mim, senti que estava cumprindo as ordens do chefe, apesar de seus olhares um tanto críticos.

Usar terno era (e ainda é) uma verdadeira tortura para mim, especialmente em dias como aquele, de um calor insano. Na verdade, na correria habitual, quando saía das aulas de inglês no INSS e ia a pé para a McCann, eu chegava lá sempre suado e esbaforido. Então eu só colocava o blazer quando entrava na McCann, mais para esconder a camisa suada do que para cumprir as ordens do Conrado.

Quando cheguei na minha sala naquele dia, todo mundo ainda estava em horário de almoço. Arrumei meu paletó no encosto da cadeira e aproveitei o ambiente fresco, a sensação boa de que ainda tinha um tempinho, e me recostei ali na mesa. Capotei. Dormi de não ouvir mais nada.

Quando despertei, ainda com os olhos fechados, tentei assimilar onde eu estava.

Havia vozes ao meu redor. Abri devagarinho um olho e dei de cara com o George Washington olhando de volta para mim. Aí percebi que estava com a cara na minha mesa de trabalho. Sem mover a cabeça, eu ergui o olhar e vi que havia dois senhores ali, mais o Márcio, todos de pé em volta da mesa dele, acredito que vendo um *layout*.

Eu não fazia ideia quem eram aquelas duas outras pessoas.

Quase que milímetro a milímetro eu fui me descolando da mesa até conseguir me sentar, para que eles pensassem que eu já estava acordado havia algum tempo. Eu fiquei muito sem graça. Imagine me pegarem ali dormindo, recém-contratado. Eu nem fazia ideia de que horas eram.

Depois de alguns dias, eu descobri que aqueles "estranhos" eram simplesmente o Dr. Emil Farhat, presidente da McCann, e Ricardo Ramos, filho de Graciliano Ramos, também uma alta patente da unidade de São Paulo.

Aquilo foi uma vergonha muito grande, um deslize que me marcou muito.

Muitos anos depois, quando eu já estava estabelecido na minha carreira, durante um almoço com o Márcio Moreira em Nova York, relembramos aquela situação, e foi só nesse dia que ele ficou sabendo que era eu a pessoa que tinha dado aquele cochilo...

1.4
Infiltrado

A sala que eu dividi com o Márcio Moreira por algumas semanas acabou ficando só para mim, quando ele foi para a Europa. Mas não por muito tempo. Logo ela foi designada para alguém de fato importante, e eu ia sendo deslocado a cada mudança para uma mesa diferente, em diversas salas, mas felizmente todas no mesmo andar e na mesma ala, a mesma onde ficava a Criação, até então meu objetivo final.

O tempo foi passando, aos poucos fui me ambientando na empresa, observando o que as pessoas faziam e como faziam.

Fui me aproximando do pessoal da Criação, e quase que por osmose eu fui aprendendo (ou tentando aprender) a lidar com aquele mundo, tão novo para mim.

Como eu amava o que fazia, nunca aconteceu de meu trabalho virar rotina. Todos os dias eu me sentia agradecido por estar ali, orgulhoso por fazer parte daquela casa. Mas eu me sentia ainda muito longe de poder me considerar um publicitário.

Como eu falava fluentemente o inglês, o Sr. Gracioso me dera a função, além de assistir o Conrado Porta, de atuar como intérprete para todos os estrangeiros que vinham constantemente para o Brasil, para um trabalho ou outro. Então, seja lá para que departamento fosse, eu os recebia, fazia acompanhamento, os levava para todos os lados, ficava junto nas reuniões, servindo de tradutor. Eu era uma babá, um *boy*, o que eles precisassem. Isso nem era ser um assistente de contato, nem era bem uma função. Eu era um "aspone", mas um "aspone" que falava inglês.

Um dos clientes que a McCann atendia era o Chase Manhattan Bank. Naqueles dias – e estamos falando de 1972 –, o próprio presidente da instituição, Nelson Rockefeller, veio para o Brasil para algumas reuniões com o Ministério da Fazenda, creio eu. Ao mesmo tempo, coincidentemente ou não, também estava no Brasil AW "Tom" Clausen, presidente do Bank of America, que tinha vindo para as mesmas reuniões em Brasília.

Eu fui designado para prestar assistência ao assessor de imprensa de Rockefeller, que me incumbiu de entrar como "penetra" na coletiva de imprensa que Clausen daria no dia seguinte, no Hotel Hilton, em São Paulo.

Ele queria que eu anotasse todas as perguntas que seriam feitas na entrevista, porque possivelmente seriam as mesmas que os jornalistas fariam para Rockefeller, na coletiva do dia seguinte, no mesmo hotel.

No dia da coletiva eu me arrumei o melhor que pude e, com um plano mais ou menos entabulado para me passar por repórter, lá fui eu.

Como àquela altura eu já estava cursando a Faap, cheguei no saguão do hotel, usei a minha carteirinha da faculdade como "credencial" e me cadastrei como sendo um jornalista do "Jornal da Faap".

Eu já tinha uma certa experiência em me fazer passar por repórter. Dois anos antes, em 1970, conseguira furar o bloqueio de uma multidão que cercava o aeroporto de Congonhas, no aguardo da chegada dos heróis da Copa brilhantemente conquistada pelo Brasil no México.

Fui a pé praticamente desde o Ibirapuera até a área VIP do aeroporto, fortemente cercada por policiais. Mostrei a um deles minha carteirinha da Delta (Airlines) dizendo se tratar da "Delta News". Aplicando um fortíssimo sotaque norte-americano, expliquei que eu não tinha credenciais, porque tinha vindo ao Brasil para gozar minhas férias, porém meu jornal tinha me convocado para aproveitar a oportunidade e fazer aquela matéria. Esperava que o pequeno gravador que eu levava a tiracolo o convencesse do meu "profissionalismo".

O policial chamou alguém pelo rádio, explicou a situação, e foi possível ouvir a resposta, eufórica: "Deixa ele entrar. Quanto mais cobertura, melhor!".

Em pouco tempo eu estava em meio a todas aquelas autoridades do esporte e da política, todos ansiosos pela chegada da "Seleção Canarinho". Enquanto aguardava, resolvi fazer algumas entrevistas, sempre com meu sotaque carregado. Entrevistei o Feola, o cardeal arcebispo Dom Evaristo Arns, o então governador do Estado, Abreu Sodré, alguns "colegas de mídia", como o Joseval Peixoto, da Jovem Pan, que acabou me dando um monte de dicas de quem era quem ali, e, por fim, o senador Carvalho Pinto. Ele estava dando uma entrevista ao vivo e eu me posicionei ao seu lado, oposto ao do repórter da TV Tupi. Claro que toda a minha família me viu na telinha naquele momento histórico.

Ao terminar a entrevista da Tupi, eu continuei conversando com Carvalho Pinto, mas logo aterrissou o avião da seleção. Interrompi a entrevista, deixei-o falando sozinho e fui me posicionar em um lugar melhor pra ver os jogadores de perto. Ele ficou ali, meio bestificado, sem saber o que estava acontecendo.

Os jogadores passaram direto por toda a imprensa e pelas autoridades, e foram direto para um caminhão de bombeiros que os levaria ao centro de São Paulo.

Tendo feito algumas fotos ótimas e uma preciosa gravação daquelas entrevistas, eu me dei por satisfeito e comecei minha caminhada pela Rubem Berta, quando fui chamado: "Ei, gringo! Gringo!".

Olhei pra trás, e alguns repórteres que já estavam em um segundo caminhão dos bombeiros me chamaram para me juntar a eles. Eu não queria acreditar naquilo. Mais do que depressa, subi no caminhão, que já estava começando a se deslocar para seguir o que levava os jogadores, e fui de carona com dezenas de fotógrafos, cineastas e repórteres até a Praça das Bandeiras, onde um mar de pessoas aguardava os campeões do mundo.

Dois anos depois, lá estava eu, prestes a repetir a dose.

Chegando ao salão onde seria conduzida a coletiva, busquei um lugarzinho mais ao fundo, sentindo-me um pouco constrangido no meio de todos aqueles repórteres profissionais. Mas a missão da qual o assessor de Rockefeller havia me incumbido me dava ao menos a sensação de legitimidade para estar ali. E lá fiquei, anotando todas as perguntas que eram feitas para o presidente do Bank of America.

Lá pelas tantas, eu percebi que o assessor estava na porta do salão, meio tentando passar despercebido, meio de canto, provavelmente para não ser reconhecido. Pelo jeito ele não tinha 100% de confiança no meu taco.

Eu acredito que todos nós que queremos evoluir e crescer estamos sempre testando nossos limites, empurrando a linha um pouco mais além. Até hoje eu faço isso.

Acho que por esse motivo, e também para dar uma impressionada no assessor, resolvi eu mesmo fazer uma pergunta. Levantei a mão, o assessor do Clausen me viu lá no meio e se virou para mim:

– Pois não?

E aí, do alto da minha sabedoria dos meus quase 19 anos, e segundo tudo o que eu já tinha lido de matéria de conspiração na época, fiz a seguinte pergunta para o presidente do Bank of America, num tom muito firme e bravo, com meu melhor sotaque californiano:

– É verdade que o Bank of America financia a guerra?

Ouvi uns rumores à minha volta, umas risadinhas... Olhei de lado e ainda vi o assessor baixando a cabeça e levando a mão à testa. Aí achei que eu ia derreter pra debaixo da cadeira – ou, pelo menos, era isso que eu desejava, tamanha a vergonha que eu senti.

Mas, para minha grata surpresa, Clausen me deu uma resposta que acabou livrando a minha cara:

– Olha... Sim! De certa forma, pode-se dizer que sim, que nós financiamos a guerra. Porque – aí ele aproveitou para vender o peixe dele – nós financiamos os medicamentos que são utilizados para o tratamento dos feridos na guerra, nós financiamos as indústrias que fabricam os uniformes, as botas, as armas... Financiamos as empresas que desenvolvem os mísseis e toda a tecnologia – e daí o blá-blá-blá todo.

Então foi todo aquele discurso de como o Bank of America era o suprassumo dos financiamentos. E eu, sem cair da pose, com os braços cruzados no peito e aquele ar meio de cobrança, desafiador, ainda dei aquela olhada brava para ele, como que dizendo "humm, sei"...

Aquela foi uma grande lição que eu enfrentei nos idos de 1972: não tente fazer muito mais do que lhe pedem, porque nem sempre dá certo!

Digo que "enfrentei" porque com certeza não aprendi, já que dali para a frente muitas vezes eu ainda iria me meter a fazer mais do que me era pedido. Ainda bem que na grande maioria das vezes deu certo.

1.5
O jogo da imitação

Na minha dança pelas salas da McCann, emprestado para um lado e para o outro, de uma mesa para outra, tive a sorte de finalmente ser colocado na mesma sala de excelentes redatores, diretores de arte e ilustradores que me acompanhariam na carreira por décadas. Entre eles, Percival Caropreso, Paulo Almeida, Armando Moura, Cláudio Oliveira, Hector Tortolano, Deilon Gomes de Lima, Sérgio Lima, Gilce Velasco e muitos outros.

O ambiente em que eu me encontrava era de pura criatividade, o que de alguma forma influenciava o meu trabalho burocrático, incitando-me a "sair da caixinha" de vez em quando.

O pessoal de Criação era engraçado, barulhento, piadista por excelência, aprontava muito, principalmente com os novatos.

Raramente as salas ficavam em silêncio. Era muito comum, após alguns minutos de anormal quietude, que algum dos criativos começasse a "tocar" uma música, imitando um instrumento com a boca. Dali a pouco um outro começava também, e de repente era acompanhado por outros, que continuavam a trabalhar como se nada estivesse acontecendo. Em pouco tempo, uma verdadeira banda já podia ser ouvida nas outras salas. E, não raramente, tudo acabava com todos marchando pelos corredores do prédio, como se fosse uma banda marcial, ante os olhares incrédulos dos engravatados. Eu achava esse desprendimento simplesmente demais. Ainda hoje posso ouvir, nas minhas memórias, essa algazarra e as gargalhadas ecoando pelas paredes daquele velho prédio.

A partir de um determinado momento, eu deixei de me sentir um mero aspone e comecei a me sentir um pouquinho "publicitário", me percebendo aceito pelo grupo que eu tanto admirava e do qual eu tanto queria fazer parte. Era frustrante não poder largar minhas funções burocráticas e me juntar permanentemente à turma da Criação, mas eu sabia que um dia esse meu desejo seria realizado.

Enquanto isso, eu me via obrigado a cumprir quaisquer tarefas passadas a mim pelo Conrado.

E ele me incumbiu, certo dia, de levar uns layouts à Goodyear, para aprovação do Tamas Rohonyi, então diretor de Propaganda da empresa e hoje o todo-poderoso da Fórmula 1 no Brasil.

O autor dos layouts em questão era o Hector Tortolano, um ilustrador argentino bastante respeitado e celebrado na época pelo seu inovador estilo "pop".

A Goodyear ficava a alguns quarteirões da McCann, na Avenida São João, próximo do Edifício Andraus, que dali a alguns poucos dias seria palco de um dos incêndios mais terríveis de São Paulo.

O Tamas só poderia me receber por volta das 12h. Cheguei lá nesse horário, apresentei as peças, mas de cara ele disse:

– Está faltando um!

Bem... Eu não sabia de nada, nem sabia qual era o pedido, só fui lá levar o que o Conrado tinha me dado. O Tamas explicou e insistiu que estava faltando o folheto do pneu "Super Lagarta".

Meio sem saber o que dizer, eu expliquei.

– Olha, esse não veio... Acho que não deu tempo de produzirem.

– Mas eu preciso, o jogo tem que ser completo, é muito importante!

Ele realmente pôs uma pressão grande ali.

– Bom, eu vou voltar para a agência e ver isso.

Voltei literalmente correndo para a agência e, ofegante, encontrei-a completamente vazia; todos com quem eu precisava falar sobre o problema haviam saído para o almoço. Corri até a prancheta onde o Hector Tortolano trabalhava, procurei, revirei, não achei nada. E o pior é que o Tamas tinha me dado um horário para estar de volta – tinha que estar lá na Goodyear até 13h30 com o layout que estava faltando.

Aí veio toda aquela pressão da corrida contra o tempo, o fato de não conseguir falar com ninguém, então eu me senti responsável, já que não havia ninguém ali para tomar decisões. Numa fração de segundo me veio a incômoda lembrança do aeroporto de Miami, da cena do nosso coordenador sendo levado pelos seguranças, os nossos passaportes desaparecendo com eles... Era o mesmo sentimento de impotência. Fechei os olhos, respirei fundo e pensei: "Fodido..."

Então eu me sentei à prancheta do Hector Tortolano e fiz o layout. Parece fácil dizer: "fiz o layout!". Mas só eu sei como estava o meu coração naquele momento. Acho que a adrenalina sobe de um jeito que brota aquela coragem que nos permite fazer algo que não faríamos em sã consciência.

Ok, eu sempre tive um certo jeito para desenho, acho que genética do meu pai, que desenhava e pintava muito bem. Fui meio que copiando dos outros layouts do Hector, usando os bastões de pastel, tentando seguir o padrão das demais artes. Simplesmente procurei seguir o mesmo estilo, a mesma composição, as fontes. E, na minha cabeça, achei que ficou mais ou menos apresentável.

Aproveitei um *passe-partout* de um layout antigo e voltei correndo para a Avenida São João, para mostrar, agora sim, a série completa dos folhetos. Era o que tinha dado para fazer. Era o que eu enxergava que poderia ter sido feito. O senso de responsabilidade se sobrepondo, elidindo os grandes riscos que estavam em jogo.

O Tamas não fez qualquer comentário, simplesmente olhou cada layout, sem esboçar nenhuma reação diferente ao passar pelo do Super Lagarta.

Não sei por que na hora fiz a associação de que ele lembrava muito, fisicamente, um personagem de quadrinhos, o Henry Mitchel, pai do Pimentinha. Eu estava meio perdido naquele pensamento quando ele disse, com seu habitual tom um tanto sério:

– Ok, pode mandar fazer as artes-finais!

Não sei se meu respiro de alívio foi audível. Só sei que, quando eu voltei para a agência, já estava todo mundo de volta. É claro, minha consciência exigia que eu fosse falar imediatamente com o Conrado sobre o que tinha acontecido.

– Olha... Aconteceu isso: cheguei lá na Goodyear, estava faltando um folheto, voltei correndo para a agência, o Hector não estava, então eu fiz.

— Como assim, você fez?

— É... eu fiz! O Tamas precisava aprovar a série completa e me deu pouco mais de uma hora para eu voltar com o layout que estava faltando...

Ele, muito bravo e ríspido, disse:

— Deixa eu ver!

Ele olhou e não viu muita diferença. Nem ele mesmo conseguiu identificar qual eu tinha feito.

— É, tá bom, mas você vai se virar com o Hector, porque ele vai ficar puto da vida com você!

Aí, lá fui eu falar com o Hector Tortolano, morrendo de medo, porque ele era realmente uma espécie de celebridade no nosso mercado. Muito delicada a minha posição ali, mas, diante do inevitável, criei coragem para contar toda a história e mostrar a ele o layout que eu tinha feito.

A reação dele foi uma grande surpresa:

— É, tá razoável, mas vem cá, senta aqui.

Puxou um banco e aí ele me deu uns toques, com seu carregado sotaque argentino:

— Tá vendo aqui? Você podia ter feito assim, podia usar o bastão para criar um reflexo... Você passa de lado e cria um efeito bem bacana.

Então, ele foi me dando umas dicas de como poderia ter ficado melhor, mais do jeito dele. Em vez de me chamar a atenção ou criticar a minha iniciativa, me agradeceu por ter limpado a barra dele, porque tinha mesmo se esquecido de fazer um dos folhetos.

Alguns dias depois, eu tive que voltar à Goodyear para mostrar alguma coisa, e, ao chegar lá, o Tamas me chamou na sala dele:

— Wellington, o Conrado me contou o que você fez na outra semana e eu não quis acreditar!

"Ai, ai... lá vem bronca", pensei.

— Olha, eu achei muito boa a sua iniciativa! Dificilmente alguém na sua posição faria isso... Então é uma daquelas inconsequências que vêm para o bem. Eu achei ótimo, não sabia que você tinha jeito pra arte.

— Bom, Tamas... Meu negócio era resolver um problema, ainda bem que deu certo.

– Muito certo! E eu tenho um presente para você!

Ele tirou algo de sua gaveta e me entregou. Era um livro sobre cinema. Era pequeno, de fácil leitura, e falava da linguagem, da narrativa dos filmes: os cortes, os ângulos de câmera, as lentes. Falava um pouquinho de tudo, genericamente, sobre os princípios da Sétima Arte.

– Olha, eu vejo um potencial em você para fazer filmes. Não sei por quê. Mas isso que você fez... Eu achei que você leva jeito e vai se dar bem. Toma esse livro, fica de presente pra você.

Foi aí, nesse momento, que pela primeira vez eu pensei no cinema publicitário como uma alternativa ao meu grande desejo de me tornar um criador.

Até então, eu queria ser redator ou diretor de arte, nunca tinha passado pela minha cabeça essa opção de ser cineasta. E foi o Tamas, nessa oportunidade, que me apontou essa direção. Como ele enxergou o cinema em mim, eu não sei, nem ele mesmo sabia. Talvez essa tenha sido uma daquelas peças do quebra-cabeça que surgem por obra do universo, aparentemente do nada.

Li o livro que ele me deu, adorei e, anos mais tarde, já com a minha carreira consolidada, cruzei com o Tamas no aeroporto, agradeci, e claro que ele não podia deixar assim tão barato – então, de forma jocosa, me disse:

– Ah, viu só no que deu? Você deve sua carreira a mim. Eu devia ganhar uma comissão sobre os seus cachês!

Essa coisa de a gente estar sempre empurrando a nossa linha para mais além, estar sempre testando os nossos limites, mostrou-me que eu estava no caminho certo. Deslizes são inevitáveis, mas os acertos nos jogam muito além das nossas bordas. Novamente, o ponto fora do plano, fora da curva.

Esse episódio me fez compreender que estava correta a minha intuitiva estratégia de arriscar, ir além e testar os meus limites.

Não se ganham corridas mantendo o carro no centro da pista. É preciso atacar a zebra e raspar no *guard rail* de vez em quando.

1.6
Contatos imediatos

Quando eu comecei a trabalhar na McCann, meu pai logo disse que não me daria mais dinheiro e que eu teria que me virar com meu salário. Ele continuaria pagando o cursinho e possivelmente a faculdade, se eu passasse no vestibular, e nesse caso também me daria um carro.

Fazia parte da formação que ele pretendia como pai: não me dar tudo de mão beijada. Fiel a esse princípio, ele me fez aceitar um emprego de *office boy* na Diasa, uma concessionária Chevrolet cliente da agência do banco que ele gerenciava em Santo André. Eu acabara de completar 13 anos, mas ele achava muito importante que eu aprendesse, desde cedo, o valor do dinheiro.

No início, como já contei aqui, eu ganhava meio salário mínimo na McCann, o que mal pagava as quatro conduções diárias que eu tinha que tomar para ir e voltar do trabalho. Ou seja, economizar era fundamental.

Ainda me lembro de uma noite, no caminho da agência para o Colégio Alfredo Pucca, em que parei em todos os bares para fazer uma pesquisa de preços de vitamina e misto-quente. Elegi alguns dos mais baratos, e, coincidentemente, um desses lugares era bem ao lado da agência, na esquina da Sete de Abril com a Marconi, onde normalmente eu comia alguma coisinha, quando tinha tempo.

Num desses dias, eu estava devorando um churrasquinho grego, quando o Wilson, um colega que trabalhava na produção gráfica, me viu e me alertou que a secretária do Sr. Edmur estava à minha procura.

O Sr. Edmur era alguém poderoso da agência, mas eu nunca tinha falado com ele. Na verdade, nunca soube direito o que ele fazia. Sabia que tinha sido redator, criador do famoso *slogan* "Mil e uma utilidades", da Bombril, mas ele se portava e se vestia como um executivo. Era um senhor já com idade avançada, sisudo, muito recluso, quase nem aparecia na agência.

Acabei de engolir o sanduíche e corri para falar com a tal secretária e saber do que se tratava. Ela imediatamente me direcionou para uma sala de reuniões e disse que o Sr. Edmur e os demais diretores estavam discutindo um assunto que me dizia respeito.

Não entendi absolutamente nada, mas entrei timidamente na sala, tentando ficar invisível diante dos dez ou mais executivos que estavam ao redor da mesa de reunião. Maurice Cheyney acenou para mim e indicou uma cadeira ao seu lado. Assim como o meu chefe, Cheyney dirigia um grupo de atendimento e muitas vezes me pedia para ajudá-lo em algumas tarefas, muitas delas na surdina, sem o conhecimento do Conrado. Tomei o meu lugar ao lado dele e aos poucos comecei a entender do que se tratava aquela reunião.

A McCann pertence, até hoje, a uma enorme *holding* que se chama Interpublic, presidida, em 1968, por um brasileiro chamado Armando de Moraes Sarmento. Talvez por isso tivessem escolhido o Brasil para sediar uma convenção internacional do grupo, que iria acontecer dali a algumas semanas. A reunião era para tratar da enorme demanda de coisas a serem feitas para essa convenção.

Muitas dessas coisas tinham a ver com a recepção dos participantes que viriam de fora, principalmente dos Estados Unidos, os executivos da McCann, da Interpublic: reservas de hotéis, traslados do aeroporto, preparação de salas de reunião, do salão da convenção, projetores, reprodutores de áudio, *catering* e um interminável etc.

O Cheyney acabou sendo incumbido de cuidar de toda essa área e tranquilizou a todos, garantindo, com seu forte sotaque britânico, que ele, com a minha ajuda, daria conta de tudo. Por algum motivo, minha presença na sala não parecia fora de propósito; todos me olhavam como se fosse natural eu estar àquela mesa.

Entrei e saí da reunião sem abrir a boca, mas me sentindo parte de alguma coisa importante. Acho que a pessoa mais nova na sala talvez tivesse mais que o dobro da minha idade. Apesar da minha mudez, fiquei orgulhoso de ter me reunido com o estado-maior da agência.

O Cheyney me chamou à sua sala, logo após a reunião, e disse que ele mesmo não teria muito tempo para se envolver e que contava comigo para resolver muitos daqueles pepinos.

– Fica tranquilo, que o Conrado já está sabendo e liberou você para se dedicar à convenção.

Talvez eu não tenha percebido o tamanho da tarefa que acabava de ser colocada nos meus ombros, mas achei ótimo. Já estava um pouco cansado de fazer atendimento e pelo menos teria algo novo para aprender.

Fiquei por conta dessa convenção nas semanas seguintes, lidando com uma coordenadora de Nova York, com quem eu falava vez ou outra por telefone, e principalmente por telegrama. Sim, telegrama!

A dois dias da convenção, o Cheyney me disse que gostaria que eu estivesse à disposição dos gringos 24 horas por dia, quando chegassem. Para permitir essa minha disponibilidade, haviam reservado um quarto para mim no Hilton, onde a convenção iria acontecer.

Eu mal podia acreditar! O Hilton, que eu já conhecia na qualidade de "repórter do Jornal da Faap", era o melhor hotel de São Paulo na época, um edifício supermoderno, redondo, tubular, na confluência da Rua da Consolação com a Avenida São Luís.

E o mais incrível é que, nas palestras que eu dava durante minha estada como estudante nos Estados Unidos, sempre apresentava, muito orgulhosamente, um cartão-postal que representava uma São Paulo hipermoderna, mostrando o Edifício Itália, o Copan e o recém-inaugurado Hilton. Imaginar que alguns anos depois eu estaria hospedado ali, ainda mais a trabalho para uma grande empresa como a McCann, era algo realmente improvável.

Um dia antes da convenção eu já estava no meu majestoso quarto.

Quando abri a porta, fiquei ali parado, admirando o interior, e me senti o máximo. Foi talvez uma das primeiras vezes em que me senti "adulto", amadurecendo profissionalmente.

Em um rompante de criancice, me atirei sobre a cama, pulando no colchão. Estava me sentindo realizado e feliz da vida, ainda mais que descobrira que eu poderia usar o serviço de quarto à vontade. Pelo menos por alguns dias, nada de churrasquinho grego ou misto-quente...

No dia seguinte chegou todo mundo.

Umas três dúzias de engravatados desembarcaram em São Paulo. E estava ali realmente a nata da Interpublic, da McCann, pessoas vindas predominantemente de Nova York e Londres: Armando de Moraes Sarmento, Eugene Kummel, Tom Folley, Bob Cole, Barry Day, Bill Bottorf, Vic Kirowsky, Ted Saba, John Dillingham, os já expatriados para o Brasil Fran e Gary Spedosky, e também alguns cariocas, entre eles, George Teichholz. São Paulo tinha alguns representantes, além de Maurice Cheyney e eu: Percival Caropreso, Claudio Oliveira, Deilon, Hector Tortolano, Jayme Cortez, Gilce Velasco, Regina Monteiro, Milton Bonanno, Fernando Almada, Altino Barros, Geraldo Tassinari, Conrado Porta. E, claro, as altas patentes: Francisco Gracioso, Edmur de Castro Cotti, Ricardo Ramos e o próprio Dr. Emil Farhat.

O traslado do aeroporto para o hotel funcionou perfeitamente, e todos fizeram seus *check-ins* sem maiores problemas. Nesse dia, o Cheyney estava presente para recepcionar os convencionais, e a todos ele me apresentava como sendo o "troubleshooter", o resolvedor de problemas "a qualquer hora do dia ou da noite". Claro que mal dormi nas noites seguintes.

À noite eu atendia no meu quarto, e durante o dia meu QG era a sala de projeção do salão de convenções, que tinha um ramal próprio. Eu fiquei muito tempo ali e, como responsável por coordenar a exibição de todos os filmes e fitas de áudio, tive a oportunidade de ver, em primeira mão, o que de melhor tinha sido produzido pela McCann mundial no ano anterior.

Não sei expressar a sensação de assistir, sozinho naquele salão, àqueles rolos de filmes com dezenas de comerciais produzidos no mundo todo. Era o cinema me rondando novamente. Emocionante. Brotavam lágrimas dos meus olhos, de verdade. Eu me sentia diante de uma grandeza, de um grau de excelência, de um nível de profissionalismo técnico e criativo fora do comum. E me sentia orgulhoso por, de alguma forma, fazer parte daquilo tudo, certo de que havia encontrado um rumo e de que eu não estava ali por acaso.

Um dos filmes que faziam parte daquele rolo era de fato muito especial: um comercial da Coca-Cola, da campanha "It's the real thing", filmado na Itália. Começava com um close de uma garota bonita, que cantava o tema da campanha, aliás maravilhoso, que tinha como ideia a valorização de uma vida em harmonia: estávamos em plena era de "paz e amor".

As tomadas revelavam que se tratava de um grupo de jovens que iam sendo mostrados aos poucos, e que se juntavam à garota num coral que se avolumava a cada nova cena. Cada jovem tinha uma procedência diferente e portava uma garrafa de Coca-Cola com o rótulo respectivo à sua nacionalidade. Ao final, uma tomada aérea mostrava o grupo todo no alto de uma colina, ao pôr do sol, atingindo o ápice da marcante trilha sonora: "It's the real thing... Coke is it!".

Assisti recentemente, pela segunda vez, à série *Mad Men*, que brilhantemente retrata o universo da publicidade daquela época, em Nova York. O comercial que descrevi serviu de encerramento da série, o final do último capítulo da última temporada, um testemunho da importância que ele teve naquele contexto.

Acho que assisti aos rolos de filmes dezenas de vezes, sozinho ali na cabine de projeção. Foi uma verdadeira aula e, mais que tudo, um sinal de que talvez aquele pudesse ser mesmo o meu caminho.

A convenção foi um sucesso, e, ao longo dos três dias, aos poucos fui me enturmando com todos os participantes; os gringos já me chamavam de "Very Well", me davam tapinhas nas costas, sorriam para mim, me chamavam para as fotos de grupo...

Na última noite da convenção, um dos gringos (omito o nome em respeito à privacidade) chamou-me lá embaixo, no bar.

– Wellington, ajuda a gente aqui. Eu queria te fazer um pedido "não convencional".

– Claro, pois não!

– Nós gostaríamos de ir a um lugar onde pudéssemos desfrutar de uma companhia feminina.

Alguns segundos de silêncio para eu digerir aquele pedido.

– Olha, eu nunca fui, mas ouvi falar que o melhor lugar desse tipo é o La Licorne... É bem perto daqui.

– Então vamos lá depois do jantar!

O La Licorne era uma casa noturna que ficava na Rua Major Sertório, na Vila Buarque (coincidentemente em frente ao prédio da MPM, onde eu viria a trabalhar cinco anos depois). Era uma espécie de Café Photo da época.

O *concierge* confirmou que eu tinha escolhido bem o local e providenciou dois Galaxies para o transporte dos gringos. Como eu não tinha idade para entrar, fiquei aguardando no carro até umas quatro da manhã, quando finalmente voltamos para o Hilton, todos muito alegres, um tanto embriagados, falando e rindo alto durante o curto trajeto.

Eu me despedi deles no saguão, ciente de que teria que estar de pé dali a algumas poucas horas para o *checkout* de todos, e aí um dos gringos me chamou de lado e cochichou:

– Claro que essa noite fica entre nós, certo?

– *Of course!* – respondi, sabendo que ficou estabelecido ali um vínculo, se não de amizade, ao menos de cumplicidade.

Por volta das 9h da manhã, estávamos todos no *lobby* do hotel, fechando as contas, carregando malas para os carros, todos se despedindo. Alguns dos gringos que participaram da noitada, ao se despedirem de mim, sorriam e davam piscadelas sublinhadas por sorrisos marotos.

Um deles, o autor do "pedido não convencional", chamou-me de lado e me deu uma caixa embrulhada para presente.

– Isto é pra você, meu amigo, pelo seu bom trabalho todos esses dias!

Mais tarde, quando abri a caixa, vi que era uma garrafa de uísque, e dos bons! Aceitei aquilo como o diploma de um rito de passagem, de admissão em um universo que se apresentava cada vez mais vasto e por demais interessante.

Essa experiência na convenção me atingiu como um turbilhão. O tanto que aprendi, as emoções que senti... Sei que nesses poucos dias eu cresci, como ser humano e profissional, o equivalente a alguns anos de faculdade. E olha que eu tinha acabado de entrar em uma das melhores, a Faap, visando à graduação em Comunicação, com especialização em Propaganda.

Foi uma fase de plenitude, em que eu estava me sentindo realmente o máximo, crescendo, tornando-me verdadeiramente um adulto, quase independente. Conquistara a liberdade de ir e vir, com o Fusquinha 67 que ganhara do meu pai por ter passado no vestibular. Minha posição na McCann me alçou a um nível muito diferenciado em relação aos meus colegas de faculdade. E pelo olhar dos professores, eu já me sentia um "profissional" – ainda mais agora, que passara a trabalhar em período integral.

Foi uma fase em que as peças do quebra-cabeça chegaram aos montes, considerando-se a quantidade de bons contatos que fiz. Mal sabia eu que me seriam muito úteis dali a poucos meses.

1.7
O grande desafio

Depois de ter passado quase uma semana fora trabalhando na convenção no Hilton, voltei para a rotina da agência. Logo no primeiro dia me deparei com uma situação que me chocou e me decepcionou ao mesmo tempo. Uma sensação similar à que tive aos 5 ou 6 anos, quando eu era fã incondicional da dupla de palhaços Arrelia e Pimentinha. Uma bela noite, fui acordado pela minha mãe:

– Filho, o Arrelia está na TV!

Fui correndo até a sala, e na tela havia apenas dois engravatados conversando.

– Mãe, cadê o Arrelia?

– Olha aí, filho... dando entrevista!

Acredito que tenha sido um dos maiores desapontamentos da minha vida descobrir que o meu adorado Arrelia era um tal de Waldemar Seyssel maquiado. Algum tipo de perda de inocência aconteceu ali, naquele momento; uma sensação que se repetiu no primeiro dia de retorno à McCann, após a convenção.

Durante a minha ausência, o Conrado teve que se virar sem a minha ajuda, para terminar a produção dos tais folhetos da Goodyear que tinham sido alvo de tanta controvérsia.

Ao entrar na minha sala, vi a prova dos fotolitos sobre a mesa. Olhei para aquilo com um certo orgulho, já que eu tinha marginalmente participado da produção. No momento em que eu estava justamente admirando a prova daquele fotolito, cujo layout eu tinha feito, meu coração deu um salto e veio aquele frio na barriga – havia um erro grave ali!

O pneu era o Super Lagarta, mas no título estava impresso Super *LARGATA!*

Corri atrás dos layouts, apavorado com a hipótese de ter cometido aquele erro. Com alívio, vi que o layout estava correto – o Conrado foi quem deixou passar batido o erro na arte-final e a liberou para fotolito.

Corri até o departamento de produção gráfica e soube que o meu amigo Wilson ainda não havia enviado os fotolitos para impressão.

Apesar de o problema ter sido solucionado a tempo, me veio aquela sensação de decepção e um profundo questionamento. Teria o meu chefe moral para recorrentemente questionar as minhas falhas enquanto ele próprio tinha cometido aquele erro tão grosseiro?

Infelizmente, vivemos em um mundo com muitos dedos apontados e poucas mãos estendidas.

De qualquer maneira, esse episódio com a Goodyear me revelou que um pouco de ousadia, de atrevimento e inconsequência não era necessariamente ruim.

Um belo dia, chega ao Brasil Fred Charrow, para comprovar a minha tese. Ele era muito engraçado, espirituoso, surfista sarado, barbudo e careca. Uma figura, digamos, excêntrica. Entre ondas, ele viajava pelo mundo a serviço da McCann, para dirigir aqueles filmes considerados mais complicados, mais sensíveis, como lançamento de produtos e campanhas importantes para a agência.

Naqueles dias, ele fora convocado para o lançamento da margarina Becel, um conceito novo em termos de produto, que era a preocupação com a saúde do consumidor, especificamente com seus níveis de colesterol. Naquela época, isso era uma novidade.

Depois de conquistar o mercado europeu, o produto seria lançado no Brasil, em 1973, e por isso o Fred veio para cá, com a responsabilidade de capturar a atenção de um público bastante alienado em relação às questões de saúde do coração.

No entanto, o roteiro do filme de lançamento era bastante prosaico, mostrando a típica situação de um café da manhã em família, em que a esposa lançava olhares furtivos para o marido, orgulhosa de contribuir para a sua saúde.

Não entendi muito bem por que tiveram que trazer alguém do exterior para dirigir aquele filme. Mas lá fui eu, como fazia com todos os gringos, acompanhá-lo nas reuniões: reunião de produção, de escolha do elenco e outras, servindo basicamente como seu tradutor e motorista particular.

Tudo pronto: chegou o dia da filmagem.

Foi a primeira vez na minha vida que eu vi um shooting board, que era o planejamento da filmagem, a partir de um storyboard, ou seja, a visão ou a interpretação do diretor, Fred Charrow, sobre a criação da agência.

O shooting board é uma série de ilustrações feitas dentro de uma moldura que lembra uma tela de TV, onde se pode ver a decupagem, ou a sequência das cenas que serão de fato filmadas. Vendo-se as imagens e anotações do shooting, percebe-se a definição dos enquadramentos, movimentos de câmera, seus devidos tempos de duração, textos do elenco e da locução e observações das reuniões de produção.

E as filmagens começaram, um pouco atrasadas.

Por volta das 13h, o pessoal da equipe já dava sinais de que precisava de um *break*.

– Well, vê aí com o Fred para fazermos uma pausa para o almoço! – pediu o diretor de produção da produtora PPP.

Tínhamos filmado no máximo 40% do filme, de acordo com o shooting board do Fred, mas ele atendeu ao pedido, e lá fomos nós para uma churrascaria ali perto, em Pinheiros.

Como todo gringo que se preze, o Fred fez questão de experimentar nossa famosa caipirinha.

Não sei quantas ele tomou; acredito que foram, no mínimo, umas três. Mas ele aparentava estar bem, afinal, para quem tomava uma garrafa de vodca com melancia numa tacada, algumas simples caipirinhas não fariam nem cócegas.

Terminado o almoço, o pessoal pediu a conta, e, quando já estava tudo pago, eu me levantei e o Fred também – então ele se sentou de novo:

– *Hey, man!* Não estou me sentindo bem...

Percebi na hora que a coisa era séria.

— Não vou voltar para o estúdio. Por favor, só me leve para o hotel e me deixe lá. Amanhã continuamos.

Por prudência, eu não contei nada para o resto do pessoal. Eles seguiram para o estúdio e eu fui levar o Fred para o Ca'd'Oro, na Rua Avanhandava, na Bela Vista. Eu ainda tinha esperança de que, se ele tomasse um banho e descansasse um pouco, conseguiria retomar as filmagens, mas ele foi categórico, não quis nem saber.

— *We'll do it tomorrow! Tomorrow!*

Voltei para a PPP com a difícil incumbência de avisar ao pessoal que as filmagens teriam que parar. Abordei o diretor de produção:

— Olha, não vai dar pra continuar.

— O que não vai continuar?

— A filmagem.

— Como assim? O que aconteceu?

— O Fred está mal, a caipirinha fez mal, ele está lá no hotel, vomitando... Disse que só volta a filmar amanhã.

— Não, não! Amanhã temos outra filmagem neste estúdio! Nós temos que terminar tudo hoje... Pôr tudo pra baixo, montar um cenário novo durante a madrugada. A gente começa a rodar às 9 da manhã!

— Mas não tem como! Ele não tem a menor condição! O Fred está lá, largado!

— Então a gente remarca pra daqui a três ou quatro dias, preciso ver com o elenco, se todo mundo vai estar disponível... Vai ter todo o custo de mais uma diária de equipe, de remontar o cenário...

— Não sei o que fazer. Vai ser um problema sério esse atraso e principalmente esses custos extras. Não tem outro jeito mesmo?

— Bom, até tem... Você é o assistente dele. Você pode acabar o filme.

— Eu? Eu não sou assistente dele. Eu sou só o tradutor dele!

— Ah! Mas você tem o shooting board... Você é da agência, sabe o que o cliente quer.

— Nem pensar, imagina! É demissão na certa!

— Ou a gente filma sem ele, ou... Você sabe.

Agora quem estava com o estômago embrulhado era eu. Pensei, pensei... lembrei do episódio do folheto do Super Lagarta.

— Mas... E se o que eu fizer estiver errado?

– Não vai mudar muita coisa... Olha, já está tudo pronto agora: a equipe está a postos, os modelos estão vestidos e maquiados, a luz está feita. Já está tudo pago por hoje, no máximo vamos gastar um pouco a mais de negativo e laboratório, mas isso a produtora garante. Se eu fosse você, eu tentaria.

Isso já estava se tornando um hábito. "Bom... Fodido... fodido e meio!"

– Quer saber? Vamos nessa! – e eu assumi.

Retomamos a filmagem. Fui seguindo o planejamento do Fred e me sentindo aos poucos mais confortável com a situação. Detectei até um erro em seu shooting board. Em um dos quadros, havia um "pulo de eixo", uma inversão do ângulo de câmera que provoca uma sensação muito estranha para o espectador, dando a impressão de que duas pessoas, dialogando, estão olhando ambas para o mesmo lado, e não uma para a outra.

"Obrigado, Tamas, pelo livro!"

Tudo correu de forma muito mais tranquila do que eu imaginava. Quando me pus a trabalhar, esqueci a minha condição de "impostor" e simplesmente fui seguindo meu instinto, tentando manter o tom do que eu tinha observado durante a filmagem no período da manhã. Ajudou muito o fato de, desde o início da filmagem naquela manhã, ter sido eu quem dava as instruções para o elenco em nome do Fred: já me sentia à vontade naquele papel.

A sensação de "dirigir" era demais. Perceber que o que você pedia, artística e tecnicamente, era executado sem questionamentos – simplesmente indescritível!

Já era noite quando acabamos as filmagens, e o material foi enviado para o laboratório.

Não foi uma noite de sono tranquilo.

Na manhã seguinte, estava eu lá no hotel para pegar o Fred; ele todo pronto, perfumado e animado, e eu não sabia como explicar o que tinha acontecido.

– *So, let's roll!*

– Olha, Fred... Aconteceram algumas coisas...

Ele percebeu o meu tom e sentiu que seria algo sério. Então expliquei tudo o que tinha acontecido na véspera.

— Aí eu tive que fazer... Senão íamos perder uma semana de trabalho, prazo de lançamento da margarina em jogo. Sem falar nos custos que teríamos com esse atraso, remontar o cenário, convocar de novo as pessoas, modelos... O que isso iria custar?

Nem preciso dizer que ele ficou puto da vida. Então tive que pegar mais pesado:

— Mas olha, Fred, se você quiser, sem nenhum problema da parte da produtora, você pode refilmar tudo, a decisão é sua. Só vai precisar explicar para o cliente o motivo do atraso e dos novos custos.

Acho que ele concluiu que não poderia tumultuar, porque a culpa tinha sido dele, e isso deve tê-lo deixado ainda mais puto – consigo mesmo e com o resto do mundo.

Quando chegamos à produtora, perto das 10h30, o copião, que é a cópia de trabalho feita a partir do negativo revelado, estava pronto para ser exibido. A PPP tinha uma pequena sala de projeção, e, quando nos acomodamos nas respectivas poltronas, o familiar *rrrrrrrrrr* do projetor interrompeu o silêncio tenso.

O Fred começou a ver o material, ainda muito invocado, puto da vida. Junte-se a isso um pouco de vergonha da parte dele. Resumindo, a má vontade era quase palpável. Eu alternava o olhar entre a tela e ele, mais interessado nas reações dele do que no material.

O filme rodando... Ele não dizia nada. Em um dado momento, ele, num tom ríspido, perguntou:

— Essa cena aí... Fui eu que filmei ou você que filmou?

— Essa, hummm... Fui eu que filmei!

— Ah, é? Mas está bom... Está bom.

Parecia que o peso do mundo estava sobre os meus ombros. Aquele ligeiro comentário me fez ao menos esticar as costas. Comecei a ficar aliviado. Aí ele também começou a ficar aliviado. Chegando ao final da projeção, ele exclamou, alegre:

— Nossa! Está ótimo! Não dá pra perceber quem filmou o quê!

Não sei se ele estava sendo sincero. E, para não estragar o clima, nem mencionei o tal "pulo de eixo" que tinha detectado... e corrigido. Só sei que o filme foi montado, apresentado e aprovado.

Alguns dias depois, quando fui chamado à sala do Sr. Emil Farhat, eu sinceramente temi pelo meu emprego, achei que tinha ido longe demais. Ao entrar na sala, vi que o Fred também estava presente. Meus temores subiram alguns pontos de intensidade.

O Dr. Emil me apontou uma cadeira ao lado do Fred e me surpreendeu:

– Olha, o Fred fez elogios a você, ele disse que está sendo subutilizado no Atendimento e que deveria ir para o departamento de RTV, e ainda disse que você deveria se tornar um diretor no futuro, pois tem potencial para isso.

Eu não estava preparado para aquilo!

O sorriso e o olhar de cumplicidade do Fred me indicaram que ele não havia contado nada sobre o episódio da filmagem de Becel, mas que se sentia grato pela minha atuação, e aquela era a sua forma de me retribuir, de fazer de um limão... uma limonada.

Ou algumas caipirinhas.

1.8
A grande virada

A minha transferência do Atendimento para o RTV foi para mim uma grande promoção, apesar de permanecer na mesma linha horizontal no organograma da McCann, mas sabia que aquela oportunidade me serviria de trampolim para alcançar níveis mais altos como profissional e também como ser humano.

É interessante observar como, em nossas vidas, somos às vezes escalados para bater um pênalti e, apesar de as estatísticas jogarem a nosso favor, nós o fazemos com a atenção dividida com o juiz, a torcida, os demais jogadores e, claro, o próprio goleiro, que ocupa um espaço dez vezes menor que a meta... Essa falta de foco faz com que chutemos a bola nas mãos do goleiro ou, pior, fora do gol.

O meu problema foi que muitas vezes minha forma de agir era exatamente oposta: eu focava tanto na meta que esquecia o fato de haver juízes, bandeirinhas, outros jogadores e até o próprio goleiro, nem sempre uma postura muito salutar.

Mas, voltando à minha "promoção"...

O chefe do RTV era o José de Castro Fontenelle. Trabalhavam com ele a coordenadora, a Ana Maria Sarapo, a assistente, Marcia Taioli (antes de se tornar Tucunduva), que havia sido admitida na McCann exatamente na mesma data que eu, e a Marlene, que era a secretária. (Futuramente, as três voltariam a fazer parte da minha vida profissional.)

A exemplo do que eu fazia no Atendimento, acabei sendo designado para fazer assistência para os diretores internacionais que vinham constantemente para o Brasil, mas também para os diretores fixos da agência, em especial o Jayme Cortez e o Hamil Petroff, já que o Paulo Rufino raramente requisitava os meus serviços.

Essa atividade como assistente me mantinha mais presente nas produtoras de som e imagem do que dentro da agência, o que de certa forma me poupava um pouco do estilo autoritário do Fontenelle.

Esse processo de passar a trabalhar mais fora da agência teve uma repercussão muito forte dentro de mim, pois ativou – e de certa maneira mudou totalmente – a percepção que eu tinha de mim mesmo dentro do esquema da McCann e dentro do mercado como um todo.

Quando eu consegui uma vaga na McCann, eu tinha a perfeita noção da insignificância da minha posição ali dentro. Transferido de uma sala para outra, servindo de intérprete, atuando como "office boy" de luxo. Mas, a partir do momento que eu passei para o RTV, percebi que, quando entrava num estúdio, eu não era insignificante. Eu era um representante da McCann. Ali eu não era o aspone! Eu era tratado e respeitado como um cliente, um *status* de mais importância em relação àquele que eu tinha internamente na agência. Pelo menos foi assim que eu passei a me enxergar.

Havia algumas empresas com as quais nós mais trabalhávamos. Uma delas era a Sonima, que além de produzir filmes também tinha um estúdio de som, e a Luta Filmes, que ficava a poucas quadras da Sonima. Ainda havia outras com as quais atuávamos mais pontualmente, como a Film Center, do Enzo Barone, a Flash, do Necão Barros, a Diana, do Pedrinho Siaretta, a Lynx, do Cesar Mêmolo, mas o nosso universo, o mercado naquela época, se restringia a pouco mais de uma dúzia de produtoras, inclusive a Ultima Filmes, do Ronaldo Moreira e do Cláudio Meyer, pessoas que viriam a ter um papel fundamental na minha carreira.

Nessas produtoras com as quais trabalhávamos eu era o cliente, eu *era* a McCann. E isso passou a me dar um senso de pertencimento à empresa, uma autopercepção da importância dentro do esquema, da roda de trabalho e produção. Afinal, eu tinha uma função!

Muito provavelmente, essa visão que eu passei a ter de mim mesmo foi superestimada. Para a McCann, a minha posição era apenas a de uma pessoa qualquer da agência, acompanhando os processos de gravação de jingles, trilhas, filmagens..., mas para mim aquilo fez toda a diferença, eu precisava muito daquele processo para ganhar autoconfiança, uma identidade, que era uma coisa que eu ainda não tinha sentido plenamente.

Antes de ser transferido para o RTV, quase nada do que eu fazia dentro da agência parecia ter importância no todo. Por isso eu não sabia, até então, se a confiança que eu tinha em mim mesmo se manteria intacta com aquela certa autonomia de ação, sem ninguém para me calçar. Mas aos poucos fui me conscientizando de que a minha palavra em uma gravação ou filmagem tinha peso. Eu era ouvido, minhas dúvidas eram esclarecidas e minhas sugestões, consideradas e geralmente acatadas. Como eu nunca tive um feedback negativo dentro da agência ou por parte dos clientes, fui seguindo em frente, fui acumulando mais segurança, ânimo e coragem para manter aquela forma de atuação.

Naquela época, a produção de áudio era muito mais intensa do que a produção de vídeos: eram dez jingles ou spots para cada comercial produzido. E isso foi um campo fértil para o meu crescimento em termos de engajamento, pertencimento e autoconfiança. Eu fiquei tão próximo dessa parte de produção de áudio que por um momento pensei que poderia ser um caminho alternativo na minha profissão. Sempre gostei muito de música, e aquela também poderia ser uma opção viável.

A Sonima, nesse aspecto, foi um divisor de águas. Lá eu trabalhei bem de perto com um dos seus sócios, o saudoso amigo Sérgio Augusto Sarapo, um excelente músico e compositor, que estava à frente da parte de áudio da empresa. Convivi também com profissionais do naipe do César Camargo Mariano, que já era um grande compositor e arranjador, mas ainda estava no momento "pré" Elis Regina.

Naquela época, alguns colegas ainda o chamavam de "César Dó Maior", porque era o tom em que ele se sentia mais confortável ao piano. Só menciono isso porque sempre padeci da mesma deficiência e limitação musical. A grande diferença é que o César cresceu infinitamente como profissional e músico, adquirindo um domínio invejável das harmonias em quaisquer tons disponíveis em um teclado. Enquanto isso, eu permaneci praticamente estacionado no dó maior...

Acabei convivendo com muita gente boa que passou por ali. Tenho saudade dessa fase – em especial dos pastéis que ofereciam toda quarta-feira, absolutamente imperdíveis!

Jingles, trilhas e spots eram produtos com menor envolvimento, requeriam menos fases de trabalho e consequentemente menos níveis de aprovação, portanto era aí que eu tinha a oportunidade de "reinar" um pouco mais, e cada peça aprovada ia alimentando a minha autoestima.

Lembro-me de um episódio ocorrido na produtora Publisol, do Zelão. Precisávamos de um som diferenciado para apoiar os efeitos de um filme para Kolynos, e ele, que tinha recém-inaugurado talvez o primeiro sintetizador do Brasil, ficou uma semana tentando extrair sons que se encaixassem nas imagens do comercial, e ao final chegou a um "schhhhuuup"! O mesmo som que conseguiríamos se alguém dissesse aquilo ao microfone. Mas esse era o início da era digital e o começo da pavimentação da minha estrada, que apontava para uma direção que eu via com bons olhos.

Foi uma fase muito interessante, em que fiz contato e criei laços duradouros com muitos estúdios fornecedores da agência. Como eu sempre fui um tanto ousado e atrevido, e com um certo dom e ouvido razoável para a música, acho que consegui me impor e disfarçar a minha ignorância, passando a ser visto e respeitado, de fato, como o produtor de RTV da McCann, a maior agência do Brasil e do mundo.

1.9
Ao mestre com carinho

Aprendi muito ao trabalhar com tantos diretores de origens, estilos e personalidades tão diferentes.

O Paulo Rufino era bastante jovem, tinha 25 ou 26 anos, e uma bagagem já considerável no cinema documental. Ele já tinha participado de projetos com o Thomaz Farkas e o Sergio Muniz, e também com a Ana Carolina (Teixeira Soares). Fazer comerciais, para ele, era só uma forma de pagar as contas do fim do mês. Sua paixão era o cinema "de verdade", em especial aquele de caráter mais cultural. Depois de mais de uma década na publicidade, acabou se tornando um "drop-out" e partiu para o Mato Grosso para administrar uma grande fazenda. Acabou retomando sua verve de documentarista e até assumiu papéis importantes na EBC - TV Brasil.

Não tive muitas chances de trabalhar com o Rufino, que era muito mais autônomo e independente que os outros diretores da casa. Meu papel em seus projetos se limitava a atuar na burocracia dos bastidores.

O Jayme Cortez era português, naturalizado brasileiro, uma figura. Ele devia ter seus 45 anos, e a densa barba, os cabelos grisalhos e os óculos com lentes e aros grossos conferiam a ele um certo ar de intelectualidade. Era um cara muito engraçado, piadista, e por coincidência comemorávamos o aniversário no mesmo dia, 8 de setembro. Uma vez ele me convidou para celebrarmos a data com um jantar na casa de um amigo dele, que para minha grata surpresa era o Mauricio de Sousa (o criador da Turma da Mônica), outro de seus pupilos. O portuga era mesmo uma peça ímpar.

Mas a sua característica mais marcante era o fato de ser totalmente desencanado quanto ao trabalho. Jayme tinha pouca iniciativa, as coisas iam acontecendo meio que naturalmente, e ele apenas se permitia acompanhar o fluxo.

– Jayme, onde põe a câmera? Pode ser aqui?

– Se achar que está bom, pode ser aí mesmo!

Com o Cortez, a experiência era muito contrastante com a que eu tinha tido com o Fred Charrow, cheio de planejamento, com shooting board e tudo o mais. E o Cortez era o contrário, não tinha nada disso. Ele ia para o set, para a locação, sem saber muito bem o que iria filmar, tudo na base do improviso e da intuição.

Esse jeito mais solto e descompromissado do Cortez acabou me beneficiando muito, porque ele permitia que eu praticamente conduzisse a filmagem, e aquela possibilidade de pôr a mão na massa me permitiu aprender e crescer, pondo em prática o que eu intuía ser o correto. E ele achava ótimo, raramente questionava, até acho que tinha um certo orgulho por estar me proporcionando aquela oportunidade.

O Cortez era uma celebridade no meio publicitário, não propriamente por sua atividade como diretor, mas por ser um excelente e consagrado ilustrador. Ele pintava e desenhava como ninguém, era um verdadeiro artista, talvez o maior quadrinista atuante no Brasil. Ele foi autor de diversos gibis que se tornaram *cult*, ilustrou a capa de dezenas de livros e publicou diversos livros técnicos sobre desenho. Até hoje o Cortez, que faleceu há mais de três décadas, tem grupos de fãs que o homenageiam e mantêm sua obra viva. Ele era realmente um grande artista, muito ligado à área de cinema, fez muitos dos cartazes dos filmes de Mazzaropi.

Eu achava uma pena ele desperdiçar todo aquele talento e ir para as filmagens sem um bom shooting board, que poderia fazer com muita facilidade e maestria. Seja como for, aprendi muito com ele, mesmo que às vezes sobre o que *não* fazer.

Já o Petroff não podia ser mais diferente. Primeiro, porque ele era americano e tinha o "pedigree" de ter passado por Hollywood, nas funções de bailarino, coreógrafo e diretor. Ele também participou como ator em alguns filmes, como *Sofia* (1948) e *Phffft* (1954), contracenando com Jack Lemmon e Kim Novak. Dirigiu dois longas-metragens sem grande expressão: *Runaway girl* (1965) e *California* (1963). Dançou com Judy Garland, alegava ter trabalhado com Gene Kelly, foi o coreógrafo dos filmes *Mutiny on the Bounty*, estrelado por Marlon Brando, Trevor Howard e Richard Harris, e *The beat generation*, com a participação de Steve Cochran, James Mitchum, Louis Armstrong e Charles Chaplin Jr.

Ele chegou ao Brasil com essa respeitável bagagem, que lhe conferia muito crédito. Aliás, ele percebia isso e frequentemente se valia de sua vantagem competitiva. Ao contrário do Cortez e do Rufino, que eram bem mais pés no chão, o Petroff era um tanto soberbo, uma figura esguia, imponente, e falava com um sotaque bem mais pesado do que o esperado depois de tantos anos em *Terra Brasilis*.

De qualquer maneira, ele era mais bem preparado, embora também não me desse muitas chances de participar mais intensamente do processo, a não ser em tarefas mais burocráticas ou organizacionais. Nas filmagens, ele gostava de tomar as rédeas, era quem fazia tudo, dava a câmera, cortava... Sobrava pouco para mim, por isso não consegui aprender tanto com ele como aprendi com o Cortez.

Dez anos mais tarde Petroff estrelou um comercial para a caderneta de poupança Haspa, dançando sob uma chuva de moedas, numa paródia da icônica sequência com Gene Kelly em *Singin' in the rain*. Dois anos depois, a instituição financeira foi liquidada. Seu proprietário? Ninguém menos que o ex-ministro Delfim Netto, com quem me depararia alguns anos mais tarde em um episódio que narrarei mais adiante.

Além desses três diretores nacionais, havia ainda vários gringos que eventualmente vinham para o Brasil. Quem eu mais tive a oportunidade de assistir foi o Denzil Smith, um americano muito gentil, que estava na época morando no Japão com sua esposa, Eileen.

O jeito de trabalhar do Denzil era uma fantástica contraposição ao dos diretores brasileiros. Primeiro, porque ele planejava à exaustão tudo o que iria fazer. Ele era daqueles que gastavam o tempo que fosse necessário pensando sobre o projeto, liberando sua mente para criar de forma livre, leve e solta ainda na fase anterior à filmagem, para então colocar tudo no papel e seguir quase que à risca o que havia sido planejado. Essa prática influenciou muito a minha forma de conduzir os meus futuros projetos.

O Denzil desenhava muito bem, produzia seus próprios shooting boards. Às vezes eram apenas rabiscos, traços simples, mas bastante fáceis de ser compreendidos, com as ações, os enquadramentos e o tempo que cada cena deveria ter.

Lembro bem de uma passagem hilária com o Denzil numa filmagem do inseticida Baygon. Tinha uma parte a ser filmada em locação, no Horto Florestal de São Paulo, mas a parte cenografada foi feita na produtora do Enzo Barone, a Film Center, ainda no Bixiga.

A ideia consistia em um cientista da Bayer dentro de uma cabana infestada com milhares de moscas, pernilongos e baratas, para demonstrar a eficiência do produto. Imagine que isso tinha que ser feito tudo ao vivo, não havia tecnologia para fazer de outra forma que ficasse convincentemente realista. Portanto, a produção tinha que capturar todos esses insetos, vivos e em enorme quantidade, e tê-los à mão para a filmagem.

"Estamos aqui na selva pra provar que Baygon..." – cusp! cusp! cusp! O ator engolia uma meia dúzia de moscas e pernilongos, e tínhamos que rodar um novo take.

O problema é que moscas e pernilongos têm um ciclo de vida muito curto. E, quando uma das diárias de estúdio foi cancelada por falta de energia, a produção teve que voltar às ruas para capturar os insetos de novo, já que os disponíveis não resistiriam por mais 24 horas.

Só que houve um novo cancelamento, em razão de uma chuva torrencial que causou sérios vazamentos e goteiras em vários pontos do estúdio da produtora.

Uma imagem inesquecível: o Denzil, no estúdio, sentado em um três-tabelas (um caixote de medidas padronizadas com mil e uma utilidades em um set de filmagem), protegendo-se com um guarda-chuva, balançando a cabeça com desânimo, provavelmente pensando em coisas leves, como suicídio, assassinato, coisas assim.

Nisso, passa por perto o produtor do filme, vê o Denzil naquele estado, fica sem ter o que dizer (pois não falava inglês), e o Denzil, para quebrar aquele silêncio incômodo, diz:

– *The rain... The rain!*

O produtor fecha a cara, vira as costas para o Denzil e sai pisando duro, vem na minha direção e diz, com muita raiva:

– Olha, eu peguei barata, eu peguei mosquito, pernilongo, mas RÃS eu não pego mesmo!

E saiu batendo os pés.

O Denzil permitia que eu tocasse a filmagem em si. Eu preparava a cena, posicionava o elenco, e também ficavam sob a minha responsabilidade os tradicionais comandos de "luzes, câmera... ação".

Como não havia ainda o "video assist" (sistema que permite captar simultaneamente em vídeo o que está sendo filmado) para poder analisar a cena ali na hora, depois de cada tomada nós discutíamos sobre a interpretação, o texto, o tempo da cena... e o incrível é que era uma discussão quase que de igual para igual. O Denzil prezava o que eu estava fazendo e aceitava a minha contribuição, um pouco até por não falar português e se apoiar em mim para aferir se as falas estavam corretas. Falávamos sobre todos os assuntos, e eu percebi aí a grande diferença que havia entre o trato profissional do pessoal que vinha de fora e o do pessoal aqui do Brasil. Lembrei que a minha relação com o Fred Charrow, mesmo considerando-se que eu ainda nem estava lotado no RTV, era de um profundo respeito.

Essa experiência, essa percepção e a análise que fiz me levaram a pensar em fazer alguns estágios nos Estados Unidos, em produtoras e estúdios de som. Abusando um pouco do meu título de produtor de RTV da maior agência do mundo, mandei diversos telegramas para os maiores produtores de jingles e trilhas dos Estados Unidos com essa intenção. Não custava tentar.

Na faculdade, eu tinha cumprido os dois primeiros anos-base, e tinha chegado o momento de escolher e definir o curso que eu seguiria pelos dois anos seguintes: minhas opções eram Propaganda ou Jornalismo. Dizem que não há coincidências, apenas sincronicidades... Pois, naquele ano, a Faap introduziu uma nova especialização: Rádio, TV e Cinema! Acabei fazendo parte da primeira turma desse curso.

Para mim, o sinal foi claro. Mais algumas peças encontraram seu espaço no tabuleiro, e a imagem do meu futuro começava a se formar com um pouco mais de definição.

1.10
Um corpo que cai

No final de 1973, já fazia quase um ano que eu estava no RTV da McCann, a cada dia aprendendo mais e ficando mais conhecido dentro da agência e entre as produtoras. Eu sentia que tinha uma avenida aberta diante de mim e que os ventos estavam soprando a meu favor.

Paralelamente, pelo mundo estavam acontecendo coisas de que eu não tomava muito conhecimento, mas que mudariam a minha vida. Uma delas era a guerra do Yom Kippur, que resultou em um boicote dos membros da Opep que restringiu a venda de petróleo aos países que haviam dado apoio a Israel, entre eles os Estados Unidos. Isso fez com que o preço do barril disparasse, derrubando as Bolsas do mundo todo e dando início a uma grande crise econômica global.

Embora toda a economia tenha sido afetada, é claro que as empresas diretamente ligadas ao setor foram as que mais sofreram, em especial os produtores, as refinarias e os distribuidores americanos.

Entre eles, a Esso. Cliente da McCann.

A verba da Esso foi drasticamente reduzida, e, como representava uma fatia substancial do faturamento da agência, num efeito cascata a McCann também teve que administrar essa perda e cortar custos. Não houve demissão em massa, mas vinte e poucas pessoas foram mandadas embora da agência. Eu estava entre elas.

Um belo dia, perto da nossa festinha de fim de ano – que eu estava ajudando a organizar –, eu andava animadamente e sorrindo cheio de energia pelos corredores, engajado nos preparativos, quando recebi um recado para comparecer à sala do Dr. Emil.

Achei que tinha algo a ver com a festa de fim de ano, mas, quando vi seu semblante sério, e até um tanto triste, intuí que o assunto seria outro... e veio a má notícia.

O Dr. Emil teve a grandeza de me informar pessoalmente de toda a problemática da situação mundial, da qual eu não tinha a menor noção, e que acabou resultando na questão da Esso. Claro que eu nem merecia esse tipo de deferência, afinal eu era um funcionário hierarquicamente insignificante, mas ele fez essa gentileza. Explicou que eu estava sendo demitido, mas que gostaria muito de deixar as portas da agência sempre abertas, porque via muito potencial em mim e me queria de volta assim que as coisas se normalizassem.

Foi um duro golpe nas minhas aspirações, nos meus sonhos. Eu me senti vítima inocente de questões completamente alheias ao meu universo; foi como se um terremoto houvesse chacoalhado a minha mesa, desmanchando o pouco do quebra-cabeça que eu já havia conseguido montar.

Eu tinha sido criado num ambiente protestante e, bem pouco tempo antes, eu tinha me desiludido com essa parte espiritual e, como consequência, me afastei completamente da igreja.

Naquele momento cheguei a me questionar se eu estaria sendo punido por alguma dívida espiritual adquirida em razão da minha falta de religiosidade, mas o fato estava consumado, e me senti completamente perdido e impotente para reverter a situação.

Poucos dias depois houve a tal festa de fim de ano da agência, e eu participei com muita relutância. O clima também não estava dos melhores, pois muita gente havia sido demitida. De qualquer maneira, rolou a festa, tudo bem, bebida, todo mundo cantando, brincando, mas lembro que eu estava tão deprimido, tão para baixo, que fui para o banheiro e me tranquei dentro de um dos boxes, sentei num vaso e chorei, chorei, chorei até não ter mais lágrimas.

Voltei para a festa completamente desanimado e acabei indo embora meio à francesa, com a sensação de um enorme vazio, de um dever não cumprido, uma sensação de vergonha, porque eu ia ter que contar para o meu pai, para a minha família, para os meus amigos, que eu tinha sido mandado embora.

Foi uma sensação horrível e que me perseguiu durante muito tempo, que deve ter me traumatizado profundamente, porque até hoje eu tenho uma dificuldade muito grande em mandar alguém embora. Eu procuro evitar isso a todo custo, acabo talvez inconscientemente criando um clima ou circunstâncias que fazem com que a pessoa se demita por conta própria. Talvez seja fruto dessa passagem que eu vivi e que foi tão negativa.

No meio disso tudo, ainda havia outro problema que estava me afligindo.

Três dos estúdios para os quais eu havia enviado telegramas solicitando um estágio tinham respondido que seria um prazer me receber. Tenho esses telegramas até hoje. Um deles chegou no dia 10 de dezembro de 1973 e os outros dois, no dia seguinte. O problema é que meu pedido por estágio tinha sido aceito em função da minha posição como produtor de RTV da McCann, o que deixaria de ser fato a partir do dia 31.

Então, ainda durante a festa, eu me lembro que num determinado momento eu me aproximei do Dr. Emil, agradeci a ele por tudo e manifestei minha preocupação de realizar estágios que me tinham sido oferecidos sob a condição de que eu era um produtor de RTV da McCann.

– Claro! Imagina! Você vai sempre continuar sendo parte do time da McCann, você é muito importante pra nós, ainda vai voltar a trabalhar aqui! Tudo ótimo, vai tranquilo, pode falar em nome da agência.

Ele foi bem paizão nesse sentido.

Minha passagem pela McCann foi parte fundamental do meu processo de crescimento e de vida, foi onde eu criei laços que perduram até hoje, com pessoas que se mantiveram ou se tornaram clientes em outras agências, outras que se tornaram anunciantes, outras que até se tornaram meus colaboradores. Tem muita gente daquela época que está na ativa ainda hoje, produzindo e criando coisas boas.

A vida me empurrava para a frente, apesar da sensação de estar sendo forçado a caminhar pela prancha de um navio com uma espada me cutucando as costas e alguns tubarões rondando o meu destino. Mas acabei indo em frente, e em menos de um mês eu parti para os Estados Unidos, para uma nova página da minha história, para viver uma experiência incrível, dando um passo muito mais decisivo (talvez sem saber, na época), rumo a outra estrada, diferente daquela que percorreria se tivesse continuado na McCann. A maior agência do mundo.

1.11
De volta para o futuro

A saída da McCann foi um balde de água fria nos meus sonhos e me deixou muito deprimido, sem ainda saber o que significava uma depressão.

Foi a viagem que eu já tinha planejado para os estágios nos Estados Unidos que permitiu que eu não me afundasse naquele buraco em que havia me metido.

O que eu consegui comprar com meus próprios recursos foi uma passagem até Miami, mas um dos estágios era em Chicago e outros dois em Nova York. E eu tinha também vontade de aproveitar a viagem para visitar os meus amigos e as famílias com quem eu tinha morado em Iowa e na Califórnia. Eram todos pontos muito distantes, e eu não tinha a mínima condição financeira de bancar passagens de avião para todos esses lugares.

Então descobri que a Greyhound, a maior empresa de ônibus dos Estados Unidos, tinha lançado, no ano anterior, o Ameripass, um sistema que permitia que o portador do passe embarcasse em qualquer ônibus da empresa, para qualquer destino, de forma ilimitada, por apenas 1 dólar por dia! Ou seja, por 99 dólares eu teria, durante 99 dias, liberdade absoluta de deslocamento dentro do território americano.

Perfeito. Comprei um Ameripass, sem ter muita noção de como aquilo iria funcionar, e ao chegar a Miami embarquei em um Scenicruiser da Greyhound, cujo destino final era San Diego, na Califórnia, a mais de 4 mil quilômetros de distância. Estranhei as circunstâncias no início, mas aos poucos fui me habituando e me animando.

Eu tinha uma verba extremamente restrita, portanto não pude aproveitar ao máximo a viagem, mas a sensação de estar participando de uma aventura e a beleza da paisagem que ia mudando a cada hora me confortavam a ponto de não pensar, de vez em quando, na dor causada pela minha demissão da McCann.

Foi uma grande e grata surpresa descobrir que o ônibus iria, de fato, direto para San Diego, se deslocando dia e noite, parando apenas para abastecimento e troca de tripulação: eu poderia dormir no próprio ônibus.

Não era muito confortável dormir sentado naqueles bancos que pouco reclinavam, mas na segunda noite me aventurei a me esticar no último assento do ônibus, que ocupava toda a largura do veículo. Como havia pouquíssimos passageiros durante a noite, ninguém reclamou, e a partir dali os fundos do Scenicruiser passaram a ser o meu dormitório.

A partir da última parada antes do pôr do sol, eu me antecipava no reembarque aos demais passageiros e já ocupava o centro daquele banco inteiriço, afastando qualquer outro pretendente àquele espaço, de maneira que eu pudesse garantir mais tarde uma caminha minimamente confortável.

Da mesma forma que os motoristas, os passageiros também se alternavam: era interessante poder perceber e identificar a mudança dos sotaques regionais ao longo do percurso.

Depois de atravessar os estados da Flórida, Geórgia, Alabama, Mississipi, Louisiana, Texas, Novo México e Arizona, cheguei a San Diego, na Califórnia, após quase noventa horas de viagem, e imediatamente embarquei em outro ônibus para Los Angeles e depois para San Jose (mais 750 quilômetros).

Toquei insistentemente a campainha da casa dos Johansens, mas ninguém respondeu. Lembrei que costumavam manter uma chave extra em um esconderijo conhecido apenas pela família, e não me surpreendi ao encontrá-la no mesmo local.

Quase matei todo mundo de susto quando se depararam comigo assistindo à TV na "family room". Passado o choque inicial, acabou sendo um reencontro muito gostoso, uma oportunidade incrível de atualizar e compreender o momento de cada um.

Eu não queria abusar da hospitalidade dos Johansens, e, embora tivesse bastante tempo de sobra, decidi não me impor e fiquei em San Jose por apenas duas noites. Menti sobre a data do início do meu estágio em Chicago e segui viagem. Eu teria que estar em Chicago somente dali a duas semanas, por isso decidi cruzar novamente os Estados Unidos, rumo a Washington D.C.

A viagem foi incrivelmente cênica, cruzando o país pelo centro, via Arizona, Novo México, Texas, Oklahoma, Arkansas, Tennessee, Kentucky e Virgínia antes de chegar à capital. Apesar de estar em pleno inverno, a temperatura durante todo o trajeto se manteve bastante agradável.

Para conseguir ficar dois dias em Washington e conhecer um pouco a cidade, à noite eu pegava um ônibus para Baltimore e ficava indo e voltando até amanhecer o dia, ocupando o meu "dormitório" no fundo do ônibus.

De Washington eu voltei mais uma vez para a Costa Oeste, desta vez rumo a São Francisco. Para fazer um trajeto diferente daquele que eu tinha percorrido no caminho oposto, decidi não optar por uma rota direta e fui adaptando o meu roteiro de forma a poder conhecer locais diferentes. Desta vez, o caminho me fez cruzar Maryland, Ohio, Indiana, Illinois, Missouri, Kansas, Colorado, Utah e Nevada, antes de chegar à Califórnia.

Fiquei em São Francisco por dois dias, gentilmente hospedado na casa de dois colegas da mesma turma da Blackford High, que tinham acabado de se casar. Mais uma vez, não quis importunar e segui viagem em direção ao norte. Meu ônibus da Greyhound cruzou Oregon e boa parte do estado de Washington até chegar a Seattle, onde chovia copiosamente e a temperatura estava em torno de 3 graus Celsius.

Eu queria muito conhecer a fábrica da Boeing, mas o clima não era nada convidativo, por isso decidi seguir viagem, mais uma vez rumando a leste. Meu próximo destino seria Chicago, onde eu teria o meu primeiro estágio, e havia uma rota direta de Seattle para lá, mas, como eu queria antes passar por Jesup, para visitar os Browns, optei por segmentar o trajeto, pegando diversas rotas alternativas que me levassem até lá.

Eu olhava pela janela dos diversos ônibus, acompanhando a paisagem, e tentava não pensar em emprego, publicidade, estágios... Afinal, estava sendo uma viagem incrível, porque era inverno: era uma visão magnífica, os campos e as cidades com aquele manto branco, imagens pelas quais eu havia me apaixonado desde minha primeira ida aos Estados Unidos.

O percurso foi mais longo do que eu imaginara, as etapas eram mais curtas, havia baldeações constantes, com longas esperas entre cada embarque. No final, cruzei os estados de Montana, Idaho, Wyoming, Nebraska e Dakota do Sul antes de chegar a Iowa. Mas finalmente reencontrei os Browns, minha primeira segunda família.

Reencontrei também a maioria dos meus amigos da Jesup High School, mas infelizmente não a Peggy, mãe da Tracy, minha "filha" emprestada, que havia se mudado para outro estado. Só voltaria a vê-la uma década depois, quando nos surpreendemos mutuamente – ela, por encontrar alguém que jamais pensou rever algum dia, e eu, por descobri-la debaixo de um carro, desmontando um diferencial. Havia se tornado mecânica e arrimo de família, pois seu marido voltara ferido da guerra. Só não vi Tracy, que já era então uma *sophomore* (meu estágio quando conheci sua mãe), porque ela estava viajando com colegas de classe.

No balanço final, cruzei os Estados Unidos duas vezes, ida e volta, mais de 20 mil quilômetros rodados e quase 40 estados visitados em pouco mais de dois meses, boa parte deles morando em um ônibus.

Hoje eu penso que talvez aquilo tudo fosse apenas uma fuga para a minha tristeza. Tanto tempo tentando encontrar o meu caminho e, quando finalmente senti que estava na estrada certa, veio aquele golpe. Na verdade, eu tinha em minhas mãos um monte de peças fora do lugar que pareciam pertencer a outro quebra-cabeça, não o meu. Nada fazia sentido.

De Jesup, alguns Greyhounds me levaram até Chicago, a apenas 400 quilômetros dali, onde eu iria fazer o meu primeiro estágio. A partir dali a viagem deixou de ser uma corrida de um lado para o outro para ganhar foco no meu recém-baqueado lado profissional. Algo quase desanimador. Chegando a Chicago, na verdade, eu não tinha onde me hospedar. Minha verba era extremamente justa, e, apesar de ter conseguido economizar um pouco dormindo no ônibus, não sabia o que me esperava lá na frente e queria otimizar ao máximo o meu limitado *budget*.

Cheguei a pensar em continuar usando o ônibus como dormitório, mas, além de já estar muito cansado daquele esquema, achei que não pegaria bem eu me apresentar no estúdio todo dia desarrumado, sem banho tomado.

Sem saber no que estava se metendo, meu amigo Sérgio Augusto Sarapo, da Sonima, ao saber que eu iria fazer estágio em um estúdio de som em Chicago, me disse que tinha uma cunhada que morava na região:

– A Joyce, irmã da Vicky, mora ali pertinho, em Glen Ellyn. Passa lá na casa dela!

Ele chegou a avisar a Joyce que eu poderia passar por lá, mas nunca mencionou que o que eu queria mesmo era ficar hospedado na casa dela. Como eu não tinha muita saída, precisava tentar. E planejei visitá-la, bem naquela de segundas intenções.

Como não havia ônibus da Greyhound que me levasse a Glen Ellyn, eu precisaria de um carro para ir até lá. O problema é que, como eu ainda não tinha 21 anos, não conseguiria nenhuma locadora que aceitasse me alugar um carro. Depois de procurar muito, encontrei uma que admitia motoristas com mais de 18 anos. Com muita dor no bolso, consegui alugar um Impala, um verdadeiro apartamento sobre rodas. Se eu não conseguisse me hospedar na casa da Joyce, em caso de desespero poderia ser uma alternativa.

Eu me aproximei do carro quase que com medo dele, olhei pelo vidro e, desanimado, vi que era hidramático – eu nunca tinha dirigido aquilo antes. Quando saí do estacionamento da locadora, sob os olhares horrorizados do atendente, parecia que estava domando um potro selvagem. O carro empinava, parecia que estava sobre molas. Claro! Sobrava pé e faltava pedal. Eu estava usando o pé esquerdo, o da embreagem, para frear o carro!

Daí, começou a segunda parte da aventura: eu não conhecia o local, não sabia o caminho para a casa da Joyce, estava tudo sob neve, as ruas cobertas de gelo... Liguei para ela de um telefone público para pedir instruções.

– Quando você entrar na 290, pega a faixa central e nunca mais sai dela... Ela vai sempre conduzir você para as saídas corretas, até chegar na 88, aí é só seguir as placas.

Realmente, nem sei como eu consegui chegar inteiro a Glen Ellyn. Ainda lembro que, já próximo à casa dela, eu cheguei a um cruzamento onde havia uma placa STOP. Juro que eu freei com bastante antecedência, mas o carro não parou. Ele não respondeu e continuou deslizando, e eu atravessei o cruzamento sem ao menos diminuir a velocidade. Aquilo era gelo puro, um sabão!

Mas consegui chegar à casa da Joyce, e fui ficando, ficando, as horas passando, na esperança de que ela me convidasse para ficar lá. Mas não convidou. Ela estava sozinha, com o casal de filhos, Kathryn e Bill, creio que o marido estivesse viajando, e eu permaneci ali, brincando, ensinando as crianças a desenhar, a escrever o nome delas com letras fantasia, determinado a atingir o meu objetivo.

Aí, vendo que eu não ia embora, a Joyce vira para mim:

– Você vai ficar onde?

– Ah, eu não tenho onde ficar, não sei...

Ela deve ter percebido a minha situação e generosamente se prontificou:

– Deixa eu ligar para o meu irmão e ver se ele tem um lugar lá para você.

Para a minha sorte, ela ligou. E, para minha maior sorte ainda, ele disse:

– Ah, ok, manda ele aqui!

Então eu fui para a casa do Bob, que também muito graciosamente me acolheu. Mas a boa coincidência é que o Bob, de vez em quando, atuava como locutor em comerciais. Foi uma grata sintonia, uma coincidência feliz; ao final, ele me deu de presente diversas fitas contendo jingles e trilhas maravilhosas, que eu trouxe de volta para o Brasil, elevando ainda mais o meu nível de exigência.

Agradeço imensamente à Joyce e ao Bob, que hoje moram no Brasil, pela imensa ajuda que me deram naquela ocasião em que eu tanto precisava de apoio.

Fiquei muito feliz, muitos anos depois, ao cruzar com um jovem de vinte e tantos anos que se aproximou de mim e disse que eu havia estado em sua casa nos Estados Unidos e dado a ele várias dicas sobre desenho, e que isso tinha tido um grande impacto em sua vida. Era o então garoto de 12 ou 13 anos, Bill Collins, filho da Joyce. E a Kathryn também me procurou recentemente, revelando que ainda mantinha aquele dia vivo em sua memória, em que lhe ensinei alguns truques de desenho.

Às vezes, lançamos sementes ao vento sem saber onde cairão e que frutos produzirão. Fico muito feliz por ter podido, de alguma forma e minimamente, contribuir para que alguns talentos germinassem ao longo dos meus tortuosos caminhos.

Ali em Chicago, aos poucos, fui entrando no espírito que deveria ter dali para a frente em meus estágios. Nos dias seguintes, eu compareci diariamente ao Bob Wessberg – Dick Marx & Associates, o maior estúdio de Chicago. Quem me recebeu no primeiro dia foi o próprio Dick, um reputado profissional, pianista, compositor e arranjador, cujo estúdio estava ranqueado entre os melhores do país.

Quando entrei na sede deles pela primeira vez, veio aquele misto de aperto no coração e saudade dos estúdios do Brasil, lembrando que eu já não tinha um emprego. Mas fiz o meu melhor, e com a boa acolhida do Dick eu tive mais um avanço de alguns anos na minha vida profissional.

Entre várias coisas que aprendi, descobri uma tecnologia simplista que não envolvia computação, nada disso, mas facilitava bastante a composição de trilhas sonoras para filmes, trilhas incidentais: aquelas em que a música apoia a ação, em que certos acentos musicais devem cair exatamente em determinadas marcações no filme. Então, essa "tecnologia" era constituída de umas folhas, com pautas para se escrever música, só que abaixo das pautas havia uma marcação de fotogramas, de frames. Era uma *timeline*, uma linha gráfica que mostrava 24 frames a cada segundo, todos numerados de 1 a 720, o que equivale a 30 segundos.

O maestro anotava os números dos frames que pediam algum apoio musical e, a partir daquelas anotações, aplicava-se uma fórmula que gerava uma espécie de denominador comum, que resultava em um andamento, ou seja, um ritmo indicado por um metrônomo. Uma vez que o maestro seguisse aquele andamento, todas as marcações anotadas nos filmes cairiam naturalmente no ritmo da música, não seria necessário "inventar" acidentes musicais para acentuar os pontos marcados.

Eu achei aquilo fantástico e ganhei de presente alguns blocos daquelas folhas.

Quando retornei ao Brasil, compartilhei esse meu aprendizado e algumas daquelas folhas com amigos de estúdios com quem tinha trabalhado. Quem sabe aquele gesto de boa vontade poderia resultar em um empreguinho ali na frente...

Sempre gostei de cantar – e tinha uma certa habilidade natural para intuir a segunda voz de uma canção, algo inerente aos cantores sertanejos. Minha irmã e eu frequentemente formávamos uma dupla afinada, cantando hinos e corinhos religiosos enquanto cumpríamos juntos nossos deveres domésticos. Muitas vezes fomos obrigados a atender, relutantemente, aos pedidos de nosso pai para que nos apresentássemos diante de seus amigos e convidados.

Assim como a Márcia, também fiz parte do coral da igreja que frequentamos por muitos anos, e aquela era uma atividade que me dava muito prazer.

Ao ter conhecimento dessa minha verve, Dick Marx me permitiu participar de algumas gravações de *backing vocals*. Pelo que me recordo, foram três "provinhas" e uma gravação definitiva para o antiácido Maalox, que tinha uma ideia interessante: eles compraram os direitos de uma música dos Ink Spots, um clássico grupo vocal do início dos anos 1940, cuja letra dizia: "Eu não quero pôr fogo no mundo, só quero começar uma chama no seu coração"... Como, em inglês, azia é "heartburn" – literalmente "coração em chamas" ou "coração ardente" –, a canção antiga caía como uma luva para o comercial.

Foi nessa oportunidade que aprendi que todos os participantes do coro deviam sempre encostar seus ombros nos dos outros, de forma que todos pudessem formar uma espécie de corrente humana, gerando uma percepção física do ritmo, dos momentos de respiração, de ataque, de finalização de uma frase musical. Vivendo e aprendendo...

Outra coisa que eu achei interessante nas gravações que acompanhei é que, ao contrário do que se fazia no Brasil, em que cada canal era gravado separadamente, em momentos distintos, lá gravava-se praticamente tudo ao mesmo tempo. Em canais separados, mas tudo ao mesmo tempo. Acompanhei gravações com 70, 80 pessoas no estúdio, orquestra, coral e bateria, em uma cabine acústica. Só mesmo a voz principal e a locução é que eram feitas depois.

Eu ficava na cabine do estúdio, junto à mesa, observando pela divisória de vidro toda aquela movimentação, extremamente organizada. O fato de gravarem todos juntos exigia músicos experientes e de muita qualidade; não havia tempo para erros e muitos ensaios. O maestro chegava, os músicos ficavam nas suas posições, davam apenas uma passada, começavam a gravação e já na primeira saía bom. Pequenas correções aqui ou ali e, geralmente, a segunda passada, no máximo a terceira, já era a definitiva. Bem diferente daquilo a que eu estava habituado na minha pouca experiência no Brasil, quando muitas vezes se repetia o take dez, quinze, vinte vezes, até conseguir uma boa tomada.

Comentei com um dos técnicos sobre aquele profissionalismo incrível de todos os músicos, e ele me respondeu:

– Aqui nos Estados Unidos, a moeda é o tempo. Estúdios, maestros, músicos, técnicos, tudo é cobrado por hora ou frações. Para otimizar o resultado financeiro, temos que produzir um job no menor espaço de tempo possível. O produtor só chama gente fera, que acerta na primeira, e por isso todo mundo tenta ser muito profissional, estuda muito, se aplica... Porque quem causar qualquer atraso dificilmente será chamado de volta.

Criatividade e improvisação *versus* planejamento e competência. Às vezes andam juntos, mas nem sempre. O sistema americano era diferente apenas quanto ao *timing*. Eles eram criativos antes. Daí, planejavam. Sem improvisos.

Ao narrar esse episódio, me lembrei de outro que aconteceria décadas depois, mas que também envolve o grau de profissionalismo que existe no mercado americano, no que se refere à indústria do entretenimento de um modo geral. Tratava-se de um comercial para a Amil, uma produção grandiosa para a qual fechamos o *backlot* da Universal, que representava uma metrópole como Nova York.

Era um grande musical, com um grupo muito heterogêneo dançando pelas ruas de uma metrópole. Contratei um coreógrafo e, três dias antes da filmagem, convocamos todo o elenco, por volta de cinquenta pessoas, para que pudessem conhecer a coreografia, uma coisa bem dinâmica, bem expansiva, na linha de *West Side Story*.

Na hora marcada, reunimos todo o elenco, que era formado por crianças, jovens, adultos e idosos, homens e mulheres, brancos e negros, loiros e morenos, gordos e magros, gente de todo tipo. O coreógrafo fez uma demonstração da sequência de movimentos, que durava mais ou menos trinta segundos. Em seguida, ele simplesmente dá o comando:

– *Six, seven, eight...*

E, como num passe de mágica, todo o elenco, digo novamente, todo o elenco repetiu a sequência quase que perfeitamente, depois de tê-la visto apenas uma vez. Eu não queria acreditar naquilo! Foi corrigida uma coisinha aqui, outra ali, e passaram novamente os passos, dessa vez sem erro algum. Covardia!

Minha ideia seria trazê-los para a Universal no dia seguinte para mais uma passada preliminar e para um último ensaio geral, já com a luz, a câmera na grua e tudo o mais. Mas, claro, desisti desse plano. Seria um insulto à capacidade e ao talento daquela turma. Foi realmente impressionante!

Foi com uma sensação parecida que concluí meu estágio em Chicago. Missão mais que cumprida.

De lá fui para Nova York, com uma breve passagem por Boston para visitar um primo meu, Celso Queiroz, que na época estava lecionando no Massachusetts Institute of Technology, o MIT, em Harvard. Lá eu tive a oportunidade de conhecer o local onde ele trabalhava, aquelas salas enormes com computadores, que na época tinham capacidades monstruosas, mas que hoje cabem num celular.

Foi uma experiência e tanto, mais um pequeno salto à frente, essa oportunidade de conhecer o MIT, de identificar a importância do vanguardismo, da tecnologia de ponta. Foi um aprendizado importante, que procurei pôr em prática dali para a frente e sempre norteou minhas prioridades e decisões.

Após alguns poucos dias hospedado pelo meu primo, embarquei novamente em mais um Greyhound, com destino a Nova York, local pelo qual eu tinha enorme fascínio. Ao mesmo tempo, eu tinha um certo medo da cidade em si e do que me esperava. O estágio que havia feito em Chicago tinha sido muito bom e marcante, mas eu não sabia, naquele momento, se realmente faria alguma diferença no meu retorno ao Brasil. E eu não tinha a menor ideia do que os estágios em Nova York me acrescentariam.

Decidi que me deixaria levar pelos acontecimentos, que encararia essas experiências como um acerto de rota... se é que alguma vez eu estive fora da rota. Nossa miopia para os fatos e sinais da vida às vezes nos leva a não reconhecer a estrada e achar que estamos perdidos.

1.12
New York, New York

Quando eu desembarquei na estação rodoviária de Nova York, na 8ª Avenida, esquina com a Rua 40, eu não fazia ideia de que estava em um lugar que equivaleria hoje à Cracolândia, em São Paulo.

Nessa época, Nova York era muito violenta, aconteciam muitos crimes, e aquele trecho entre as ruas 40 e 42, particularmente na região da 8ª Avenida, talvez fosse o mais perigoso. A situação era tal que inspirou, naquele mesmo ano, a criação do conceito "tolerância zero", adotado imediatamente pelo estado vizinho, Nova Jersey, e posteriormente por Nova York, pelo então prefeito Rudy Giuliani.

Totalmente alheio à situação perigosa da região, ao sair da rodoviária logo vi, a dois quarteirões dali, o luminoso da YMCA, Associação Cristã de Moços. Fui direto para lá, pois sabia que era o lugar que melhor caberia no meu bolso. O quarto tinha uns cinco ou seis metros quadrados, se tanto, sem banheiro, que era coletivo e ficava centralizado no corredor de cada andar.

Lembro que *O exorcista* estava estreando naquele dia. Consegui um ingresso para a sessão das 22h, e, à meia-noite, caminhando os mais de vinte quarteirões de volta à YMCA, sentia um frio na nuca toda vez que passava por um beco ou uma reentrância escura entre os edifícios. Não tanto pelo medo de ser surpreendido por assaltantes ou assassinos, pois não tinha consciência de que ali era território deles, mas de me deparar com a Linda Blair vomitando aquela gosma verde nojenta!

Para dizer a verdade, em Nova York as coisas não começaram da forma que eu esperava. No primeiro estágio que fiz na MZH (Mamorsky, Zimmermann & Hamm), as coisas não correram assim tão bem. Era um pessoal muito fresco, que não tinha tempo para me dar atenção. Eles mal me deixavam entrar no estúdio; eu ficava a maior parte do tempo na cabine de som, sem poder interagir com os maestros e músicos. Depois de uns quatro ou cinco dias, dei por encerrada essa etapa.

Aproveitei muito pouco, apesar de ter consciência de que foi um dos estúdios mais bonitos e bem-concebidos que visitei. A decoração muito bem cuidada, com uma parede de pedra, outra de madeira toda trabalhada, tudo em prol da acústica: um conceito técnico que ainda não havia desembarcado no Brasil.

Mas as coisas mudaram para melhor quando fui para o estúdio Gavin & Woloshin, que ficava na Rua 49, não muito longe de onde eu estava hospedado.

Um dos sócios do estúdio, Sid Woloshin (eu só fiquei sabendo depois), talvez tenha sido um dos maiores compositores de jingles da história da publicidade nos Estados Unidos. Ele inclusive está no Hall da Fama, por ter criado ou produzido obras muito importantes e memoráveis, como, por exemplo, o jingle da PanAm, "PanAm makes the going great". Ele também foi responsável por outras criações antológicas, como "You deserve a break today", para McDonald's; "I am stuck on Band-Aid, 'cause Band-Aid's stuck on me"; "Take life a little easier", para Jack in the Box... e a longeva série "Like a good neighbour", da companhia de seguros State Farm. Enfim, ele fez coisas muito especiais, inclusive um dos arranjos mais bonitos do "It's the real thing" da Coca-Cola, de que eu tanto gostava.

Ao contrário do pessoal da MZH, todos na Gavin & Woloshin foram muito amigáveis e receptivos, uma grata surpresa.

Foi lá também que eu descobri que quem estava por trás de algumas dessas composições e arranjos era Barry Manilow, que ganhava a vida na publicidade, enquanto sua carreira como cantor não decolava.

Até então, no universo dos discos, ele estava fazendo razoável sucesso como compositor de muitas canções da cantora Bette Midler, mas seu objetivo era poder, ele mesmo, interpretar suas criações. Ele até já tinha lançado um álbum, que simplesmente fracassou.

Um dia ele me levou até o seu apartamento e me mostrou pilhas e pilhas de LPs que não tinham sido vendidos, ainda estocados, aguardando dias melhores. Só quem havia comprado seus discos eram os três efes: *Family, Friends and Fools*, expressão que ouvi pela primeira vez.

E o interessante é que, entre as faixas de um desses discos, figurava "Mandy", que anos mais tarde ele viria a relançar, com muito sucesso, ganhando disco de platina – e a partir daí virou parte da história.

E Barry é muito bom músico. É um grande pianista, além de cantar bem (embora muita gente não curta muito o estilo dele, por achar meio cafona). Ele insistiu na carreira solo e acabou fazendo muito sucesso, além de "Mandy", com "Could it be magic", "I write the songs", "Can't smile without you" e, é claro, "Copacabana (At the Copa)".

Eu me considero privilegiado por ter tido a chance de trabalhar lado a lado com ele. Participei de várias gravações fazendo backing vocals para provinhas, e umas duas ou três gravações definitivas. Foi uma experiência absolutamente prazerosa e inesquecível.

Essa convivência com o Sid e o Barry foi a melhor parte dos meus estágios, porque ali era um berço de talentos, criadores de peças que figuram entre os melhores jingles de todos os tempos até hoje. Foi uma sorte enorme poder ver de perto o cuidado com que tratavam cada job, como experimentavam a melodia, a harmonia, a letra... Sempre com um claro propósito e uma finalidade: chamar a atenção, marcar, vender. Foi um aprendizado que muito influenciou a forma de eu trabalhar dali para a frente.

1.13
Era uma vez na América

Passados aqueles meses em que eu fiquei nos Estados Unidos, estava chegando a hora de voltar para o Brasil, principalmente porque meu dinheiro e o Ameripass da Greyhound estavam na iminência de acabar. Portanto, tive que encarar a realidade de que eu estava voltando para casa sem um emprego, sem uma renda, e ia ter que recomeçar do zero.

De repente veio de volta tudo aquilo que eu estava sentindo quando deixei o Brasil: uma certa depressão, um gosto amargo, imensa tristeza. Pensando em tudo isso, logo me dei conta de que estava em Nova York, e de que ali ficava a sede da McCann! Eu tinha feito muitos contatos com vários executivos de Nova York durante a convenção no Brasil, e eles estavam ali pertinho, não custava arriscar uma visita. Era só colocar novamente em prática minha já consolidada teoria: "Fodido... fodido e meio!".

Na manhã seguinte, eu me arrumei todo e fui até a Lexington 485, onde ficava a sede da McCann na época, a menos de dois quilômetros do meu alojamento.

– Olá, eu sou o Wellington Amaral, da McCann do Brasil, estou aqui para falar com o Sr. Tom Folley.

– Ah, claro... um momento, vou anunciá-lo, seus colegas já chegaram.

Não entendi nada, mas fiquei na minha.

Da recepção podia-se ver um largo corredor com diversas secretárias posicionadas à frente das salas de seus respectivos chefes. Uma delas atendeu ao chamado da recepcionista e ouviu o mesmo que eu escutava ao vivo:

– O Sr. Wellington está aqui para a reunião.

A tal secretária apertou um botão e falou ao telefone algo que não consegui entender. Depois de alguns segundos, a porta da sala às suas costas se abriu, e um rosto apareceu parcialmente pela fresta.

Era Tom Folley, com um olhar curioso, tentando entender o que estava acontecendo, já que ninguém mais era esperado para a reunião.

Depois de alguns intermináveis segundos, ele me reconheceu. Saiu da sala, veio para o meio do corredor e abriu os braços, como se estivesse falando "O que você está fazendo aqui?", mas com um sorrisão nos lábios!

Ele me chamou para que fosse até ele e me cumprimentou com um forte aperto de mão e um tapinha nas costas.

– Que surpresa! O que você está fazendo por aqui?! Entra aqui na minha sala, tem uns amigos seus aqui!

Quando entrei na sala, me deparei com ninguém menos que o Dr. Emil Farhat, que poucos meses antes tinha me demitido da McCann, acompanhado do meu ex-chefe, Paulo Ruffino.

Eu fiquei muito sem graça, imaginando o que deveria estar se passando na cabeça de ambos, "o que esse pirralho está fazendo na sede da McCann?".

Momento bem constrangedor, finalmente interrompido pelo Tom.

– Que legal que você está aqui! O que o traz a Nova York?

– Ah... Eu vim fazer uns estágios em produtoras de áudio... Lembra, Dr. Emil, que conversamos sobre isso? Mas o fato é que eu fui demitido da McCann de São Paulo.

– Farhat! Vocês mandaram ele embora? Um cara como esse não pode ser mandado embora!

Aí o Dr. Emil ficou muito sem graça, e eu mais ainda. Mas o Tom novamente salvou o momento:

– Então a gente precisa arrumar um emprego para você!

– Ah... Era isso mesmo que eu queria saber, se teria alguma colocação aqui em Nova York...

– Na-na-não... Nova York, esquece, aqui não tem como, mas a gente vai arrumar alguma coisa.

Acabei sendo encaminhado para o RH da Interpublic, e a única vaga disponível era a de chefe de RTV em Bogotá. Não era bem o que eu estava esperando, mas disse que aceitaria aquela posição. Só que, quando a encarregada do departamento pediu meu passaporte, ela constatou que eu tinha apenas 20 anos, idade insuficiente para assumir um posto de chefia, pelo protocolo do grupo. Bola na trave... mas deixei a ficha preenchida, quem sabe apareceria alguma outra coisa mais à frente.

Depois de uns quinze anos ou mais, eu já bem consolidado profissionalmente, num evento do "Profissionais do Ano", promovido pela Rede Globo, encontrei o Dr. Emil Farhat e fui cumprimentá-lo.

– Olha, Dr. Emil... O senhor não vai se lembrar de mim, mas o meu nome é Wellington Amaral.

– Pera aí! Você é o Wellington Amaral que foi premiado hoje aqui?

– Sou eu... – sorri.

– E é você o mesmo Wellington Amaral que em Nova York, há não sei quantos anos, me fez passar o maior carão da minha vida diante do meu chefe?

– Sou eu mesmo...

Ele abriu um largo sorriso e me deu um abraço muito carinhoso, dizendo estar muito feliz por ver aonde eu havia chegado.

Uma história que levou anos para fechar o ciclo, que me ensinou que, quando uma peça não se encaixa perfeitamente no tabuleiro, não vale a pena forçar o seu encaixe. Mesmo que o desajuste não seja perceptível naquele momento, lá na frente ela fará falta no local que lhe havia sido originalmente reservado.

Você já conhece algumas pessoas do mercado publicitário, mas continua sendo um total desconhecido dentro dele.

2.1
Tempo de recomeçar

Estava na hora de fechar minha malinha, guardar minhas esperanças e preparar a minha volta para o Brasil. Eu ainda tinha que pegar um ônibus rumo ao sul, retornando ao meu ponto de partida, Miami.

Por incrível que pareça, havia sobrado algum dinheiro. O medo de que faltasse era tanto que economizei a ponto de sobrar alguma coisa. Então, pensei: "Vou comprar uma câmera!".

Contei o dinheiro de que eu ia precisar até o dia do embarque. Eu gastava, sei lá, 1 dólar por dia para comer um hambúrguer, alguma coisa, e com o que sobrou dessa conta eu comprei uma Pentax. Ótimo!

Só havia me esquecido de incluir nas minhas contas o "Sales Tax", os 8% sobre o valor da mercadoria, que nunca estão incluídos no preço estampado nas etiquetas. Representavam míseros cinco dólares a menos no meu orçamento, mas o rombo foi suficientemente grande para que eu fosse obrigado a passar os três dias seguintes somente à base de batatas *chips* e Coca-Cola.

Como Orlando fazia parte da minha rota, aproveitei a oportunidade para conhecer a recém-inaugurada Disney World, façanha possível unicamente pelo fato de o meu irmão Buzz, que fez parte da equipe de construção do empreendimento, ter gentilmente me repassado alguns ingressos que ele havia ganhado como bônus.

Passei o dia curtindo o parque e ao entardecer retomei a viagem rumo a Miami, aonde cheguei perto da meia-noite. Como meu voo só sairia às 10h do dia seguinte, aproveitei meu ainda válido Ameripass para fazer diversos bate e volta até West Palm Beach, para poder dormir no meu já familiar banco de trás do Scenic Cruiser.

Pode parecer que algumas coisas nessa longa viagem foram um pouco sacrificadas... e foram mesmo. Mas, no todo, foi uma experiência maravilhosa. Aprendi muita coisa, não só no campo profissional, mas também na área pessoal e emocional.

Voltei com uma bagagem que só se consegue por meio de experiências. E acumular experiências, naquela minha idade, era algo muito difícil. Demanda tempo. Anos. Mas eu tive ali um curso intensivo de aprendizado de vida, do desânimo à esperança, da rejeição ao acolhimento, mas também oportunidade de ver, comparar. Porque também se aprende com a experiência dos outros! Aliás, uma forma bem mais evoluída de aprendizagem. Toda essa bagagem acumulada em tão pouco tempo me permitiu um avanço precoce na minha carreira.

Mas quando eu desembarquei no Brasil, veio o choque de realidade... Estava de volta à estaca zero. Ainda morava com os meus pais, na Avenida Brigadeiro Luís Antônio, e, embora não quisesse depender deles, eu estava sem emprego e sem perspectiva.

Minha missão urgente era arrumar uma renda, eu estava raspando o fundo do tacho das minhas economias. Eu não queria decepcionar meu pai, colocando-o numa posição de se ver obrigado a voltar a me sustentar. Por outro lado, eu não tinha dinheiro nem para pôr gasolina no meu Fusquinha.

Eu não via como abordar outras agências para pedir um emprego, não conhecia ninguém do mercado. Concluí que minhas melhores chances de conseguir uma colocação no curto prazo seriam com as produtoras de imagem e som com as quais eu tinha trabalhado quando ainda estava na McCann.

Naquela terça-feira eu decidi que no dia seguinte iria tentar a sorte com meus amigos Álvaro e Sérgio Augusto, na Sonima. Eu iria aproveitar a oportunidade para contar para eles sobre aquele sistema de facilitar a composição de trilhas incidentais que eu havia conhecido em Chicago. No mínimo, eu sairia de lá tendo saboreado os imperdíveis pastéis de toda quarta... Mas um telefonema da McCann mudou completamente o curso dos acontecimentos.

– Wellington... Você teria disponibilidade e interesse em fazer um trabalho pra gente?

– Trabalho?

– O Denzil vai dirigir um filme de Kolynos na Ultima Filmes e pensou em você como assistente.

Nem parei pra pensar, aceitei no ato. Além de ser um job remunerado, descobri que o cachê que eles iam me pagar era mais alto do que o salário mensal que eu ganhava quando empregado da McCann. Aquilo ia me dar um fôlego enquanto não resolvia minha vida profissional de forma mais definitiva.

Além disso, eu tinha uma imensa curiosidade de conhecer a Ultima Filmes, seus sócios, seu trabalho... Era uma produtora considerada muito chique, exclusivista, inatingível; havia uma certa aura de mistério ali.

Com essa oportunidade, durante cerca de um mês e pouco eu fiz a interface entre a Ultima Filmes e a McCann e tive a chance de me aproximar minimamente dos sócios da produtora, o Ronaldo Moreira e (principalmente) o Cláudio Meyer, que era a pessoa mais acessível.

O processo todo transcorreu muito bem, exceto pelo fato de que nós não conseguimos filmar. O filme pressupunha um grupo de jovens em uma piscina natural formada por uma cachoeira, e o local escolhido foi Iporanga, no Guarujá. Só que demos um azar infernal; descemos umas quatro vezes até o local para filmar, e não conseguíamos por causa do tempo: chovia, ficava nublado...

Numa dessas tentativas, tínhamos consultado previamente um meteorologista, que nos garantiu que o sol ia aparecer às 7h47. Claro, essa precisão despertou grande desconfiança em todos. Eram 7h, todos a postos na locação, e o céu continuava rabugento, escuro, não tínhamos nenhuma esperança de que o meteorologista estivesse certo. Porém, às 7h45 começou uma ventania e, por incrível que pareça, às 7h47 em ponto as nuvens deram lugar a um magnífico sol, que espalhou seus bem-vindos raios à nossa volta. O problema é que às 7h48 as nuvens se fecharam novamente e nunca mais voltaram a se abrir.

Para completar a tragédia, eu tinha preparado um lanche para a equipe, na minha casa, na noite anterior. Transportei as bandejas de sanduíches no porta-malas do meu Fusca, e, para a minha infelicidade, eles foram contaminados por vapor de gasolina. Lembro bem da cara do Denzil quando deu a primeira mordida.

Mas o maior problema era a falta de sol. Mesmo em dias sem nuvens, a incidência de sol na cachoeira era bem limitada, por causa da topografia. E não tinha jeito, era um filme de Kolynos: tinha que ter brilho, aquela luz!

Enfim, não conseguimos. Experiente e sensível que era, o Denzil intuiu que não valeria a pena ficar insistindo naquele roteiro e se posicionou perante o cliente e a própria agência no sentido de buscarem ideias alternativas, mais viáveis.

Essa atitude do Denzil me marcou bastante. Primeiro pela iniciativa de cancelar um projeto por antever que o resultado não seria satisfatório, e segundo pelo moral perante a agência e o cliente para tomar aquela atitude. Foi uma lição que me serviu muito e que me deu forças no futuro para assumir posturas equivalentes.

Depois de um mês e pouco, estava eu sem renda de novo, mas com esperança, às vezes tão valiosa quanto – aquela experiência malsucedida tinha me levado para dentro da Ultima Filmes. Aquela coisa de o universo nos colocar em frente ao gol...

Passei a ter um bom relacionamento com a equipe, conheci melhor o trabalho da produtora e percebi que era, de fato, diferenciada em relação às outras que eu conhecia no mercado.

Enquanto as demais me pareciam mais industriais, com filmagens quase que diárias, a Ultima fazia um filme ou dois, no máximo, por mês, e eram filmes muito mais elaborados, mais cuidados, com um nível técnico, fotográfico, de direção de arte muito superior. Ou seja, a Ultima merecia a fama que tinha e se aproximava mais do nível de exigência que eu aprendi como sendo a excelência em filmes americanos e com os diretores americanos com quem eu já havia trabalhado e feito estágio.

A Ultima me parecia mais próxima desse padrão, dessa excelência a ser alcançada. Senti que seria o lugar ideal para eu trabalhar. E, se eu tive cara de pau para pedir emprego na McCann em Nova York, um papo com o Cláudio Meyer no Itaim Bibi ia ser fichinha. Logo em seguida à notícia da suspensão do projeto da Kolynos, eu o procurei:

– Cláudio, eu vou trabalhar aqui na Ultima.

Uma longa e incômoda pausa. Olhando fixamente nos meus olhos, ele me perguntou:

– Por que você acha que vai trabalhar aqui?

– Você imagina que pode estar sentado na frente da sua aposentadoria?

Ele ficou mais um tempo em silêncio me fitando diretamente nos olhos.

– Tá bom! Puxa uma cadeira e começa a trabalhar naquela mesa ali.

Foi simples assim! Exatamente nesse *timing*... Em quinze segundos eu estava empregado. Claro, depois acertamos o salário, que eu achei ótimo, melhor do que eu ganhava na McCann.

Era o início de mais um sonho, entrar naquela produtora, que para mim era o suprassumo do mercado, um time e resultados considerados *hors-concours*. Era chique trabalhar lá, naquela produtora "butique".

Ali eu estava finalmente encaixando aquela importante pecinha do quebra-cabeça, algo que vinha rolando nas minhas mãos desde que eu tinha sido demitido da McCann, meses antes, passando pelos estágios, a desandada com o emprego na Colômbia, a contratação para o frila na McCann que me ligou à Ultima, que eu só conhecia de longe, mas vim a conhecer por dentro por causa desse projeto... Tudo fazia sentido e parecia seguir um script, um encadeamento lógico.

Como disse John Lennon, "a vida é o que acontece enquanto você faz outros planos".

Só para constar, algum tempo depois, a produção do comercial de Kolynos foi retomada. Uma nova ideia, totalmente diferente, mas igualmente complicada: um grupo de jovens cavalgando por uma praia, felizes da vida. Ou seja, todos os ingredientes necessários para não dar certo. E pior: continuávamos dependendo de um belo dia de sol. Em obediência à lei de Murphy, essa filmagem também não deu certo, e a ideia finalmente foi mudada para uma partida de vôlei na praia – essa, sim, concluída a contento.

Havia sido por causa desse filme que eu tinha começado como freelancer a serviço da McCann e acabara como produtor da Ultima, em que o Zelão, da Publisol, levou uma semana para produzir o efeito sonoro do *schhhup!*

Bom... O Cláudio era uma pessoa muito mais acessível do que o Ronaldo, acabamos ficando muito próximos, e com ele eu comecei a aprender o outro lado da produção: a parte de números, orçamentos, custos, receitas, impostos, da administração em si.

Também aprendi que, diferentemente das demais produtoras, não havia departamentos definidos dentro da Ultima: todo mundo fazia um pouco de tudo. Esse "todo mundo" era meia dúzia de pessoas. Eram o Cláudio e o Ronaldo e mais quatro gatos pingados, entre eles o Aldo Imperatrice (que seria meu sócio futuramente), o Didi, que era o contador, a Aninha, secretária, e eu. Foi incorporado também à equipe o Jorge Solari, recém-chegado da Argentina e que faria brilhante carreira como diretor de fotografia. Mais tarde eu trouxe mais pessoas, que tinha conhecido na faculdade: o Cal (meu futuro sócio também) e o Carlão Pacheco, como assistente de câmera (que, em seu primeiro dia de trabalho, e graças a seu avantajado tamanho e à sua falta de coordenação, conseguiu a proeza de deixar cair uma lata de filmes dentro de uma lata de tinta).

Algumas outras pessoas foram trabalhar na produtora por meu intermédio: a minha então cunhada Gerda, a Marlene, com quem tinha trabalhado na McCann... Mas sempre uma equipe muito pequenininha, em que todo mundo tinha que fazer tudo: figurino, maquiagem, locação, objetos, cenários, assistência de câmera, montagem de filme, tudo.

Lembro-me perfeitamente do primeiro dia de trabalho do Cal na Ultima. Eu tinha conseguido anteriormente um trabalho para ele como assistente de produção do Andreas Heiniger, recém-desembarcado da Alemanha, que tinha vindo ao Brasil para fazer as fotos do lançamento do Passat, da Volkswagen.

O Andreas estava meio perdido no Brasil, que tinha uma estrutura infinitamente inferior àquela a que estava habituado. Apesar disso, ele decidiu permanecer por aqui, e eu o ajudei a se instalar; consegui um espaço para ele montar seu escritório e até comprei um telefone para ele em meu nome, missão não tão fácil naqueles tempos.

Depois de um tempo com o Andreas, convidei o Cal para integrar o time da Ultima. Nessa época, estávamos fazendo um filme para a Adolpho Lindenberg. Era uma tomada aérea sobre São Paulo, identificando alguns dos muitos edifícios construídos pela empresa. Para tanto, deveria haver uma bandeira com o logo da construtora tremulando sobre cada um desses quinze ou vinte edifícios, e o Cal foi convocado para me acompanhar na instalação das bandeiras e de seus mastros. Isso foi de fato o grande problema, pois os mastros não cabiam nos elevadores nem faziam as curvas nas escadas. A solução foi fazer peças de seis metros, divididas em três partes, com canos rosqueáveis, de forma que pudessem ser montadas no local.

Não sei como não morreu ninguém nessa filmagem, o Cal ou eu mesmo, ao subirmos nas partes mais altas dos prédios, sem nenhum equipamento de segurança; ou, ainda, algum desafortunado transeunte passando numa das calçadas desses prédios, que poderia ter sido atingido pelos improvisados "mastros", precariamente fixados nas escadas externas das caixas d'água de cada edifício. Algo extraído de um filme de terror, absolutamente impensável nos dias de hoje, e provavelmente nem naqueles dias.

Mas, como o Grande Arquiteto é quem dá as cartas, nem o Cal, nem eu, nem nenhum mastro despencou dos prédios.

Passando por experiências como essa, foi na Ultima, e não na Faap, que eu aprendi tudo sobre produção, num curso intensivo e em muito pouco tempo, em que eu tinha que pôr a mão em todas as áreas. Isso, para a minha formação profissional, foi uma coisa fantástica.

Estava eu na minha estrada novamente, tinha achado o meu rumo.

2.2
Encontros e desencontros

Quando o Cláudio chegou à produtora naquele dia, eu vi que ele não estava com a cara muito boa.
– Wellington... Eu estou saindo da Ultima.

Aquilo foi um choque para mim. Era perceptível uma certa tensão entre ele e o Ronaldo ultimamente, mas nós não éramos próximos o suficiente para eu entender os motivos daqueles atritos. Deve ter havido ali qualquer coisa que foi a gota d'água e que fez o Cláudio resolver sair.

Nós tínhamos tido algumas experiências com produtoras alemãs, em especial a Interteam, que se instalou no Brasil e usava a Ultima como base para a produção de diversos filmes que eles produziam para o mercado europeu. Por meio desse acordo de cooperação, conhecemos muita gente boa, como o Klaus Kurzina, o Heinz Bendixen, a Ingrid Ewald, o Hatto Kurtenbach e muitos outros bons profissionais. Com tantos contatos, e dominando o alemão, Cláudio resolveu então ir para a Alemanha e tentar se lançar como diretor.

– Olha, Cláudio, se você vai sair, então eu também vou... A minha relação aqui é com você!

– Não, Wellington... Você não vai sair, fica aqui, vai ser bom pra você. Está se abrindo um espaço aqui, vai ficar um vácuo que em algum momento você vai poder preencher e acho que você tem condições pra isso. E eu nem sei se volto para o Brasil. Se der, eu vou ficar muito tempo na Alemanha. Acho que você não devia perder essa oportunidade.

Ele me convenceu e eu acabei ficando, o que para mim foi de fato excelente. Foi complicado pelo lado pessoal, porque o Ronaldo não era uma pessoa fácil de lidar. Ele era muito perfeccionista, e, como para todo perfeccionista não existe o bom, só o suprassumo do ótimo, ele estava sempre infeliz com o nosso trabalho, com o trabalho da equipe... Bastante complicado. Comecei a intuir as motivações da saída do Cláudio.

Mas, até por falta de opções, o Ronaldo e eu fomos nos aproximando cada vez mais, fomos nos tornando amigos, fomos nos ajustando mutuamente, até um ponto em que não nos desgrudávamos mais. Eu ia buscá-lo e levá-lo para casa praticamente todos os dias. E com isso criou-se um grau de interdependência que retroalimentou essa conexão, o que também teve um lado bom, porque me dava a oportunidade de crescer como profissional.

O Ronaldo era muito bom didata. Nem todas as pessoas com muito conhecimento sabem transmitir o conteúdo que têm. Ele, além de entender tudo sobre técnica fotográfica, sabia passar todo esse conhecimento, e eu procurei absorver ao máximo tudo o que ele me transmitiu. Como bem cunhou o Alex Periscinoto, "mais vale o que se aprende do que o que lhe ensinam".

Foi assim que eu aprendi muito naquele período, não somente sobre fotografia still, mas sobre filmagem também. Aprendi a dominar os equipamentos de filmagem, edição, enfim, foi uma escola maravilhosa.

Eu me recordo de ter passado intermináveis horas trancado no *closet* da sala de reuniões, absolutamente no escuro, enrolando tiras de filme 35 mm em carretéis de aço próprios para revelação de filmes, seguindo apenas o sentido do tato para concluir a tarefa.

Outras centenas de horas foram aproveitadas aprendendo a usar o ampliador Durst para materializar e eventualmente corrigir no papel fotográfico o resultado do negativo. O cheiro característico dos químicos de revelação e fixação se mantém vivo em minha memória olfativa até hoje.

No entanto, o estilo do Ronaldo, como diretor, limitava consideravelmente o tipo de filmes que a Ultima atraía, que eram mais voltados para a moda e table top (filmagem de objetos, comida, enfim, produtos pequenos sobre uma superfície).

Filmes na linha "slice of life", do tipo "família tomando café da manhã" ou "crianças brincando", ou "animais", nunca chegavam a nós sequer para serem orçados. Não era a zona de conforto do Ronaldo. Geralmente ele tratava ou conduzia as pessoas nos filmes como "objetos", ou como parte de um grafismo, de uma estética. Não eram pessoas agindo como pessoas, mas pessoas agindo como modelos. Essa formação de moda do Ronaldo era muito presente no resultado dos trabalhos dele, talvez herança do início da produtora, quando a fotógrafa Lenita Perroy e seu marido, o cineasta e publicitário Olivier Perroy, conhecidos e respeitados pelo seu estilo *fashion*, ainda eram sócios. Nada de errado quanto a isso, mas simplesmente não havia uma enorme demanda para esse estilo.

Aos poucos, porém, com a minha aproximação dele e o meu crescimento dentro da Ultima, ocupando o espaço deixado pelo Cláudio, eu passei a fazer os orçamentos, a ter maior contato com as agências, e com isso consegui, se não atrair, pelo menos não afastar esse outro tipo de filmes que o Ronaldo não se sentia muito confortável para fazer. Foi como um pequeno satélite exercendo uma minúscula força gravitacional sobre o seu planeta: sem potência para alterar sua órbita, mas forte o suficiente para afetar as marés.

Passamos então a diversificar minimamente o nosso trabalho, a fazer filmes de humor, de situações, e a Ultima passou a trabalhar mais, faturar mais, ganhar muitos prêmios. Houve um ano em que o Brasil ganhou apenas três Leões em Cannes, e os três eram da Ultima. Publicamos um anúncio na revista *Propaganda*, cujo título era: "O Brasil ganhou 3 Leões em Cannes". Sob esse texto, uma foto da equipe da Ultima, com a legenda: "Acima, o Brasil".

Um anúncio bem pretensioso, e que mostrava um certo ar esnobe que a produtora tinha, pelo qual era muito conhecida: era muito chique, inatingível, para poucos.

Enfim, trabalhar na Ultima foi uma das experiências que mais me ensinaram na vida. Em um espaço de tempo tão curto, ali foram criados grandes laços, para toda a vida.

Já fazia um tempo que eu estava lá. Era o final de 1974, começo de 1975, e eu já era então diretor de produção da empresa.

Um belo dia, nós fomos contratados pela Alcântara Machado para fazer um comercial de Bacardi. Foi algo inusitado, pois o todo-poderoso Julinho Xavier (já um grande ídolo meu na época, por ter o dom de fazer exatamente o que faltava ao Ronaldo: dar um tom de realidade e humanidade aos seus filmes) era quem fazia a grande maioria dos filmes da Almap, em especial os que tinham roteiros mais bem-humorados, por isso estranhamos que nosso orçamento tinha sido aprovado. Foi um processo pouco usual, não houve reunião de pré-produção envolvendo todos os responsáveis pela agência e produtora. O Ronaldo foi brifado diretamente pela Criação e partimos direto para a produção e filmagem.

O roteiro era um tanto complicado, envolvia uma filmagem noturna em uma megacobertura, uma grande festa ao redor da piscina, todos felizes e animados, saboreando uma boa Caipiríssima.

Filme rodado, editado e aprovado pela agência.

Quando o cliente viu o filme pela primeira vez, abanou a cabeça e ergueu as duas mãos, como a demonstrar que não estava entendendo nada.

– Gente! Mas o produto não é Caipiríssima, é Cubíssima!

Todo mundo se entreolhou sem entender.

– Como?!

– É! O drinque deveria ser cuba-libre, não caipirinha!

Claro que tudo teve que ser refilmado, e a agência bancou os custos adicionais, já que a pisada na bola veio do lado deles. E uma lição: ninguém é tão grande ou talentoso que não possa cometer grandes cagadas. Dizem que é errando que se aprende; talvez por isso eu tenha aprendido tanto nesse começo...

Mas continuo preferindo aprender com o erro dos outros.

2.3
Missão impossível

Em julho de 1976, a Ultima foi contratada pela MPM para fazer uma campanha que me daria o "diploma" de produtor, tal o grau de dificuldade daquele job. Era o lançamento do Fiat 147 no Brasil: três filmes, criados por Sylvio Lima e Luiz Saidenberg, com a supervisão do Sergião Graciotti.

Um dos filmes mostrava o carro subindo a escadaria da Igreja da Penha, no Rio de Janeiro, como se estivesse pagando uma promessa. A escadaria é muito longa e inclinada, e o fato de o Fiat conseguir subir seus 365 degraus confirmaria sua potência superior.

Outro filme documentaria o Fiat atravessando os 14 quilômetros da Ponte Rio-Niterói com menos de um litro de gasolina, demonstrando quão econômico era o seu motor.

O terceiro filme mostraria o carro acompanhando um tanque de guerra, ou seja, aonde o tanque ia, o Fiat ia atrás, fazendo as mesmas manobras. Essa era a ideia para destacar a sua grande resistência.

Cada um dos filmes tinha a missão de exaltar um dos atributos principais do 147: potência, economia e resistência.

Já estávamos no final do dia de uma quinta-feira, quando recebemos a notícia de que o projeto havia sido aprovado. Em razão do exíguo prazo que tínhamos para entregar os filmes, o Aldana e eu partimos naquela noite mesmo rumo ao Rio, de forma que pudéssemos começar, logo na primeira hora da sexta-feira, o processo de obtenção de todas as autorizações necessárias.

Descobrimos que o buraco era um pouco mais embaixo.

Para a filmagem na Ponte Rio-Niterói, precisávamos das seguintes permissões:

1) DAC – Aeronáutica: porque ali é rota de avião e havia filmagem com helicóptero; 2) Marinha do Brasil: porque embaixo da ponte há uma base de submarinos; 3) Polícia Federal: porque o pedágio da ponte é considerado área de Segurança Nacional; 4) Polícia Rodoviária: porque a ponte é considerada parte da BR-101 e precisávamos de alguns batedores em suas motos como figurantes.

Para o comercial do tanque de guerra, obviamente precisávamos de autorização do Exército, e para o outro filme, na Igreja da Penha, precisávamos da autorização da Cúria Metropolitana da Arquidiocese do Rio de Janeiro e da igreja em si, ou seja, da Paróquia da Penha.

E, para obter todas as autorizações, tínhamos apenas um dia útil e um fim de semana. No Rio de Janeiro.

Não sei como, mas conseguimos. Tive a impressão de que havia uma corrente de otimismo e positividade incentivando a instalação de uma grande indústria no Brasil, que pudesse contrabalançar o poder hegemônico da Volkswagen.

Por incrível que pareça, quem mais nos deu trabalho foi o padre da Paróquia da Penha, que exigiu como "doação" um Fiat 147. Mas, como o carro ainda não estava sendo produzido em linha, ele se contentou com um Fusca mesmo.

Já na semana seguinte começaram as filmagens.

O primeiro filme que fizemos foi o da Ponte Rio-Niterói – e, é claro, era preciso parar o tráfego na ponte:

– Vocês têm pouco tempo para cada tomada. A gente segura o trânsito aqui por no máximo dois minutos e depois a gente solta. Vocês se virem para filmar nesse intervalo.

O motor do Fiat estava, de fato, sendo abastecido por um frasco de laboratório fixado na coluna do para-brisa, contendo apenas um litro de gasolina. Fiquei encarregado de coordenar toda aquela movimentação, comunicando-me através de rádio com todos os envolvidos. Cada vez que havia a liberação do DAC para o helicóptero sobrevoar a área, o trânsito era bloqueado no pedágio e o carro iniciava a travessia da ponte, seguido por batedores da PRF. O Aldana e o Jorginho Solari acompanhavam a caravana em um câmera-car (outro Fiat preparado para a missão), enquanto o Ronaldo captava as cenas aéreas.

Repetimos o processo não mais do que quatro ou cinco vezes, e estava terminada a filmagem, que correu surpreendentemente bem. O único fator negativo ficou por conta das inúmeras "homenagens" prestadas às nossas mães, quando os motoristas percebiam que tinham ficado retidos no pedágio por causa de uma filmagem...

Em seguida, nós fizemos o filme da escadaria da Penha.

Além do desgraçado do padre corrupto que ficava ali em uma janelinha nos observando, havia só um probleminha: o carro não subia a escadaria! No início até que foi bem. Ajudado por uma rampa de madeira que construímos na base da escada, o piloto conseguia imprimir ao carro uma certa velocidade e subir os primeiros vinte ou trinta degraus. Mas, depois que ele parava, não conseguia vencer a inércia, não tinha potência para isso.

Então, tivemos que simular essa subida: o pessoal da equipe empurrava o carro um pouco, filmava o que dava, talvez cinco ou seis degraus, aí parava. No fim a coisa foi resolvida na edição, dando a impressão de uma fantástica *performance*. Mas o carro não subiu a escadaria da Penha – por mais que o filme tenha mostrado o contrário.

Além disso, a ideia era que, quando o carro chegasse lá no alto da escada, ele daria um cavalo de pau e voltaria escada abaixo, onde seria recebido por um grupo de entusiasmados espectadores. Só que o piloto que tinha sido designado pela Fiat não sabia dar cavalo de pau naquele espaço reduzido do patamar da igreja.

Acompanhando as filmagens, havia um engenheiro da Fiat que se chamava Crocette, "Ingegnere Crocette", que acabou perdendo a paciência, assumiu ele próprio o volante do carro e fez a manobra com perfeição.

O piloto, claro, ficou com aquela cara de tacho, pegou mal para ele. E, para agravar a situação, ainda perdeu o cachê de figuração, pois foi o Crocette quem acabou figurando no comercial.

O nosso problema é que nós tínhamos ainda o filme do tanque de guerra para rodar com a praga do piloto, e o Crocette não iria estar presente na filmagem. Uma das cenas do roteiro previa o 147 subindo uma rampa de terra e saltando de um barranco de aproximadamente dois metros de altura. O piloto pediu para fazer um teste, porque ele nunca tinha saltado com um Fiat, já que até recentemente era o piloto de testes da Volkswagen.

Preparamos tudo e o teste foi realizado. Não deu certo. O piloto não considerou o fato de estar habituado a saltar com um Fusca, que tem seu motor atrás, enquanto o do Fiat era na frente. O carro subiu com velocidade e, assim que deixou a rampa, embicou para baixo e focinhou na terra. E dali não saiu mais: ficou inutilizado, e era o único que tínhamos disponível. A única solução foi aguardar que trouxessem um novo carro de Betim, Minas Gerais. A Fiat tinha pouquíssimos carros ainda, porque era fase de pré-lançamento, nem estavam sendo produzidos em linha.

Finalmente, chegaram dois carros (um a mais, por segurança).

Uma das exigências feitas para a participação do tanque do Exército nas filmagens foi comunicada pelo comandante responsável:

– Não podemos mostrar o tanque e o carro juntos, porque a população poderá dizer que o Exército está usando equipamento público para atividades estranhas à sua função.

Bom... isso era razoável. Descobri que um tanque consumia mais de três litros de combustível por quilômetro rodado. E, como estávamos em uma época de muita contenção de despesas, preço do petróleo nas alturas, ninguém estava a fim de ser repreendido pelo Silvio Frota, então ministro linha-dura do Exército.

– Vocês filmam o tanque e depois, numa outra hora, vocês filmam o carro. Aí eu posso justificar que vocês estavam filmando o tanque durante um exercício e não dizer que a gente está fazendo isso especificamente para um comercial.

– Claro... Não tem problema nenhum!

Começamos a rodar. Primeiro o tanque fazia a manobra combinada, e depois o Fiat replicava a ação, conforme pedia o roteiro. Correu tudo bem, até a cena do salto na rampa dessa vez funcionou direito, porque o "impiastro" do piloto finalmente colocou o lastro necessário para contrabalançar o peso do motor.

Acompanhando as filmagens estavam nossos queridos amigos, os gêmeos Ricardo e Stanley Ostrower, eles, sim, grandes pilotos de precisão, nível Hollywood. Naquela época eles ainda moravam no Rio e tocavam uma loja muito especial de motos, no Jardim Botânico. Eles me pediram para acompanhar a filmagem, pela mera curiosidade de conhecer o lançamento do mercado.

Em uma das cenas, o tanque viria em velocidade por uma estradinha de terra em direção à câmera e, num ponto específico, daria um meio cavalo de pau campo adentro. Missão dada, missão cumprida. Aí veio o Fiat.

Muito antes do ponto onde o carro faria aquela guinada de 90 graus, um dos Ostrower alertou:

– Ele vai capotar...

– Como?

– Ele vai capotar!

Ah! Não deu outra. O carro começou a virar e blam! Blam! Blam!... Não acreditei! Mais um carro, o segundo destruído por incompetência do piloto da Fiat. Ainda bem que tinham nos enviado um carro a mais, e com ele conseguimos concluir a filmagem.

No final, filmes montados, aplaudidos, e a campanha foi um grande sucesso, assim como o próprio Fiat 147.

Também... um puta carro, né?

Confesso que na época me enchi de orgulho de toda a equipe e de mim mesmo, por termos levado a cabo uma produção daquela magnitude em tão pouco tempo e com um resultado tão bacana. Aquela havia sido uma prova de fogo para mim, que ao seu final me demonstrou (e ao Ronaldo) que eu tinha mesmo encontrado a minha vocação e que já estava habilitado para voos a qualquer altitude e qualquer destino.

2.4
À procura da felicidade

Eu entrei na Ultima no início de 1974, ao iniciar a minha fase de especialização na Faap. Eu faltava demais às aulas, não conseguia compatibilizar meu cronograma de trabalho com o da faculdade. Passei "raspando" naquele ano e no seguinte, que seria o da minha formatura. Até quis desistir dos estudos, porque com certeza estava aprendendo muito mais na prática do que na sala de aula. Mas meu pai, numa manobra esperta, pagou adiantado todo o ano, fazendo uma chantagem emocional para que eu conquistasse meu diploma.

– Vai que você é preso um dia... pelo menos vai ter direito a uma cela especial.

Nos dois primeiros anos da faculdade, em que aprendíamos o básico sobre Comunicação e Jornalismo, as aulas eram ministradas por alguns expoentes em suas respectivas áreas, mas quando iniciou-se, no terceiro ano, a fase de especialização em Rádio, TV e Cinema, a maior parte do corpo docente estava completamente fora do mercado e tinha estacionado no tempo. Essa desatualização em nada afetava matérias como História do Cinema, ministrada pelo aclamado Máximo Barro, mas mesmo as aulas de edição, também ministradas por ele, eram realizadas em equipamentos totalmente obsoletos; consequentemente, o aprendizado era deficiente.

Não concordo 100% com Bernard Shaw quando disse que "Aqueles que conseguem, fazem, e os que não conseguem, ensinam". Mas era um conceito que certamente rondou minhas convicções naquela época. Talvez tenha sido por isso, para evitar cair na segunda categoria, que recusei convites para lecionar na própria Faap e posteriormente na ESPM.

Devo aqui fazer uma ressalva: uma das pouquíssimas exceções foi meu mestre Antonio Carlos "Pipoca" Rebesco, que sempre se manteve ativo na carreira como diretor de TV, no Brasil e em Portugal, e contava com equipamentos de vídeo e áudio razoavelmente atualizados nos estúdios da Faap.

Só sei que ia para a faculdade muito contrariado, e comecei a dar muito trabalho para os professores, supostamente profissionais do meio, mas bastante desatualizados quanto a práticas, técnicas e equipamentos.

Outro aluno na mesma situação era o Hugo Gama, que era então assistente de câmera, mas passou a atuar depois como técnico de som direto, função em que se firmou como um respeitadíssimo profissional. Ele, que nos deixou muito precocemente, era casado com a também consagrada escritora e ilustradora Eva Furnari, e tinha adotado para si uma vida bastante espartana e minimalista.

O Hugo era assim, gostava das coisas muito simples e diretas. E, assim como eu, o Carlão Pacheco e o Cal, que já trabalhavam comigo na Ultima, o Hugo também estava muito insatisfeito com o que (não) estávamos aprendendo na faculdade. Por isso começamos a infernizar a vida dos professores, questionando, rebatendo, corrigindo muita coisa que colocavam nas aulas.

Havia ainda outro aluno de minha relação, que havia optado por Jornalismo, em situação similar, que futuramente viria a ser meu colega na MPM e posteriormente governador do estado de São Paulo: João Doria.

Digo similar, e não igual, porque o corpo docente da cadeira de Jornalismo era formado por profissionais bem mais inseridos no contexto, como Rodolfo Konder, Ebe Reále, Heródoto Barbeiro, enquanto o da área de RTV e Cinema consistia em profissionais sérios e respeitados, porém totalmente à margem do que estava de fato acontecendo no mercado.

Um de nossos professores, o Berlink, dava aula de Fotografia. Ele nos ensinava na prática, por exemplo, como iluminar um cenário.

Depois de aprontar a luz, ele ficava lá um tempão, andando pra cá e pra lá com o seu fotômetro Gossen Luna Pro enorme, que parecia um tijolo, para determinar o diafragma que teríamos que usar. De longe, o Hugo ou eu chutávamos uma abertura em alto e bom som: "2.8/4!"! O Berlink conferia no seu tijolo e, com certa relutância, acabava por dar o braço a torcer:

- É... 2.8/4!

Só de bater o olho, em razão da prática diária que tínhamos, conseguíamos prever o diafragma, sem necessidade de nenhum instrumento.

E essas provocações aconteciam em quase todas as outras matérias, o que começou a criar um ambiente muito esquisito dentro das salas de aula – professores veteranos, supostamente "donos da verdade", desconcertados diante dos questionamentos de jovens "inexperientes" alunos.

Um dia, o professor de Direção e Roteiro, Rodolfo Nanni, me chama para conversar:

– Wellington, conversei com outros professores e achamos que o seu trabalho e o trabalho dos outros alunos que já estão atuando na área estão sendo prejudicados pelas obrigações da faculdade... Então, queríamos dizer que, caso não queiram mais frequentar as aulas, não vai ter nenhum problema, nós daremos a presença de qualquer forma, vocês só vão precisar comparecer quando tiver alguma prova, tudo bem?

Percebi na hora que eles queriam mesmo era se livrar da inconveniência que era a nossa presença na classe, e nem preciso dizer que nossa turma raramente pisou na Faap depois disso. Na verdade, nem fui buscar o meu diploma de formatura, a não ser uns trinta anos depois, quando ele se tornou necessário para um processo de obtenção de *green card* nos Estados Unidos.

Enfim, faculdade concluída, bom emprego, tinha acabado de me casar com minha primeira mulher, Suze Thamm, morava em uma casa novinha construída pelo meu pai no mesmo bairro onde passei minha infância, circunstâncias perfeitas para atiçar uma característica pessoal que já vinha se manifestando havia algum tempo: uma profunda necessidade de dar uma chacoalhada na vida, de questionar o meu próprio *status quo*. Depois de algumas dezenas de filmes e de três a quatro anos na Ultima, eu comecei a me sentir um pouco sem espaço para crescer, e em meados de 1977 esse tal questionamento começou a aflorar.

Além da dificuldade do meu relacionamento com o Ronaldo, tendo que lidar com o seu altíssimo nível de exigência, o qual eu achava muitas vezes exagerado e contraproducente, também havia a dificuldade de relacionamento dele com as agências. Já começava pelo fato de que a Ultima era gerida sob rígidos conceitos de não corrupção. O Ronaldo não aceitava pagar bonificação de volume ("BV", praga que infestava o mercado de um modo geral), e perdemos muitos jobs por causa disso. E, quando ele não gostava de um roteiro (ou não se sentia confortável para dirigi-lo), dizia na lata:

– Esse roteiro é uma bosta! Não tenho interesse.

Isso acabava ofendendo os criadores, e às vezes ele destratava os produtores de RTV. Claro que essa postura complicava o meu trabalho, que fazia a interface com as agências. Não era fácil lidar com esse delicado processo interno e ainda manter uma relação diplomática com as agências e os clientes, que em última instância eram quem nos garantia o pão de cada dia.

Em uma ocasião, o Dorian "Dodi" Taterka, que nessa época conduzia o RTV da Cosi & Jarbas, levou alguns roteiros para orçarmos. O Ronaldo leu os roteiros e disse que, infelizmente, não daria para fazer os filmes, porque estávamos com muito trabalho. Quando o Dodi perguntou quantos filmes tínhamos na casa, o Ronaldo respondeu:

– Nenhum!

Tudo isso começou a pesar um pouco, e chegou uma hora em que eu achei que estava precisando conhecer o mundo lá fora, porque na verdade nós vivíamos numa bolha, de onde não se enxergava muito longe. Vivíamos tão ensimesmados que não sabíamos de fato o que estava acontecendo no mercado, que havia se expandido e se aperfeiçoado ao longo dos quase quatro anos em que eu fiquei na Ultima, sem que nos déssemos conta daquela evolução.

Para nós, a Ultima era o universo que existia, o que era bom, nem sabíamos direito o que se passava lá fora, quais as novas facilidades, tendências, demandas do mercado. Embora fazendo um excelente trabalho, vivíamos num mundinho à parte, realmente enclausurados, e aquilo era o que era. O resto era o resto.

Pouco depois da saída do Cláudio Meyer, eu já tinha assumido as funções executivas da produtora. Por alguma situação de mercado, começaram a acontecer reuniões na Associação das Produtoras, e o Ronaldo pediu que eu fosse representar a Ultima. Ele queria distância daquilo tudo.

Com a oportunidade de pisar no "mundo exterior", passei a ter algum contato com outros profissionais e um pouquinho mais de noção do que estava acontecendo "lá fora" no mercado. Foi aí que eu comecei a descobrir que havia vida inteligente do outro lado da bolha: bons profissionais, equipamentos que eu desconhecia, práticas e estruturas operacionais novas e interessantes, e tudo acontecendo bem ao lado, nos gramados também verdes da vizinhança.

Além de tudo, nossas reuniões eram regadas a cachaças fantásticas, providenciadas cada vez por um dos participantes, o que tornava o clima muito agradável, festivo, era uma delícia fazer parte daquela patota.

Esse processo foi como um levantar de véus. E eu comecei a ter também noção de muitas outras coisas, inclusive com relação a valores, preços praticados pela concorrência... Uma grande surpresa foi descobrir que não estávamos sendo tão bem remunerados como pensávamos!

Então, com tudo isso pesando, o relacionamento com o Ronaldo, que raramente reconhecia nossos esforços, o excesso de responsabilidade e horas trabalhadas e a sensação de ser desvalorizado em função do que eu ganhava, lá pelo meio de 1977 achei que era hora de mudar de ares. Comecei a sondar alternativas para tomar um novo rumo.

Só que, na verdade, nenhuma produtora me atraía de fato. Achava que ir para qualquer outra seria um "downgrade", uma perda de status. No fundo, eu intuía que havia, sim, produtoras em que eu me daria bem, mas o "efeito bolha" ainda pesava em mim. Assim, comecei a me questionar se não seria uma boa ideia eu voltar para uma agência. Aquela experiência na Ultima havia me dado muita bagagem, que certamente seria muito útil do outro lado do balcão.

As duas únicas agências que me chamavam a atenção, na época, eram a MPM Casabranca e a DPZ. Eram o meu sonho de consumo, por serem as mais criativas, as mais ousadas, as que criavam os filmes mais interessantes, as que ganhavam mais prêmios. Em menor escala, a Almap também me seduzia, afinal o Julinho Xavier era uma grande fonte de inspiração para mim, mas eu nem o conhecia pessoalmente e sabia que ele já tinha um enorme *entourage* a seu serviço. Achava que seria impossível conseguir um espaço ali.

Na DPZ, meu contato era praticamente nulo. A Ultima trabalhava regularmente para eles, mas o Petit e o Zaragoza estavam muito acima do meu nível. Portanto, eu era invisível para eles. O contato era restrito ao Ronaldo, e seria muito difícil eu conseguir abordá-los para pedir um emprego. (Anos mais tarde, quando eu já estava na 5.6, o Petit me mandou uma surpreendente carta, bastante carinhosa, confessando que muitas vezes pensou em me roubar da MPM para dirigir o RTV da DPZ...)

E, aproveitando a deixa, houve um episódio muito gozado que aconteceu naquela época. Estávamos produzindo um comercial para Lãs Cisne, para a McCann, que seria filmado no Horto Florestal. O Ronaldo queria aproveitar a primeira luz do dia, portanto tínhamos planejado sair da produtora por volta das 4 da manhã.

Quando fui abrir o portão para tirar a nossa Veraneio da garagem, dou de cara com o Rodolfo Vanni, então na DPZ. Deu aquele branco nos dois, um olhando para o outro, tentando entender a situação.

– Oi, Rodolfo, o que você está fazendo aqui?

– Vim para acompanhar a filmagem.

– Mas a nossa filmagem é da McCann!

Silêncio absoluto. Eu podia ouvir as engrenagens do cérebro dele computando o que estava acontecendo. Obviamente tinha se equivocado, a filmagem dele era com outra produtora.

– Ah, tudo bem, se importam se eu for com vocês?

E ele foi com a gente, documentou toda a filmagem e fez umas fotos lindas, que poderiam até ter sido usadas na campanha impressa.

Na MPM, sim, eu tinha um pouquinho mais de acesso, mas os diretores de Criação, o Sérgio Graciotti e o Armando Mihanovich, eram muito próximos do Ronaldo, e certamente ele ficaria sabendo de uma eventual abordagem minha. E eu não queria que isso acontecesse, pelo menos não ainda. Então eu pensei em alargar a minha busca, sair de São Paulo, e surgiu a possibilidade de uma colocação na Globo. Cheguei a ir até o Rio para uma entrevista, mas não gostei daquele ambiente caótico.

Enquanto isso...

A MPM São Paulo tinha convidado o Ronaldo para assumir o departamento de RTV da agência. Como contrapartida, a Ultima Filmes teria uma garantia de dois filmes por mês, que daria para ele dirigir, mesmo assumindo a função na MPM. Acontece que o Ronaldo não aceitou. Quem o conhece sabe que ele jamais se permitiria voltar a trabalhar como empregado. Como esperado, ele declinou do convite, mas disse ter uma solução alternativa: ele propôs ao Sérgio e ao Armando que fosse *eu* para a MPM em vez dele, pois confiava que eu poderia cumprir os objetivos à altura das expectativas. Só que eu não sabia de nada disso, nem por quanto tempo durou aquela negociação. Nesse turbilhão de incertezas, entre sair ou não da Ultima, um dia o Ronaldo me chama, todo sério, na sala dele.

– Duke, olha...

E ele me contou toda a história que estava acontecendo paralelamente. Falou da proposta, da garantia mensal, da recusa ao convite e da solução sugerida.

– Pra Ultima seria bom, Duke... Então, a não ser que você não queira por algum motivo, você é o novo chefe do RTV da MPM!

Eu não queria acreditar no que estava acontecendo! Aquilo me pegou de surpresa, mas eu vi, maravilhado, como a vida dá as suas voltas.

Tudo o que eu queria na vida era ir para a MPM, mas nem tinha tentado, para não ferir os sentimentos do Ronaldo; e, no final, ele próprio me trouxe a oportunidade. Como uma peça do quebra-cabeça jogada para o alto, que cai de repente, perfeitamente encaixada no seu devido lugar.

Mágicas do universo.

Você já tem um conhecimento mais amplo de quem é quem no mercado publicitário e já começa a ter algum conhecimento por parte de seus pares.

3.1
Código de conduta

Uma das coisas que, com certeza, eu tinha aprendido com o Ronaldo, na Ultima, era sobre incorruptibilidade. Palavra difícil de pronunciar, mais difícil ainda de incorporar ao caráter.

E o Ronaldo era (e é!) um ser incorruptível. Um bom exemplo quanto a esse quesito aconteceu em uma filmagem para o lançamento de um veículo.

Nós fomos filmar em Ilhabela, e a ideia do comercial era mostrar um grupo de meninas e rapazes num piquenique, o carro parado ali, na praia, como se fosse parte da turma. O estranho é que, na fase de pré-produção, a agência pediu um figurino que consideramos muito inapropriado para a situação – em vez de shorts, camisetas e biquínis, exigiram roupas de linho, acessórios caríssimos, coisas muito mais próprias para um evento social urbano.

A filmagem em si até que não foi tão complicada, exceto pelo fato de que a equipe e o elenco sofriam constantes ataques de borrachudos que picavam sem parar, deixando todo mundo com marcas vermelhas nas pernas. Não havia repelente que segurasse as malditas "porvinhas".

Mas conseguimos concluir, voltamos para a produtora e, na hora que eu chego a São Paulo, ao pegar a mala do figurino, senti que ela estava mais leve, não parecia estar tão recheada quanto na ida.

– Ué! Cadê as roupas? E cadê os acessórios?

Aguardei a chegada da Kombi com as modelos e fui lá perguntar:
– Vocês ficaram com alguma coisa que foi usada na filmagem?
– Não, não! Entregamos tudo para o pessoal da agência!
– O pessoal da agência?
– Ah! Eles vieram pedir... Eles que pegaram as roupas, as pulseiras, os brincos... Pegaram tudo!

Eu tive que comentar com o Ronaldo.
– O que eu faço?
E ele, muito puto da vida:
– Manda a conta pra agência!

Aí eu fiz uma carta listando todas as peças de roupas e os acessórios, o raio das pulseiras de rabo de elefante, indicando o preço de tudo, e mandei uma nota de cobrança endereçada ao RTV com cópia para o departamento financeiro.

O produtor da agência, que era americano, quase teve um ataque cardíaco quando foi questionado pelo diretor de RTV sobre aquela cobrança. Ele jamais poderia supor que algum fornecedor teria aquela audácia.

– O que é isso aqui!?

Eu tinha deixado bem claro, na carta, que se referia ao material retirado pelos representantes fulano, sicrana e beltrana, da agência. Não tive dúvida e citei o nome de cada um. Eu sei que o tal gringo ficou puto da vida. Ele não deixou por menos e foi bater lá na Ultima para tirar satisfação. Ele tocou a campainha e, quando apareceu alguém para atendê-lo, nem quis entrar. Mandou chamar o Ronaldo lá no portão.

E ele, naquele sotaque forçado:
– *Ronaldi*? O que *estarrr acontecerrr*? O Wellington *querrr me fodeu*!
– Ele *querrr te fodeu*, não... Ele já te fodeu!

E bateu o portão na cara do gringo.

A produtora foi ressarcida, e com certeza a conta final, financeira e moral, caiu no colo da equipe da agência.

Essa frase, "O Wellington querrr me fodeu", virou um meme dentro da produtora, de uma história bem engraçada e emblemática, porque mostrava quão rígido o Ronaldo era em relação aos seus princípios.

Claro que nunca mais trabalhamos para aquela agência enquanto aquele produtor esteve lá.

Estou contando isso porque um assunto que hoje está um pouco mais resolvido, mas que durante décadas na publicidade foi um tabu, eram as bonificações de volume, os famigerados BVs. Era, na prática, uma propina que os fornecedores de um modo geral, produtoras de áudio, de vídeo e veículos de comunicação davam, e continuam dando, para as agências, pela suposta "preferência".

A praxe era 10% de BV, mas, dependendo da agência ou do cliente, especialmente quando eram contas do governo, chegava a ultrapassar os 20%.

Temos que lembrar que à época a chamada "taxa da produtora" era de 50%, ou seja, sobre todos os custos envolvidos em uma produção, acrescentava-se esse percentual no orçamento e, consequentemente, 10% de BV pode parecer que não pesava muito no total, mas mesmo uma análise superficial vai demonstrar que não era bem assim.

Primeiro, porque os 50% da taxa na verdade representam apenas 33% do valor total. Por exemplo, um filme que tivesse R$ 100 de custo, acabaria tendo um valor total de orçamento de R$ 150. Ou seja, os R$ 50 que foram acrescentados ao custo na verdade representam só um terço do total.

Além disso, ao contrário do que acontece na Europa e nos Estados Unidos, no Brasil os clientes e agências não aceitam que sejam colocados no orçamento os custos operacionais, o "overhead" da produtora, portanto todas as despesas não diretamente relacionadas à produção, como aluguel, conta de luz, equipe de retaguarda, contabilidade, seguros, manutenção, impostos etc., tinham que ser cobertas por aqueles 33%.

A verdade é que, para a grande maioria das produtoras, o lucro real da empresa dificilmente chegava aos 10%. Consequentemente, os 10% de BV pesavam demais dentro de um orçamento. E o pior é que, como não era uma prática transparente para os clientes, nos víamos obrigados a disfarçar os 10%, diluindo o valor entre diversos itens do orçamento.

Acontece que muitos dos nossos clientes tinham suas contas divididas entre duas ou mais agências, e não podíamos apresentar para elas valores discrepantes, pois estes poderiam ser questionados pelo cliente. Por que para uma agência a diária de uma câmera custaria X enquanto para a outra o valor seria Y? Isso penalizava as agências que não pediam BV, porque os preços eram inflacionados para proteger aquelas que pediam.

Tudo aquilo era uma situação muito desconfortável para todo o mercado, mas que não afetava muito a Ultima Filmes, porque o Ronaldo era absolutamente inflexível, e aquela prática ali não tinha vez. Se uma agência quisesse de fato trabalhar com a gente, teria que ou abrir mão do BV ou ele teria que ser explícito, colocado no orçamento com total transparência para o cliente.

Essa era a postura dele, com a qual eu concordava, mas...

Quando eu cheguei à MPM e fui para o outro lado do balcão, o jogo virou: a agência estava entre as que exigiam os 10% de BV. Ela até abria uma exceção para a Ultima, em razão do relacionamento pessoal, mas, para todos os demais fornecedores, o pedágio era obrigatório. Isso era contrário a tudo aquilo que eu vinha praticando até então, não concordava com aquilo, e, quando eu colocava o tema em reunião com a diretoria, eles falavam:

– Não, não dá... Isso faz parte do nosso orçamento, das nossas previsões. Não podemos abrir mão desses 10%.

– Mas eu posso bolar um jeito mais sensato e legal de fazer isso?

– Bom, se você vier com uma solução viável, que não mexa na nossa receita, tudo bem.

Então eu voltei para a diretoria com uma proposta: oficializar o BV. Ou seja, tornar a bonificação de volume exatamente o que ela deveria ser: uma bonificação de vo-lu-me.

O que estava acontecendo é que qualquer fornecedor que fizesse um único trabalho já tinha que dar 10%, não fazia o menor sentido.

A minha proposta foi concentrar toda a nossa produção em poucos e bons fornecedores para que fosse gerado de fato um volume que justificasse um bom desconto, além de garantir um controle e uma qualidade maiores sobre o resultado. Criei uma tabela progressiva na qual até um certo volume de faturamento não haveria desconto algum, mas, à medida que o total fosse se acumulando ao longo do ano, começaríamos a aplicar descontos que começavam em 2% e poderiam chegar a 15%. Um BV de verdade!

A minha proposta foi muito bem-recebida por todos, exceto na parte em que eu sugeria que metade do BV voltasse para o cliente.

Até o Petrônio, que uma vez afirmara que "agência se administra com bom senso e esculhambação", falou que aí já seria demais.

Consegui implantar esse sistema, resolvendo pelo menos essa parte "moral", digamos assim. As produtoras estavam dando desconto porque, de fato, estavam sendo beneficiadas por um volume. A próxima tarefa seria escolher aquelas poucas produtoras que seriam nossos principais fornecedores, além da Ultima.

Eu não conhecia o mercado bem o suficiente para fazer um julgamento apropriado, por isso assisti a muitos repertórios, conversei com diversos representantes e diretores de produtoras e acabei definindo a minha seleção. Entre as escolhidas, figurava a Nova Prova, do meu mentor Cláudio Meyer, que recentemente havia voltado da Alemanha.

Com a garantia de um sistema mais justo de descontos e a real possibilidade de um volume alto de trabalho, consegui estabelecer uma relação de confiança com as produtoras, a ponto de poder manter comigo na agência blocos de formulários de orçamento em branco de todas elas. Quando surgia um novo roteiro, eu mesmo fazia um orçamento, tendo em mente a produtora e o diretor que eu julgava mais apropriados para realizar aquele filme.

Como havia sempre a obrigação de apresentar pelo menos três orçamentos, eu fazia uma "concorrência", privilegiando a produtora que eu considerava mais apta para o job e apresentando valores ligeiramente mais altos das outras duas.

Só depois de eu ter a verba de produção aprovada e às vezes negociada pelo cliente é que eu chamava a produtora para a qual eu havia direcionado o job para discutir valores. Eu pedia então um orçamento, que invariavelmente vinha abaixo do *budget* que eu já tinha garantido, já que os valores que eu estava acostumado a praticar na Ultima estavam entre os mais altos do mercado. Mesmo assim, eu negociava um pouco e chegávamos a um valor total. Digamos que eu tinha uma verba aprovada de R$ 100 e fechei um valor de R$ 80 com a produtora. Dependendo do caso, eu pedia que o fornecedor faturasse os R$ 100 na condição de que os R$ 20 excedentes ficassem como crédito em uma "conta-corrente", ou então diminuía o valor deixado como crédito e devolvia o resto para o cliente, dizendo que eu havia conseguido uma negociação melhor.

Esse era um jogo de ganha-ganha, uma forma de o cliente ficar superfeliz porque economizou dinheiro, e a produtora ficar feliz porque estava ganhando um pouco mais, fazendo um produto melhor e ainda reduzindo o seu risco, uma vez que eventuais prejuízos com refilmagens ou cancelamentos por mau tempo estariam cobertos pelo saldo da conta-corrente.

Essa "conquista" me ajudou a obter um certo *status* dentro do RTV, onde eu ainda era inicialmente visto com algum ceticismo. Eu precisava mesmo marcar um gol nos primeiros lances da partida para poder conquistar o respeito do resto do time.

3.2
Um estranho no ninho

Quando eu entrei na MPM, em 1977, eu tinha 24 anos. Era muito moleque para assumir uma posição de chefia de um departamento tão importante e com tanta visibilidade como o RTV daquela agência, que era, sem dúvida, se não a mais premiada do mercado, uma das duas mais premiadas.

Na linha hierárquica, acima de mim só havia os sócios da agência. O meu contato maior era com os diretores de Criação, Sérgio Graciotti e Armando Mihanovich. Junto com o Julio Ribeiro e o Antonio Pires, eles formavam a Casabranca, que foi comprada pela MPM em 1975, numa esperta manobra para conquistar, por tabela, a conta da Fiat. Mas, claro, eu convivia com todos os sócios da agência, inclusive com o próprio Petrônio "Coronel" Corrêa, de quem me aproximei bastante ao longo do tempo.

Quando os sócios saíam para almoçar, era frequente ser convidado para me juntar a eles, e isso para mim era um motivo de reconhecimento e confiança, já que eles tratavam de assuntos às vezes até sigilosos: eu me sentia incluído no "círculo".

Uma grande conquista no início da minha gestão foi estabelecer, com o inestimável apoio do Sérgio e do Armando, um protocolo no qual todo roteiro teria que passar por mim antes de ser apresentado ao cliente. A intenção era verificar a viabilidade técnica de execução e compatibilizar a ideia com prazos e verbas disponíveis, informações que eu extraía do Atendimento. Claro que isso aumentava muito o nosso trabalho, já que nem toda ideia era aprovada, mas, quando um roteiro chegava ao cliente, muitas vezes até com um orçamento definitivo, já se podia ter a certeza de que não haveria surpresas pela frente.

Essa foi uma conquista importante, não só do lado prático da condução dos trabalhos da agência, mas também para que eu me posicionasse melhor dentro dela.

Encontrei alguma resistência da Criação no início, mas logo perceberam que aquela etapa preliminar servia para que boas ideias não acabassem engavetadas. Antevendo eventuais obstáculos à aprovação de um roteiro, seja por limitações técnicas, seja de verba ou prazo, tínhamos condições de previamente pensar juntos em soluções alternativas, sem prejuízo para o conceito original. Acabou-se criando então uma triangulação entre o RTV, a direção e as duplas de Criação, e isso me aproximou ainda mais do Sérgio e do Armando.

Esse bom relacionamento com a diretoria também ajudou muito a me posicionar dentro do próprio RTV.

Quando assumi o departamento, ele era composto basicamente por dois produtores: o João "Calcinha" Batista Ferreira e o Marquinhos Pontes Britto, um diretor contratado, o Vinicius "Vinicão" Gagliardi, e o Ricardo Galera, que era uma espécie de faz-tudo.

Para me ajudar na parte burocrática, eu levei minha ex-colega de McCann, a Marcinha Taioli (Tucunduva), e contava também com o auxílio de uma secretária, primeiro a Lina (Natalina) e depois a Denise Dayer.

No início, senti um certo clima entre os que já compunham o RTV antes de mim, um certo constrangimento ou descontentamento por, de repente, passarem a responder a um "moleque". O Vinicão era dez anos mais velho que eu. Não sei se por esse ou outro motivo, o João Calcinha logo se desligou da agência. Mas todos os demais permaneceram, aos poucos fomos nos entrosando e no fim nos tornamos amigos: a gente frequentava a casa um do outro, viajava junto. Acabei me casando e tendo meus dois filhos com uma prima do Galera, a Tais, minha segunda esposa.

O Vinicão foi o que levou mais tempo para me aceitar como um igual – e ainda mais como o seu chefe. Além da diferença de idade, havia ainda o fato de que ele sabia que eu tinha o poder (e o dever) de redirecionar alguns dos filmes, supostamente dele, para a Ultima Filmes, e ele intuía, corretamente, que eu também tinha pretensões de dirigir no futuro. E isso mexeria diretamente no seu bolso, pois perderia os cachês desses jobs.

Não era apenas uma sensação minha. Conversamos abertamente sobre o assunto, e senti que ele estava mesmo preocupado com o rumo que as coisas estavam tomando. Mas, logo na minha primeira semana na agência, aconteceu um episódio que me fez questionar esse meu desejo de começar a dirigir.

Quando assumi o meu posto no RTV, já estava em andamento a produção de um filme da margarina Primor, na produtora Espiral, com a Glória Menezes e o Tarcísio Meira como protagonistas. Glória e Tarcísio haviam solicitado ao cliente que o diretor fosse o Carlos Manga, então lotado na Rede Globo.

Fui acompanhar a filmagem, estava curioso para conhecer o George e a Rosa Jonas, da Espiral, e ver como um diretor de televisão se sairia ao dirigir um comercial. Fiquei estupefato ao ver que o Manga rodou tudo em menos de uma hora. Era algo impensável! Ele rodava apenas dois, no máximo três takes de cada cena, enquanto eu estava acostumado com dez, quinze ou mais. Além disso, não havia assistente, alguém cuidando do tempo, da duração de cada take, não havia um shooting board, e para mim era até difícil acompanhar o processo. Enfim, saí do estúdio com a certeza de que não daria para montar o filme. Refilmagem na certa!

Ocorre que, quando fui à Espiral dois dias depois para ver o filme editado, eu me surpreendi com o resultado. O filme estava muito bom, fluía bem, as imagens estavam bonitas, com movimentos suaves, e tudo dentro dos trinta segundos. Eu não queria acreditar! Aquilo foi um verdadeiro golpe nas minhas presunções, uma clara evidência de que eu sabia muito menos do que achava que sabia.

Algum tempo depois, tive a oportunidade de trabalhar com o Chico Anysio e fui até a Globo, no Rio, para conversar com ele. Aguardando o final das gravações do *Chico City*, fiquei na sala de corte, onde o mesmo Manga comandava todo o processo. Ali eu compreendi o porquê de ele ser tão seguro, tão confortável em rodar um ou dois takes de cada cena.

No processo de gravação multicâmera, ele era obrigado a ter os olhos divididos entre uma dúzia ou mais de monitores, tendo que absorver tudo o que estava acontecendo em todos eles ao mesmo tempo, enquanto dava ordens para o editor e os cameramen, sem ter tempo para pensar, em frações de segundo! Os seus olhos estavam amplamente treinados para observar e registrar cada mínimo detalhe que acontecia, tudo ao mesmo tempo à sua frente. Uma coisa frenética, uma sensação angustiante, que não seria repassada para o espectador, que veria apenas uma sequência lógica, tranquila... enquanto no switcher a coisa pegava fogo! Para ele, a filmagem do comercial de Delícia fora um passeio no parque.

Decidi ali que, apesar de todo o meu então preconceito com a televisão, se quisesse crescer e me tornar um diretor seguro, eu teria que passar minimamente por aquela experiência. Seria um verdadeiro curso intensivo, que me aguçaria a habilidade de captar cada detalhe, cada nuance de uma cena; aprenderia a enxergar a floresta e suas árvores ao mesmo tempo, distinguir em um mesmo olhar detalhes relevantes de cada galho, cada folha. Eu tive consciência de que havia muito ainda a aprender, antes de poder me aventurar na direção. Portanto, da minha parte, o Vinicão poderia ficar tranquilo. Pelo menos por algum tempo.

Mas, apesar da situação, nós nos tornamos de fato muito bons amigos. Ele tinha um humor fantástico, sempre uma piadinha pertinente, fez vários filmes da agência como ator, tocava piano muito bem, jazzista puro. Ele chamava a todos de "queridão" e não havia quem não gostasse dele, dentro ou fora da agência.

Esse processo de aceitação teria sido muito demorado, ou mesmo improvável, se não fosse o meu relacionamento com a turma do 9º andar.

O Armando e o Sérgio demonstravam publicamente a confiança que tinham em mim, e isso ajudou demais a projetar uma melhor imagem minha dentro da agência e do próprio departamento de RTV. É claro, quanto mais nós fomos nos aproximando no trabalho, mais fui conhecendo ambos, como profissionais e como pessoas também. Aí percebi que eles eram pessoas muito distintas. Igualmente excelentes criadores, de uma inventividade incrível, com um humor refinado, quase britânico, meu preferido. Era muito gostoso trabalhar para eles.

O Armando era uma pessoa mais sociável, digamos assim. Mais bonachão, mais aberto, próximo. Ele era argentino, mas morava no Brasil havia muitos anos. Tinha uma esposa muito simpática, a Maria Amélia, uma mulher exuberante e bonita, me lembrava muito a Anne Bancroft.

Uma vez ele nos convidou, a mim e à minha então esposa, Tais, para jantar na casa deles. A liga entre nossas mulheres foi instantânea, iniciando uma forte amizade que perdura até os dias de hoje. Eu já tinha uma conexão profissional muito boa com o Armando, mas, com o entrosamento delas, nossa relação extrapolou o trabalho e nos tornamos amigos de verdade. Passamos a nos ver todas as semanas, saíamos para jantar, íamos na casa um do outro, ou íamos para o sítio deles nos fins de semana, uma relação bem próxima mesmo.

Outra coisa que pesava muito no nosso relacionamento e fomentava um maior contato e afinidade com o Armando era o fato de que ele tinha um estúdio de som, a Avant Garde, que trabalhava quase que exclusivamente para a MPM. O estúdio havia sido montado na garagem de sua casa, em Moema, um pequeno cubículo de vinte metros quadrados. Pouco tempo depois, o estúdio ganhou um espaço bem mais nobre, no subterrâneo da casa que ele construiu no elegante bairro do Alto da Boa Vista.

O estúdio de Moema era muito modesto, com apenas dois Revox estéreos para gravar as trilhas. Como as trilhas necessitavam de quinze, vinte, às vezes trinta pistas, éramos obrigados a ir jogando uma pista pré-gravada de um Revox para o outro, junto com cada nova gravação. Isso impedia que alterações posteriores pudessem ser feitas; a mixagem ia sendo feita ao longo do processo, na base da intuição, e muitas vezes uma bateria acabava ficando alta demais, ou sumia um ou outro instrumento. Além disso, a cada nova passagem, o som ia se degradando enquanto o nível de ruído aumentava.

Esse problema só começou a ser resolvido quando o Armando pediu que eu trouxesse dos Estados Unidos um Ampex AG 440 de uma polegada, que era capaz de gravar quatro pistas separadamente, reduzindo muito os problemas que o sistema antigo criava. Eu trouxe o equipamento como bagagem e precisei de muito esforço para convencer os fiscais da alfândega a me deixar entrar com ele no Brasil.

Como eu sempre gostei de tocar, de cantar, de compor, aquele estúdio era um prato cheio para mim, porque ali eu podia experimentar. Podia inventar coisas. Se o Armando falava:

– Well! Vamos fazer um Hino do Caminhoneiro para a Fiat?

Ali na hora mesmo eu fazia, compunha, nós já gravávamos e fazíamos uma provinha.

"Quando a gente se levanta, o sol ainda dorme pras bandas de lá..."

Além de tudo, era muito prazeroso.

E essas incursões ali pelo som, pelo áudio, pela criação de jingles e peças de rádio, músicas para trilha de filmes, elas forçosamente tinham que acontecer fora do expediente da agência, que nos ocupava durante o dia. Então, com raras exceções, começávamos a trabalhar no estúdio no comecinho da noite e quase sempre acabávamos jantando juntos, ou seja, isso tudo nos deixou muito próximos mesmo.

Lá na Avant Garde, eu tive o enorme prazer de desfrutar do imenso talento de músicos do naipe do Vicente "Vitché" de Paula e Salvia, do Edgard Gianullo, do maestro Ciro Pereira, entre muitas outras feras do universo musical. E vi literalmente nascer o imenso talento do filho do Armando, Alexandre Mihanovich (de cujo interesse pelo violão tenho o orgulho de ter sido o primeiro incentivador), que se tornou um virtuoso do jazz, músico multi-instrumentista, compositor, arranjador, navegando com extrema competência pela música erudita.

Para completar, o técnico do estúdio era o Beto Galera, irmão gêmeo do Ricky Galera, meu produtor na MPM, que acabou se tornando meu compadre.

Com tudo isso, a minha aproximação e a minha interação com o Armando eram muito maiores, eu estava muito mais envolvido com ele do que com o Sérgio Graciotti. Em termos de número de trabalhos, era mais ou menos a mesma coisa, portanto dentro da agência o contato era equivalente. Mas com o Armando havia o envolvimento no estúdio e o social também, gerando uma certa percepção de desequilíbrio.

Por outro lado, houve uma época em que o Sérgio se achou no direito de montar uma produtora de vídeo, já que o Armando tinha uma de som, e se beneficiava financeiramente disso, ao ser fornecedor praticamente único da MPM. Ele queria gozar do mesmo privilégio na área de produção de filmes, mas as coisas não saíram assim tão bem como ele imaginava. A verdade é que o envolvimento de uma produtora de imagem é cem vezes maior que o de uma de áudio.

Na de áudio, as variáveis são em número muito menores, as produções levam menos tempo, tudo acontece ali no estúdio. O investimento necessário também é proporcionalmente inferior, tem uma equipe fixa mais reduzida, o envolvimento com terceiros é muito pequeno, apenas o compositor/arranjador, alguns músicos, um locutor, quando muito.

Já na produtora de filmes, você tem viagens, locações, marcenaria, tem muito mais elementos, uma necessidade maior de pessoal fixo, um investimento muito maior, mais envolvimento com pessoal terceirizado. Além, é claro, de incertezas quanto a meteorologia, riscos de laboratório e outros aspectos imponderáveis inerentes ao setor. Era uma coisa muito mais complicada, e o Sérgio acabou concluindo que tinha se metido em uma encrenca. Acabou por desistir, fechou a empresa. E isso foi bem no momento em que eu estava chegando na MPM.

Como consequência, ficou aquele monte de equipamento muito bom lá parado, com pouquíssimo uso, materiais muito caros (só o corpo de uma câmera de cinema era algo entre 150 e 200 mil dólares). Mais lentes, tripé, acessórios etc. Era muito dinheiro investido ali, simplesmente encostado.

Então o Sérgio me incumbiu de tentar vender aquele equipamento. O que também era uma coisa difícil, porque a publicidade era um mercado pequeno. Nós estávamos sempre em recessão no Brasil, então era muito arriscado fazer investimentos desse tipo. Mas, enfim, ele me delegou a missão e saí em busca de uma solução.

Naquela época, a Fathom Filmes entrou para o nosso pequeno rol de fornecedores preferenciais. A produtora, que não tinha equipamento próprio, era conduzida pelo Ibe Vidal e pelo Odorico Mendes, o mesmo que viajou no grupo de bolsistas que monitorei, durante minha segunda ida para os Estados Unidos.

Como eles de fato já estavam fazendo e ainda iriam fazer muitos filmes para mim, eu propus uma negociação: "venderia" o equipamento para eles, por um preço justo de mercado. Só que eles não precisariam de fato colocar a mão no bolso; eles simplesmente abririam mão de parte da taxa da produtora nos filmes da própria MPM até que se chegasse ao valor total ajustado.

Acabou sendo um negócio muito bom para a Fathom, que, além de não precisar desembolsar um tostão, ainda deixaria de ter gastos com locação de equipamento. Para o Sérgio também foi um ótimo negócio, porque em pouco tempo ele conseguiu recuperar o seu investimento, até com algum lucrinho. Foi um jogo de ganha-ganha, a combinação de interesses mútuos e complementares. Um troca-troca de figurinhas repetidas que acabou beneficiando os dois lados.

Mais uma pecinha que eu guardei e para a qual encontrei lugar.

3.3
Rede de intrigas

Quando eu deixei a Ultima Filmes para ir para a MPM, percebi que o Ronaldo foi mudando seu tratamento comigo. Parecia mais distante, um tanto chateado, talvez com aquela mudança toda, que, afinal, tinha sido ideia dele. Tinha a nítida sensação de que talvez ele pudesse ter se arrependido de ter provocado aquela situação.

O Ronaldo sempre foi o tipo de pessoa muito envolvente, mas que exigia muito dos outros, e ele tinha lá as suas peculiaridades. Era uma pessoa que precisava de companhia, precisava sempre de um tipo de "sparring" com quem pudesse dialogar, trocar ideias, não importava em que área.

Depois de muitos anos de análise, entendi que talvez ele tenha desenvolvido um certo arrependimento de ter provocado toda aquela mudança de paradigma. O remorso acabou gerando um ressentimento, talvez não dirigido diretamente a mim, mas que acabou me atingindo por tabela.

Entendo que o Ronaldo teve uma certa dificuldade em me substituir – não como profissional, não tenho essa pretensão, mas como aquele "Robin" que sempre o apoiou em sua "batcaverna".

Algumas semanas depois da minha chegada à MPM, nós produzimos o primeiro lote de filmes, daqueles garantidos para a Ultima Filmes: eram três comerciais para Walita.

Correu tudo bem com a produção, os filmes foram aprovados e finalizados, sob a supervisão do Domingos "Mingola" Gattozzi, o então montador da casa. Combinei com ele que no dia seguinte eu iria passar logo na primeira hora na produtora para pegar as reduções.

Nessa época, as emissoras exibiam os comerciais em película mesmo, usavam projetores para exibir o que se chamava de "reduções". Os parágrafos seguintes abordam uma parte técnica que não é importante para a história em si, mas relevante para nos situarmos no contexto da época.

Os comerciais eram filmados em 35 mm, e, depois de editados e finalizados, gerava-se um negativo do qual eram extraídas cópias em 16 mm que eram distribuídas, uma ou mais, para cada emissora e repetidora do país.

Como o negativo de um filme é um item muito delicado, ele não resistia ao processo de gerar muitas e muitas cópias, correndo o risco de riscar ou mesmo de partir. Por isso convencionou-se que, a cada quarenta cópias, seria necessário um novo negativo do comercial finalizado.

Numa tiragem, por exemplo, de quatrocentas cópias, o que não era anormal para filmes de veiculação nacional, seriam necessários dez negativos... itens bastante caros na época.

Para evitar que todo o processo de finalização de um filme tivesse que ser repetido tantas vezes, gerando tantos negativos quanto o número de cópias exigisse, havia todo um processo bastante complexo: se o pedido excedesse quarenta reduções, era feita uma cópia do negativo finalizado, gerando uma película positiva chamada "máster".

Como a cada cópia as imagens vão ficando mais contrastadas, o máster era um filme de baixo contraste, de forma que, quando dele fossem extraídos novos negativos, chamados de "contratipos", essa nova passagem recuperaria o contraste original.

Havia também um limite de contratipos que poderiam ser extraídos de um máster; por isso, dependendo do número de cópias (me lembro de casos em que foram necessárias mais de 1.500 reduções), o custo de todo esse processo, não raro, ultrapassava o da produção do filme em si. Uma enorme fonte de renda para as produtoras.

Eu havia combinado com o Mingola de nos encontrarmos às 7 da manhã, mas acabei chegando um pouco antes e usei a chave que ainda mantinha comigo para entrar na produtora. Eu teria que estar na agência até as 9h para que o pessoal da mídia levasse as reduções à Globo até as 10h, no máximo, sob pena de se perder o prazo de veiculação, algo que poderia gerar consequências terríveis para a agência.

Eram 7h30 e o Mingola ainda não havia chegado. Liguei para a casa dele e ninguém atendeu. Imaginei que estivesse a caminho, mas às 8h comecei a ficar preocupado e me dirigi à sala de montagem, imaginando que talvez ele tivesse deixado tudo pronto na noite anterior, mas não era o caso.

As reduções vinham do laboratório em um único rolo, era preciso cortar e separar cópia por cópia, fazendo rolinhos individuais, ir colocando em caixinhas e etiquetá-las. Olhei de novo para o relógio e decidi não esperar mais. Eu mesmo fiz todo o processo e já passava das 9h quando acabei tudo. E nada do Mingola.

Vendo que eu estava atrasado, liguei para a agência e propus para a pessoa da mídia que estava me aguardando que nos encontrássemos diretamente na Globo, o que nos salvou a pele, porque, quando eu cheguei na emissora, então na Rua das Palmeiras, em Santa Cecília, faltavam cinco minutos para as 10h. De lá eu fui para a agência.

Ao passar em frente à sala do Sérgio Graciotti, eu vi, pela porta entreaberta, que ele estava ao telefone. Ele fez um gesto, me chamando para entrar na sala, e apontou para uma cadeira à sua frente. Percebi que ele estava falando com o Ronaldo.

– Ronaldo, desculpe, mas eu não vou fazer isso! Me desculpe, isso não é profissional nem justo... Não vamos fazer isso!

O Sérgio ouviu o Ronaldo falar mais alguma coisa, respondeu "Ok, é uma decisão sua, você é quem sabe" e desligou o telefone.

Ele então me contou que o Ronaldo tinha ficado muito puto comigo, por eu ter "invadido" a produtora e, sei lá, na cabeça dele, "roubado" as reduções do comercial. Ele pediu a minha cabeça e, quando viu seu pedido negado, disse que não mais trabalharia para a MPM.

Aquilo foi um baque para mim. Fiquei muito magoado com o Ronaldo, por ele ter colocado as coisas daquela maneira, sendo que na verdade eu sentia que, além de proteger a MPM, também estava protegendo a própria produtora, que seria responsabilizada pela perda do prazo.

Achei que tínhamos liberdade e amizade para que eu pudesse agir daquela forma, e realmente não entendi o motivo daquela reação explosiva, embora intuísse que o Mingola não tivesse lhe contado a história em sua totalidade.

Eu estava inundado de emoções contraditórias. Feliz e surpreso por ter sido defendido pelo Sérgio Graciotti, a quem eu pouco conhecia, e ao mesmo tempo triste e decepcionado pela atitude do meu eterno mestre.

Ao saber do ocorrido, o Armando deu total razão ao Sérgio, e ambos me passaram a nítida impressão de estarem tranquilos quanto à minha atuação na agência, e de que não sentiriam falta de trabalhar com a Ultima. Sou eternamente grato aos dois pela enorme confiança que depositaram em mim naquele momento.

Com muita dificuldade em lidar com aquilo, eu deixei passar algum tempo e procurei o Ronaldo. Fui até a casa dele para conversar, tentar que ele ouvisse o meu lado da história.

Ele me recebeu no portão, muito sério, não me convidou para entrar. Disse que não tinha nada para falar, que estava tudo certo. Acabei indo embora, muito frustrado, sem ter a oportunidade de esclarecer o que tinha acontecido. Não sei precisar exatamente quanto tempo, mas nós ficamos talvez uma década sem nos vermos, sem nos falarmos. Foi muito pesado para mim.

Mas um dia nos encontramos em um jantar na casa do Armando Mihanovich. Claro, ficou aquela situação meio pesada e incômoda, depois de tanto tempo sem contato, mas de repente, no meio do jantar, um comentário do Ronaldo, em uma conversa paralela que estava rolando à mesa, me chamou a atenção:

– O Wellington é uma das pessoas mais inteligentes que eu conheço.

(Aí uma luzinha acendeu dentro de mim... "Opa! Estou bem na fita aqui, olha aí uma oportunidade de desfazer toda aquela animosidade", pensei.)

Mas aí ele complementa:

– Pena que ele não sabe usar essa inteligência.

Aí a situação piorou. De magoado, eu realmente fiquei meio puto por causa da humilhação pública. Ele tinha me chamado de burro! Mesmo assim, no final, antes de ir embora, eu o chamei de lado:

— Bombarda — eu o chamo assim até hoje —, cara, vamos parar com isso. Não tem razão para isso...

Nós estávamos meio alterados, àquela altura já tínhamos tomado algumas, então talvez por isso a guarda tenha baixado, nós nos abraçamos, choramos juntos... Mas no fundo, no fundo, a coisa ainda não estava resolvida, o assunto não tinha se esgotado.

Mais uma vez, dali a uns tempos, eu fiz outra tentativa, fui atrás dele, e aí fui mais bem-sucedido. Ele estava mais calmo, nós conversamos longamente, e eu tive a oportunidade de contar exatamente o meu lado da história que tinha acontecido lá atrás. E foi uma bobagem tão grande, ambos admitimos hoje, uma infantilidade enorme termos permitido que um fato tão insignificante tenha nos afastado por tanto tempo. Mas, graças às boas energias do universo, reatamos nossa amizade depois de muito tempo e mantemos a chama fraterna acesa e firme até os dias de hoje.

Ele é uma pessoa que eu admiro muito, aprendi demais com ele, como grande profissional e técnico que é, mas principalmente nos aspectos moral e humano. Sou muito grato ao Ronaldo, e ele sempre vai fazer parte da minha vida, da minha história. Tem uma morada muito especial no meu coração!

3.4
Faça a coisa certa

Entre os novos desafios que enfrentei na MPM, houve um que me rendeu uma "graduação" extra.

Em 1976, o então ministro da Justiça, Armando Falcão, fez passar uma lei que acabou sendo conhecida pelo seu nome, a Lei Falcão, que, em tese, nivelava (por baixo) a campanha eleitoral de todos os candidatos. A lei determinava que a campanha de todos os postulantes se limitaria à informação de seu nome, número, um breve currículo de algumas linhas, e a única imagem permitida seria a foto do candidato. Nem a voz dele poderia ser utilizada: seria obrigatório o uso de um locutor.

A desculpa era minimizar a vantagem que os candidatos mais ricos teriam sobre os demais, mas hoje sabe-se que, na verdade, foi uma tentativa de evitar o que acontecera nas eleições anteriores, em 1974, quando o MDB obteve uma vitória expressiva sobre o partido que apoiava o governo militar, Arena. Imaginavam os situacionistas que, sem poder discursar e expressar seus pontos de vista, os oposicionistas perderiam sua mais poderosa arma de convencimento e, consequentemente, votos.

Como a MPM atendia diversas contas do governo, ela foi escolhida para conduzir a campanha da Arena de 1978, e eu fui convocado para produzi-la. A missão era gravar as peças de comunicação das centenas de candidatos do partido, estritamente dentro das exigências legais.

Seria impraticável pensar em outra forma de captação que não fosse vídeo. Em filme, o custo seria astronômico, e o resultado não se justificaria. No entanto, não havia no Brasil, à época, produtoras de vídeo. Havia alguns raros desbravadores, mas nenhum com estrutura técnica para fazer frente a um projeto de tamanha envergadura e, principalmente, para produzir as dezenas de peças no curto prazo que tínhamos. Apenas as emissoras de televisão teriam capacidade técnica para encarar aquele desafio, mas nenhuma teria disponibilidade para dedicar sua estrutura àquele projeto. Eu estava em um beco sem saída.

Nessa época, tínhamos feito alguns trabalhos mais simples com uma dessas pequenas produtoras de vídeo, chamada Áudio Visual, do Zé Roberto. Chegamos a conversar sobre o projeto, mas não havia a menor chance de ele poder me ajudar: a produtora era muito pequena, quase não tinha equipamento, e o estúdio era mínimo. Mas algo me desafiava naquele projeto e enxerguei ali uma oportunidade de buscar um novo recurso dentro de mim, um crescimento em uma área que eu ainda não havia explorado. Uma maneira diferente de conduzir, dirigir, elaborar e planejar. A chance de fazer aquele "curso intensivo" inspirado no que eu tinha visto na incrível atuação do Carlos Manga dirigindo o *Chico City* na Globo.

Como o Zé Roberto era um sujeito do bem, muito sério, ponta firme, segui minha intuição e senti segurança em propor para ele uma ideia meio maluca:

– Zé, se você tivesse condições de montar a estrutura de que eu preciso, quanto você iria gastar?

– Não sei, Wellington, seria uma pequena fortuna. Precisaria de pelo menos umas três ilhas de edição, não sei quantas câmeras... Fora que eu teria que ir pra outro lugar, aqui é muito pequeno.

– Faz um cálculo pra mim desse valor e me fala. Mas tem que ser pra ontem!

Alguns dias depois, o Zé Roberto me chamou para falar sobre o investimento. Realmente era uma pequena fortuna, mas era um valor muito próximo da verba que eu tinha para gastar na produção. Falei para ele:

– Zé, você tem como pôr esse equipamento todo no Brasil rapidinho?

– Sem problemas... Tenho um ótimo esquema, em dez dias eu ponho tudo aqui.

– Veja se você topa o seguinte: você produz todo esse projeto, e o seu pagamento será esse equipamento.

Como praticamente não haveria outros custos de produção além dos equipamentos e da equipe, que em sua maioria já estava na sua folha de pagamento, ele não pestanejou:

– Fechado!

Como prometido, o equipamento chegou em pouco tempo, e foi instalado no meio de um galpão que o Zé Roberto havia alugado, mas não tinha tido tempo de reformar. Por isso tudo, parecia um filme de espionagem. Aquele monte de gravadores, mesas de edição, câmeras, racks, centenas de luzinhas piscando, no centro de um enorme cenário rústico, vazio e inacabado... um imenso galpão construído com pré-moldados de concreto.

Estávamos correndo contra o tempo, a data para o início da campanha eleitoral se aproximando, e estávamos todos preocupados. Eu, principalmente, porque tinha hipotecado a minha palavra e apostado todas as minhas fichas naquela proposta que muita gente achava maluca. Mas o Zé Roberto foi magistral. Começamos as gravações a tempo e com tudo funcionando 100%.

Por uma questão de logística de gravação, eu comandava uma mesa de corte principal, recebia o sinal de duas outras que faziam uma pré-composição de imagens, e havia ainda uma quarta que soltava uma vinheta de passagem para ser inserida entre cada candidato.

Soltava-se o áudio pré-gravado, e eu tinha que ficar comandando todos os operadores para fazer os cortes, inserir as cartelas, fotos, números, efeitos etc., tudo na sequência exata, de forma sincronizada. Uma operação que precisou ser muito ensaiada e coreografada.

No início, éramos obrigados a dividir cada peça em duas ou três etapas, para depois juntá-las em um único vídeo. Depois de algum tempo, conseguimos finalizar um filme numa única sequência, de uma vez só. Vitória!

Por fim, entregamos tudo dentro do prazo, a contento do partido, que, apesar da Lei Falcão, perdeu as eleições, e teria perdido o comando da Câmara e do Senado se não fossem os famosos biônicos.

Depois desse projeto, o Zé Roberto finalizou o galpão e se estabeleceu com a grande produtora de vídeo, que continuou prestando grandes serviços para nós. Um deles foi uma campanha da margarina Delícia, para a qual contratamos praticamente todo o elenco do *Planeta dos homens*, humorístico da Globo de grande sucesso. Esse foi o vídeo mais caro já produzido no Brasil, conforme destacou a mídia na época.

Mais uma vez, a troca de figurinhas funcionando, em benefício de todas as partes envolvidas. Mais que isso, eu havia finalmente feito o tal curso intensivo inspirado no Carlos Manga. Na minha cabeça, ao menos, tinha me graduado com louvor. Pronto para dirigir.

O primeiro filme que pude assinar como diretor foi um comercial para o refrigerador Gelomatic, uma ideia simplesmente fantástica.

Em um plano-sequência, a câmera percorria o interior da geladeira, subindo a partir de sua gaveta inferior e pausando a cada uma de suas prateleiras, como se fosse um elevador parando nos andares de uma loja de departamentos, uma ideia inspirada no que de fato acontecia no Mappin.

Uma voz em off (brilhantemente executada pelo Vinicão) ia descrevendo cada parada: "Primeiro andar: frutas e legumes. Segundo andar: queijos e laticínios em geral. Terceiro andar: doces e refrigerantes...", até chegar ao congelador: "Último andar: sorvetes e muito gelo!"

Depois de uma pequena pausa, a voz arrematava: "Descendo!"

Um filme simplíssimo, mas extremamente eficiente para comunicar tudo que se pretendia daquele produto em termos de atributos.

O Vinicão acabou assinando esse comercial como codiretor, e muito merecidamente, porque a sua interpretação como "ascensorista" teve grande peso no resultado do filme, que acabou merecendo um Leão de Prata em Cannes.

Nada mal para o início de uma carreira.

3.5
Fama

Muitas vezes acontecem fatos imprevisíveis, que aparecem como que por mágica ou capricho do destino. Parecem irrelevantes no curso de uma vida, mas, se formos bons observadores, conseguiremos distinguir uma linha lógica praticamente invisível que costura essas situações. Talvez essa linha tenha a ver com pensamentos que fizeram morada dentro de nós, acumulando uma energia que fica ali, escondida, como um magneto que, vez ou outra, atrai e cria circunstâncias que parecem não nos pertencer.

Estávamos no final de 1977, e a Santista iria lançar um brim batizado de "You": a ideia era lançar toda uma linha de moda, jeans, jaquetas, saias etc.

Para esse lançamento, a agência teve a ideia de fazer um merchandising em uma novela da Globo que estava sendo exibida na época e que se chamava *Sem lenço, sem documento*, escrita pelo Mario Prata, que lá na frente viria a ser meu parceiro em um projeto de teatro.

Esse tipo de ação comercial estava ainda começando no Brasil, e a Globo tinha acabado de montar um departamento voltado ao merchandising. A ideia era escolher personagens que mais se adequassem à marca, para que usassem o produto nas cenas da novela.

Só que, no caso de um produto como o brim, não é possível mostrar a marca ou fazê-la visível em uma cena de novela sem ser óbvio demais, estragando toda a ideia do merchandising.

A exposição da marca tinha que ser sutil, o que tornava aquela ideia não muito factível.

Um dia, num dos *brainstorms* em que estávamos discutindo possibilidades, surgiu a seguinte estratégia: criar uma trilha sonora, um tema atrelado a um par romântico da novela. Usaríamos a mesma trilha na campanha, onde se poderia mostrar a marca à vontade. Ao veicularmos o comercial nos breaks da própria novela, a trilha serviria como uma ponte perfeita entre a campanha e o par romântico retratado.

Além do mais, os LPs das trilhas sonoras das novelas eram constantemente os mais vendidos no país, ou seja, um público formado por centenas de milhares de consumidores ouviria a trilha muitas vezes em casa, criando um efeito residual dessa conexão: a chamada "cauda longa".

Todo mundo na agência achou que era uma ótima solução, uma maravilha, e a proposta foi apresentada à Globo. Quem escolhia os temas das novelas, na época, era o João Araújo, pai do Cazuza, presidente da Som Livre, o braço musical da Globo.

– Ah, a ideia é ótima, mas eu quero aprovar a música primeiro... Se for boa, não vai ter problema.

Pedi ao Armando Mihanovich a chance de compor o tal tema, e ele me deu o ok.

Eu compus uma canção que na verdade era um verdadeiro plágio de um grande sucesso do Earth, Wind & Fire. Eu amava essa banda, em especial por causa da metaleira magnífica que eles tinham, e queria mesmo que o tema da campanha soasse muito familiar.

Para aumentar a chance de aprovação da trilha por parte do João Araújo, o cliente autorizou a gravação de uma base definitiva, bem-acabada, ficando apenas a definição do (ou da) intérprete, depois do ok da Som Livre e da indicação dos personagens e atores a quem a canção seria atrelada. Uma vez gravado o playback, eu mesmo pus a voz, com backing vocals do Roni Gotthilf, o redator da campanha, já que era uma gravação provisória, apenas para mostrar a melodia e a letra ao João Araújo.

Quando eu pus os fones de ouvido e me vi ali no estúdio cantando aquela música, não pude deixar de lembrar o momento que tinha vivido, alguns anos antes, com o Barry Manilow. De alguma maneira, a música sempre fazia uma aparição extra e gratuita na minha história.

Pronto o demo, o contato responsável pela conta da Santista foi para o Rio de Janeiro para apresentar o tema na Som Livre, e o João Araújo, sem saber que se tratava apenas de uma gravação provisória, falou:

– Bom, eu acho ótimo, por mim está fechado, mas quem é que canta aqui? Precisamos pôr o nome de alguém no disco... Quem foi que cantou?

O contato, sem saber o que dizer, apenas respondeu:

– Foi o Wellington!

– Ok, então fica assim.

As novelas, naquela época, tinham duas fases nas suas trilhas sonoras: na primeira fase, era lançado um disco com os temas nacionais. Na segunda metade da novela entravam os temas internacionais. Isso veio a calhar com nossa preferência por uma canção em inglês, já que precisávamos martelar a palavra "You".

Então, nessa época, 1977, virada para 1978, sai um disco com os temas internacionais de *Sem lenço, sem documento*, estrelado por Donna Summer, Johnny Rivers, Grace Jones, Gladys Knight, Fleetwood Mac, Samantha Sang & Bee Gees, Roberta Kelly, Barry Dean, Gary Glitter... e Wellington!

3.6
Um grande salto

A MPM foi uma segunda escola para mim, pois a cada job enfrentávamos situações únicas, para as quais nenhum banco de faculdade poderia nos preparar. Essas aulas práticas iriam fazer parte da nossa formação e currículo de vida, além de ditar a forma como agimos e damos soluções aos nossos desafios profissionais.

Uma grande lição que eu aprendi foi quando tivemos que produzir um filme para a Fiat, cujo roteiro era assim: uma série de carros importados, de diversas marcas, estacionados um ao lado do outro. Enquanto a câmera passeava pela frente de cada um dos carros, um locutor dizia que aquele tinha sido o carro mais vendido na Europa no ano tal. O carro seguinte tinha sido o mais vendido no ano seguinte, e assim por diante, até que a câmera parava o movimento em um Volkswagen e o locutor dizia que o carro mais vendido daquele ano tinha sido... Aí vinha um Fiat voando por cima do Volkswagen e aterrissava na sua frente, dando uma derrapadinha e ficando a 45 graus do eixo da câmera.

Essa era a ideia. Uma surpresa: todo mundo achava que ia ser um Volkswagen, mas naquele ano, pela primeira vez, o carro mais vendido na Europa tinha sido um Fiat 147.

Como a Fiat novamente insistiu em usar os seus próprios pilotos de prova, que já tinham nos causado diversos problemas em filmagens anteriores, resolvi fazer um teste, *just in case*. Fomos, com o tal piloto de provas da Fiat, para um local que na época era uma enorme terraplanagem em Barueri, pertinho de São Paulo, local onde foi construída uma longa rampa com aproximadamente 30 metros de comprimento por 2 ou 3 metros de altura. Coincidentemente, esse mesmo local deu lugar ao condomínio onde eu moro há quase trinta anos.

O caso é que o tal piloto novamente se esqueceu do lastro necessário para contrabalançar o peso do motor, ou simplesmente não se informou direito sobre o teste que iríamos fazer, e acabou tendo que improvisar uma forma de poder dar o salto.

– Fica tranquilo, vai dar certo.

Só que não. O carro pulou, embicou, focinhou de novo, enfim... foi um desastre. Para não ficar mal dentro da Fiat, o tal piloto reportou internamente que aquele salto era inviável e recomendou que o filme não fosse produzido. A produção foi cancelada.

Fiquei muito irritado com aquilo, e a Criação mais ainda. Era um excelente filme de oportunidade, uma ideia muito boa e surpreendente. Tomei uma decisão: iria fazer aquele filme de qualquer jeito, com ou sem a aprovação do cliente.

Quem estava produzindo o comercial era a Nova Filmes, do Cláudio Meyer, meu irmão, parceiro, que, após breve passagem pela Proeme (depois do retorno da Alemanha), juntou-se ao José Scatena na Prova – que virou Nova Prova e depois só Nova. Uma das "escolhidas".

– Cláudio... Vamos rodar esse negócio por nossa conta? Temos um crédito com vocês, certo?

– Claro, vamos! Mas e carro? A Fiat vai dar o carro?

– Não... Eu vou dar o meu carro!

Falamos com os Ostrowers, os pilotos que sempre foram nossa opção, e eles nos garantiram que aquele *stunt* era muito tranquilo e que precisariam só fazer algumas pequenas modificações na suspensão do carro, além de, claro, colocar o devido lastro.

O Cláudio tinha uma produtora na época, a Irmely von Schaffhausen, que também tinha um Fiat 147. Ela também ofereceu o carro para a realização do salto.

Tínhamos então dois carros disponíveis, e a filmagem foi marcada para poucos dias após o fracassado teste, aproveitando o fato de que a rampa ainda estava estruturada no local. Na verdade, aquilo tudo era uma grande parceria, em que cada um de nós estava apostando naquilo em que acreditávamos e na nossa competência. Idealismo, coragem, senso de justiça para com o cliente, algum orgulho da mistura, e lá fomos nós. Rodamos o filme... na lata.

O fotógrafo deu preferência para o carro da Irmely, que era branco e daria um contraste melhor com os demais. O meu carro nem foi necessário, porque o dela aguentou não só um pulo, mas cinco! Na última tomada, o Stanley (ou o Ricardo?) deu o pulo, o carro caiu certinho e ele ainda emendou aquela derrapadinha, para ficar meio de lado para a câmera – exatamente como tinha sido previsto no roteiro. O carro se comportou perfeitamente bem... O máximo!

Aí, aquele orgulho de apresentarmos aquela surpresa para o cliente, que, claro, nem acreditou – amou!

Dessa vez a incompetência dos pilotos de prova da Fiat ficou muito patente, e só sei que nunca mais tive que trabalhar com eles. O cliente, obviamente, pagou o filme, e o nosso crédito com a Nova permaneceu intacto.

Nessa história, dá para ver até que ponto chega o nosso amor pela produção, porque nós acreditávamos muito no filme, era tão bom, tão surpreendente, com uma ideia tão boa e ao mesmo tempo tão simples, que merecia ser feito. Acabou não custando o meu carro, mas eu investi, coloquei o meu na reta ali. Uma lição que ficou: o resultado aparece na obra daquele que acredita.

Um fato curioso que aconteceu relacionado a essa produção foi que, uns dois dias antes de o filme ir ao ar, começou a ser veiculado um comercial da Volkswagen que mostrava um Fusca dando um salto. Hummm! Não tinha nada a ver com a nossa ideia, era simplesmente o Fusca pulando de uma rampa para outra, sem nenhuma mensagem relevante que justificasse aquilo, sem pertinência alguma. Mas lá estava, antes de o nosso comercial ir ao ar, um Volkswagen dando um salto. Discutimos internamente se aquilo invalidaria o nosso filme e concluímos que não. Mas eu fiquei com a pulga atrás da orelha, tinha que ter havido alguma espionagem ali...

De vez em quando eu chamava uma produtora que não estava entre as preferenciais para orçar um job. Era uma forma de ver novos repertórios, conhecer novos diretores, me manter antenado quanto ao que estava rolando no mercado e, ao mesmo tempo, poder aferir meus próprios critérios de orçamento e manter as produtoras "escolhidas" sempre atentas.

Esse tinha sido um desses casos. Descobri que a produtora em questão trabalhava muito para a Almap. E, apesar de eu não ter revelado o roteiro em si durante o briefing, havia lá o título do comercial: "Fiat Pulo". Sem saber exatamente qual era a ideia, a agência deve ter proposto para a Volkswagen produzir um comercial com um Fusca pulando, seja lá por qual motivo, numa tentativa de minar o nosso filme.

No final, aquele vazamento não nos causou nenhum estrago, nosso filme foi ao ar, ganhou prêmios e não houve nenhuma consequência negativa. Mas eu fiquei com aquilo na cabeça. Não gostei daquele episódio e resolvi dar o troco.

Chamei a tal produtora da qual eu desconfiava para brifar um novo comercial. Informei ao contato que se tratava de um roteiro extremamente sigiloso e que, portanto, eu não poderia revelar qual era o plot em si, passaria simplesmente as necessidades técnicas do filme.

– É o seguinte: preciso de uma locação inóspita, tipo um deserto. Preciso de quatro câmeras com capacidade para ir até a 120 quadros por segundo, só um chassi de filme em cada uma, um técnico em explosivos e uma provisão de X cruzeiros [a moeda da época] para a aquisição de um veículo. Vai ser uma filmagem muito rápida, não importa se vai ter sol ou não.

O valor que eu coloquei para a compra de um veículo era exatamente o preço de tabela de um Fusca.

Esperei alguns dias para receber o tal orçamento ou ver na televisão um comercial da Volkswagen com um Fiat explodindo. Não aconteceu nem uma coisa nem outra. O contato deve ter voltado para a produtora, que, em conjunto com alguém da Almap, deve ter sacado a brincadeira, e deixaram por aquilo mesmo. Nem preciso dizer que nunca mais trabalhei com a produtora espiã.

3.7
A negociação

Com o passar do tempo, qualquer profissão tende a cair na rotina. Levantar todos os dias no mesmo horário, tomar o mesmo café da manhã, pegar o carro, fazer o mesmo itinerário para o trabalho, seguir os mesmos passos, consultar a agenda, fazer reuniões. Se não nos forçarmos a olhar a vida como algo que acontece nas entrelinhas, tudo será uma imensa rotina, e posso afirmar que, com certeza, não acrescentaremos muito à nossa caminhada em termos de aprendizado.

E o que é sair da rotina, se não vivenciar as mesmas coisas que sempre fazemos, mas com outros olhos? Se não dá pra mudar o objeto de cena e posição, muda-se a câmera de lugar.

Nos cursos do meu amigo Lair Ribeiro, os participantes são incentivados a se sentar cada vez em uma área diferente da plateia, para que possam ver as coisas, mesmo que as mesmas coisas, de forma diferente, sob um novo prisma, uma nova perspectiva. Esse é um excelente exercício para considerarmos outros pontos de vista, nos colocar na posição de outras pessoas, calçar os sapatos do outro.

Em 1979, a MPM propôs à Bunge uma campanha promocional para a margarina Delícia Cremosa, que envolvia um comercial e uma ativação presencial com alguma celebridade. O escolhido foi Luiz Carlos Miele, reconhecido diretor, humorista, compositor e ator. Eu fui encarregado de ir até o Rio de Janeiro para negociar a sua contratação, tendo já pré-aprovado um limite do cachê a ser pago.

Eu marquei o encontro na Globo, no Jardim Botânico, onde ele estaria gravando o semanal *Praça da Alegria*, dando continuidade à atuação e prestando uma merecida homenagem ao seu criador, Manoel de Nóbrega, falecido alguns anos antes.

Eu o aguardei por algum tempo no auditório vazio, e, ao fim das gravações, ele veio sentar-se ao meu lado para ouvir a proposta. Expliquei a ele sobre o comercial e a ação presencial, e ele me passou o valor que queria pelo trabalho – exatos 20% do limite que eu tinha para oferecer. Aquilo me pegou de surpresa, porque ele seguramente não tinha noção da sua importância e do seu valor para o mercado publicitário.

Claro que meu primeiro dever era para com o meu cliente, mas senti um profundo conflito interno e não me senti confortável em explorar aquele homem cheio de valor, um profissional consagrado. Eu fiquei tão sem graça, tão sem ter o que falar, que ele percebeu a minha reação e, interpretando-a de forma errada, disse:

– Mas olha... Dá pra fazer por menos!

Eu até ri, mas aquela reação dele piorou a minha crise de consciência.

– Não, Miele... Acho que está muito justo o cachê para o comercial, mas acho que consigo mais alguma coisinha para a sua aparição pública.

– Mesmo?

Eu disse que voltaria a falar com o cliente para tentar melhorar aquele número e ficamos de nos encontrar à noite no Antonio's, um então descolado bar na Avenida Bartolomeu Mitre, quase esquina com a Ataulfo de Paiva, frequentado pelos maiores ícones do cenário artístico brasileiro. O Antonio's era tão famoso que um estabelecimento vizinho era chamado apenas de "Bar do Lado".

Quando o encontrei naquela noite, já havia decidido que ofereceria a ele 40% da minha verba destinada ao cachê e dei a ele a boa notícia. Era o dobro do que ele havia pedido.

– Nossa! Que maravilha!

Ele ficou tão eufórico e feliz que, depois do Antonio's, me conduziu por um magnífico *tour* pelos bares e casas noturnas do Rio de Janeiro, me apresentando para os proprietários e um sem-número de famosos. Em cada lugar ele sempre dava uma "canja", cantando e dançando no seu característico estilo Frank Sinatra, e já estava amanhecendo quando chegamos à sua casa, onde acabei dormindo o sono dos justos. Eu, feliz por ter mais uma vez praticado o jogo do ganha-ganha, Miele feliz porque iria ganhar o dobro, cliente feliz porque iria gastar menos da metade...

Foi muito importante enxergar a situação por ângulos e perspectivas diferentes, podendo contrabalançar os interesses e direitos de cada parte envolvida. Quando todos saem felizes, é sinal de que alguma coisa boa foi feita no meio do caminho.

3.8
Senso de justiça

Outra lição nessa escalada de vida e profissional tem a ver com a postura das pessoas. Aprendi que existem aqueles seres que, como um barco à vela, se entregam à mercê dos ventos e ziguezagueiam ao seu sabor para atingir seus objetivos, e há aqueles que agem mais como bambus, têm essência e podem até vergar à força do vento, mas não arredam suas raízes de sua posição, seja nas relações profissionais, seja nas pessoais ou políticas.

O "coronel" Petrônio Corrêa, em seu livro *No centro do poder*, lançado em 2013, expõe muito bem a proximidade que a MPM, em especial os dois "emes", tinha com o poder. O Macedo respirou política desde cedo, pelo seu parentesco com João Goulart, e inspirou a "Lei Macedo" (em homenagem ao próprio), que impedia qualquer agência de propaganda que não tivesse 100% de capital nacional de prestar serviços para o governo.

O Mafuz também sempre nutriu seus laços de amizade com líderes, desde Getúlio Vargas até o presidente João Baptista Figueiredo. Na época em que este assumiu o poder, em 1979, não por acaso as contas do governo eram atendidas por um consórcio do qual participavam pouquíssimas agências, entre elas, claro, a MPM.

Eu fui convocado para acompanhar uma reunião com representantes do consórcio de agências, junto com Delfim Netto, que era o ministro todo-poderoso, que, na prática, mandava no governo. Sentados à mesa estavam o ministro, o Paulo Yokota e mais alguns assessores, além do Alex Periscinoto (a primeira vez que o vi pessoalmente), o Mauro Salles, o Petrônio Corrêa, mais alguns executivos da MPM e eu.

Um dos assuntos tratados foi a reforma da imagem que o presidente tinha perante a população. Ele era visto como um homem tosco, sem maneiras, malcriado e distante. Não ajudou o fato de ele ter declarado publicamente preferir o cheiro de cavalo ao cheiro de povo – e ter deixado escapar outras pérolas na imprensa, como: "Um povo que não sabe escovar os dentes não está preparado para votar" e "Vou fazer deste país uma democracia, e, se alguém for contra, eu prendo e arrebento!".

Tarefa nada fácil para aquela transformação.

Ali naquela reunião foram aprovadas algumas das peças que dariam início à mudança em sua imagem. Uma foto oficial em que estivesse mais sorridente, a troca dos sisudos óculos escuros por um par transparente de aro leve, a substituição da farda militar por um terno bem-cortado...

Outro tema em pauta foi a visita que o presidente Figueiredo faria dali a alguns dias a São Paulo. Delfim queria encher a cidade de outdoors, dando as boas-vindas ao seu chefe. Ele perguntou para todos, em geral, quantos outdoors uma grande campanha teria. Quem respondeu foi o Mauro Salles:

– Bem, uma campanha assim enorme, com duzentos outdoors, trezentos outdoors, no máximo, já é algo monstruoso!

– Ah, então vamos colocar logo quinhentos!

Houve uma reação geral de aprovação na sala, afinal seria um belo faturamento-relâmpago para o consórcio das agências. A única voz dissonante foi a do Alex Periscinoto.

– Devemos lembrar que o presidente virá bem no meio de uma quinzena, todos os outdoors estarão ocupados por anúncios...

– Cola por cima, e, se alguém reclamar, manda vir falar comigo! – retrucou Delfim, mas o Alex ponderou:

– O presidente obviamente tem um roteiro já traçado, aqui em São Paulo, do caminho que ele vai percorrer. Um caminho que vocês já sabem ou vão saber de antemão. Então, por que a gente não utiliza os outdoors só no trajeto que ele vai fazer? Porque a ideia é que ele se sinta bem-vindo à cidade, não?

Ali estava se desenrolando uma verdadeira aula de postura, com alguém tentando soluções dentro dos princípios em que (ao menos o Alex) acreditava...

– É verdade... Então vamos fazer assim.

Foram necessárias apenas algumas poucas dezenas de outdoors, sendo de fato colados por cima dos que estavam instalados, sem nenhuma comunicação ou autorização prévia dos detentores daqueles espaços naquela quinzena. E, claro, nenhum anunciante reclamou. Ninguém se atreveria, considerando-se alguns atos praticados na calada da noite que poucos ousavam questionar.

Um de nossos colegas na agência, o admirável diretor de arte Gernot Stiegler, havia sido preso e passou alguns dias atrás das grades, simplesmente por ter participado de uma festa em que também estavam presentes algumas pessoas "de interesse" do governo.

De qualquer maneira, eu passei a não perder a oportunidade de analisar as grandes decisões, a postura das pessoas, que envolve justiça, mérito, ética ou contemporização (que também não deixa de ser uma grande postura, a da diplomacia), em qualquer encontro de que participei, mesmo em uma reunião de produção.

3.9
Corações divididos

Depois de alguns anos na MPM, aquela intimidade maior que se gerou entre o Armando e eu conduziu a um tratamento diferente no dia a dia. Toda vez que eu ia na sala dele, tinha que forçosamente passar na frente da do Sérgio, que costumava manter sua porta entreaberta. Eu o via pela fresta girando o isqueiro BIC com os dedos, um cacoete que tinha se tornado marca registrada. Nossos olhos se cruzavam, os dele como que me dizendo:

– Olha você, indo lá na sala do Armando de novo...

Eu tinha a impressão de que na cabeça dele havia se instalado a ideia de que eu dava mais atenção aos projetos do Armando do que aos dele. Na verdade ele nunca verbalizou isso, mas era o que os seus cismados olhares me comunicavam.

Acredito que a relação de todo mundo com o Armando era mais próxima, porque ele era uma pessoa mais doce, mais afável, mais fácil de se chegar perto. Ele era mais solto, mais alegre, mais piadista, enquanto o Sérgio tinha um comportamento um pouco mais resguardado. Em todos os anos em que eu trabalhei para ele, fui uma única vez à sua casa.

Aquele desconforto começou a crescer dentro de mim à medida que o Sérgio passou a me tratar com maior distância. Vez ou outra eu era surpreendido ao receber um roteiro desconhecido, já aprovado pelo cliente, uma explícita quebra do protocolo estabelecido e uma demonstração de que a minha importância para os seus projetos estava se esmaecendo.

Nós fizemos juntos algumas viagens a trabalho, e no início do nosso relacionamento essas viagens eram simplesmente deliciosas. Lembro-me bem de uma de nossas idas para a Europa, quando, por absoluta falta de vagas em hotéis, tivemos que dividir um quarto, o Sergião, o Cláudio Meyer e eu. Era um quarto enorme, que ocupava todo o andar equivalente ao sótão do hotel, com aquelas mansardas à volta toda, um espaço muito pitoresco e agradável.

Estávamos na Alemanha, em pleno inverno, para fazer um filme do Alfa Romeo. Numa jogada altamente improvável, o Brasil tinha feito uma exportação de Alfa Romeos para a Alemanha, e a agência viu ali uma grande oportunidade: o país dos grandes fabricantes de automóveis importando carros do Brasil! Não havia melhor endosso que esse. Claro que no comercial não se mencionava o fato de que foram exportadas apenas oito unidades, e que absolutamente nenhuma foi vendida lá, todas encalharam... Isso é só um detalhe.

Mas o ponto é que, naquela noite em que dividimos o quarto, fomos dormir após um gostoso jantar regado a vinho e *schnapps*. Já era bem tarde, com certeza passava da meia-noite. Fomos para as respectivas camas, as luzes se apagaram num clima meio *Os Waltons*, na linha "boa noite, Sergião!", "boa noite, Cláudio!", "boa noite, Duke!", que era como me chamavam, apelido que me acompanhou desde a Ultima Filmes.

Depois de uma meia hora em silêncio, estava claro que ninguém estava conseguindo dormir. Um virava para um lado, o outro para o outro, ouvia-se uma tossidinha... Até que o vozeirão do Sérgio soou em plena escuridão:

– Alguém sabe qual é a peça do carro que é produzida na Grécia?

Silêncio absoluto. Eu achava que o Alfa Romeo era inteiramente produzido no Brasil, não estava entendendo a pergunta. Aí o próprio Sérgio respondeu:

– As Atenas...

Silêncio por alguns segundos e, na sequência, uma explosão de gargalhadas. Depois de um tempinho, foi o Cláudio quem quebrou o silêncio:

– E qual é a cidade europeia que teve uma epidemia de hemorroidas?

Novo silêncio e ele próprio responde:

– Bundapest.

Aí ninguém mais conseguia parar de rir. Eu emendei:

– E qual é a capital europeia que se especializa em sincronizar áudio e vídeo? Helsinki.... ahahaha!

E por aí foi noite adentro. Só sei que ficamos no escuro por algumas horas, soltando essas pérolas. Não existem terapia e sono melhores do que desopilar o fígado.

Costumavam ser assim nossas viagens, um clima sempre alegre, de camaradagem, coleguismo, confiança e respeito mútuos. Mas aos poucos esse espírito foi mudando, e o Sérgio foi ficando mais distante e adotando uma postura de superioridade patronal, bem diferente do início do nosso relacionamento, deixando patente o seu incômodo com a minha ligação mais próxima com o Armando. Aquela suspeita de que eu privilegiava os projetos dele criou uma barreira emocional entre nós. Mais uma vez, posso estar redondamente enganado, pode ter sido apenas uma sensação minha, mas sensações também pesam. Cheguei a pensar em me demitir.

Mas, se eu me demitisse, não teria direito a mexer em meu fundo de garantia, por isso resolvi pedir um aumento. O meu salário já era bastante polpudo, e talvez aquela fosse a gota d'água que fizesse com que me demitissem, e, caso me dessem mesmo um aumento, pelo menos valeria a pena aguentar toda aquela situação.

Minha estratégia foi falar diretamente com o Sérgio, e ele reagiu como o esperado:

– Mais um aumento e você vai começar a ganhar mais do que eu... mas vou abordar o assunto na reunião de diretoria.

Negaram o meu pedido. Mas não me demitiram.

O Armando me disse depois que tinha sido surpreendido na reunião, quando o Sérgio colocou na pauta o meu pedido de aumento.

– Por que você não falou comigo?

– Armando, já existe uma impressão de que você me favorece. Eu não queria reforçar essa ideia, especialmente perante o Sérgio, você lá perante os seus sócios, pedindo um aumento pra mim.

Expliquei então quais eram de fato os meus planos, minha intenção de sair da agência, me envolver mais na direção e poder lançar mão do meu FGTS.

– Então você vai precisar forçar mais a barra, ninguém vai mandar você embora só porque quer um aumento.

Pensei em uma nova estratégia, essa, sim, com muito mais potencial para dar certo. Propus à diretoria que fosse adicionado ao orçamento de todos os projetos do RTV um cachê de produtor da agência, que em última instância seria pago pelo cliente, que ainda remuneraria a MPM em 15% sobre esse novo item.

Para minha enorme surpresa, minha proposta foi aprovada.

Então, com a bênção de toda a diretoria e sem quaisquer restrições por parte dos clientes, foram adicionados mais 4% aos orçamentos, como verba para pagar um complemento salarial para mim e mais um assistente.

Acho que ninguém parou para fazer as contas de quanto esses 4% representavam. Era de fato uma pequena fortuna, considerando-se o volume de trabalho que a agência produzia. Eu realmente estava ganhando, mensalmente, mais do que os diretores de Criação, mais do que meus chefes e os sócios da agência!

Durante algum tempo, senti que estava compensando enfrentar o sempre sutil, mas definitivamente presente, ressentimento do Sérgio, mas, depois de uns seis meses, eu senti que tinha chegado ao meu limite e me abri com o Armando.

– Armando, me faz esse favor, como meu amigo? Me manda embora!

O Armando ainda tentou me demover da ideia, mas no final entendeu que eu estava decidido e disse que iria me ajudar, que iria falar com os sócios na próxima reunião de diretoria. Depois ele me contou que ninguém queria acreditar que eu estava saindo, ainda mais tendo sido "demitido" pelo meu maior amigo e protetor. O Armando até usou esse episódio para demonstrar ao Sérgio que nunca houve uma predileção ou um envolvimento maior comigo; afinal, ele havia me mandado embora.

A decisão quanto à minha demissão foi tomada e eu já comecei a pensar nos próximos passos que daria. Falei com o Klein, diretor financeiro, para acertar o meu desligamento, me despedi de todos os meus chefes e colegas e tive um papo longo com o Sérgio Graciotti, que disse lamentar a minha saída. Será?

Dois dias depois de eu ter saído, recebi uma ligação do Nelsinho Biondi. Ele era dono da Nova Agência, uma agência bem menor que a MPM, mas que tinha um volume razoável de produção. Ele me chamou para conversar e me ofereceu uma posição em que eu poderia dirigir não só o departamento, mas também todos os filmes da agência que me interessassem.

Não era bem o que eu tinha em mente. Eu queria mesmo era só dirigir, mas pensei que, com um volume menor de projetos, talvez pudesse me dedicar mais a esse meu propósito.

A Nova Agência ficava na Avenida Brasil, e o Nelsinho e eu estávamos em sua sala acertando os detalhes da minha contratação e começando a falar da minha remuneração, quando tocou o telefone.

Ele atendeu, ouviu alguém do outro lado e estendeu o telefone para mim:

– É para você!

Fiquei muito surpreso, porque ninguém sabia que eu estava ali. Atendi, era o Petrônio Filho.

– Wellington, sai daí!
– O quê?
– Sai daí já!
– Como assim?
– Você não vai trabalhar aí, não! Tenho uma proposta para você no Rio de Janeiro! Quero que você vá montar o departamento de RTV do Rio. Não fica aí, não!
– Mas já estou...
– Não fecha nada antes de falar comigo!

Acabei dando uma desculpa para o Nelsinho, fiquei de pensar na proposta. Até hoje não sei como o Petrônio descobriu que eu estava na Nova Agência naquele momento. Só sei que saí de lá e fui me encontrar com ele.

Ele queria que eu assumisse e reformulasse inteiramente o RTV da MPM Rio. Eu me senti com o moral lá em cima e pedi um tempo para pensar. No dia seguinte, liguei para ele:

– Petroninho, preciso de um tempo até amanhã para dar uma resposta... Mas pra eu poder continuar considerando a possibilidade, você precisa me garantir uma coisa: status de diretor associado de Criação. Só vou responder ao Macedo, ninguém mais!

– Ok, posso garantir isso.

A tentação de ir para o Rio era enorme, mas fiquei um tanto inseguro. Buscando um aconselhamento, naquela mesma noite convidei meus pais e minha irmã, meu cunhado, Roberto Leal, e o Armando e a Maria Amélia para jantar em um restaurante pertinho de onde eu morava com a Tais. Eu queria conselhos e um apoio emocional que me ajudasse a enfrentar mais aquele desafio. E ali, naquele jantar, depois de ouvir as ponderações de todos aqueles queridos que me prestigiaram com sua presença, eu tomei a decisão de ir para o Rio.

No dia seguinte estive com o Petroninho e disse que aceitaria a missão, mediante um reajuste sobre o meu salário na MPM Casabranca e uma ajuda de custo para a mudança.

– Fechado. Quando pode se mudar?

3.10
Rio, eu te amo

A MPM Rio tinha um grande volume de produção de filmes, bons clientes – muitos deles eram empresas estatais, mas a qualidade do resultado deixava a desejar. O escritório de São Paulo, com um volume apenas ligeiramente superior ao do Rio, era responsável por 100% dos prêmios da agência. Minha missão no Rio era resolver essa questão da qualidade.

Na verdade, para fazer um bom filme, existem alguns pré-requisitos, há um tripé que tem que ser considerado: ideia, prazo, verba. Aí haverá outros elementos acessórios, como a adequação da ideia ao diretor que irá realizá-la, a qualidade da equipe e muitos outros fatores, mas, antes disso tudo, o tripé tem que funcionar, e na minha vida inteira eu sempre me pautei por esses três fundamentos.

O ideal é que o tripé seja completo, com as três pernas solidamente posicionadas, mas, como essa é uma rara circunstância, é preciso poder contar com ao menos duas delas para que o resultado do job seja minimamente aceitável.

Ou seja, se você tiver uma grande ideia e um bom prazo para fazer o filme, dá até para conseguir fazer por um custo reduzido; consegue-se aproveitar um resto da diária de outra produção ou, ainda, esperar a disponibilidade de um profissional que toparia trabalhar de graça ou por um cachê reduzido. Com tempo nas mãos, as soluções surgem.

Se você tiver uma boa ideia, sem prazo, mas com uma verba muito grande, também consegue resultados, porque contrata mais gente, tem recursos para fazer as coisas girarem mais rápido, e, como sabemos, dinheiro na mão já é uma boa parte da solução.

Se, por outro lado, você tiver um bom prazo e uma boa verba, até vale a pena encarar uma ideia de merda...

Então, em qualquer situação em que você tenha ao menos duas pernas desse tripé, é possível viabilizar uma produção, mesmo que não em um equilíbrio perfeito.

O problema no Rio é que não dava para contar com nenhuma das pernas do tripé.

Já começava com o quesito "ideia": a Criação de lá estava distante anos-luz da de São Paulo. Era um fato facilmente comprovável se comparássemos os repertórios das duas unidades.

Com exceção de algumas estatais, as verbas dos clientes do Rio também deixavam muito a desejar.

Aí sobrava o prazo. Mas isso dependia do caso, da necessidade do cliente... E, geralmente, tudo é "pra ontem!".

Ou seja, nunca tínhamos ao menos duas pernas do tripé sólidas, que pudessem sustentar uma produção com qualidade.

Apesar do meu cargo de diretor associado de Criação, acumulado com o de diretor do RTV, eu tinha pouca ingerência sobre o processo criativo no início. Meu foco estava na melhoria da eficiência, especialmente dos resultados do RTV.

Eu precisava primeiro construir uma fundação sólida e estável na Produção, antes de pensar no conteúdo a ser produzido. Tanto interna quanto externamente, essa base era bastante deficiente, e isso não tinha a ver com a qualidade dos profissionais, pelo menos não só com isso. Tratava-se mais de uma questão estrutural, de mercado.

Talvez pelo fato de São Paulo concentrar mais de 80% da verba publicitária nacional, eram raríssimas no Rio as produtoras que se dedicavam exclusivamente à produção de comerciais. Uma delas era a Jodaf, com a qual produzi um de meus primeiros filmes depois que me desloquei para o Rio, um lindíssimo comercial para cigarros Minister, dirigido pelo João Daniel Tikhomiroff. Mas, de um modo geral, o grande foco das produtoras do Rio sempre foram os longas-metragens, e elas estavam estruturadas para isso, com equipes voltadas para esse tipo de trabalho e que não tinham o nível de exigência e o rigor técnico, estético ou de produção, de um modo geral, que têm as produtoras de publicidade.

Mesmo a própria Jodaf, na minha opinião, só foi atingir o seu mais alto nível de profissionalismo e resultados quando se estabeleceu em São Paulo.

Quase sempre, um longa-metragem é visto apenas uma vez pelo público, e o poder de decisão sobre detalhes do filme está nas mãos de poucas pessoas. Já um comercial é visto dezenas de vezes pelo mesmo público, com chances maiores de enxergar detalhes, erros... Ao longo da produção, são dezenas de pessoas que têm o poder de interferir no resultado, dentro das diversas instâncias da agência e do cliente, e até vindas de áreas totalmente fora do processo natural.

Tive um cliente que costumava levar seus filhos às moviolas, para ouvir a opinião deles a respeito de um filme destinado ao público-alvo a que pertenciam. Outro cliente tinha o hábito de convidar qualquer pessoa, como sua esposa ou uma recepcionista, para palpitar sobre o comercial.

Nos longas-metragens, essas dificuldades não existiam naquela época: o processo era muito mais solto, com resultados normalmente sofríveis.

Só a partir do momento em que profissionais da publicidade, como Waltinho Salles e Fernando Meirelles, passaram a se envolver no setor é que houve uma sensível melhora na qualidade dos longas brasileiros, abrindo a trilha e criando condições para atrair a migração de outros bons profissionais, como o saudoso Breno Silveira e o próprio João Daniel.

Mas, em 1980, o cenário ainda era aquele. E, para conseguir o meu objetivo de melhorar o nível de produção, eu precisava ter um fornecedor específico para comerciais, com profissionais competentes e habituados ao tipo de escrutínio a que éramos submetidos na propaganda e do mesmo nível que os de São Paulo.

Alguns anos antes, eu conhecera o Luiz Cláudio Sardenberg, da Lynx Rio, por conta de um projeto que estava orçando para a MPM São Paulo. Senti bastante firmeza e seriedade nele e o procurei. Pedi a ele uma ajuda, que me indicasse algumas produtoras locais que me dessem um resultado próximo àquele a que eu estava habituado. Ele mencionou a Jodaf e a 2P, do Paulo Dantas e do Paulo Parente, e a própria Linx, onde ele trabalhava, mas senti uma certa reticência por parte dele.

– Wellington, conheço o seu trabalho... Sendo muito sincero, não vai ser fácil conseguir aqui no Rio o mesmo resultado que você tem em São Paulo.

– Se eu garantir dois filmes por mês, você abriria uma produtora dedicada exclusivamente à publicidade, junto com algumas pessoas que eu traria de São Paulo?

– Hã?

Convidei o Klaus Mewes para um almoço no Rio e o apresentei ao Sardenberg. O Klaus era um diretor de fotografia alemão que tinha vindo para o Brasil uns anos antes, excelente profissional. Ele era muito bom tecnicamente, bastante versátil, e tinha uma verve de diretor/produtor, um olhar mais holístico sobre o processo de produção. Ao longo do almoço, percebi que tinha rolado uma boa química entre os dois.

Enfim, eles acabaram montando, com o apoio *off-the-record* da MPM Rio, a Claquete Filmes, que mais tarde passou a ter também uma base em São Paulo, comandada pelo Cal, meu ex-companheiro de faculdade e da Ultima Filmes.

Com essa produtora, instalada na Mena Barreto, pertinho da Rua Dona Mariana, no Botafogo, onde ficava a agência, eu passei a ter uma perspectiva real de melhorar a qualidade da produção de nossos comerciais. Em dois meses, essa produtora já existia, já estava montada, e começamos a trabalhar para fazer a diferença no repertório da MPM Rio.

Nos meses em que a Claquete não estava ainda operando, eu fiz todos os filmes da agência em São Paulo, a maioria com a Oficina de Cinema, uma das eleitas por mim para atender a agência de São Paulo. A maioria era de filmes praticamente sem prazo nenhum, e por isso eu precisava contar com quem eu já tinha construído uma relação de confiança. A partir do momento que a Claquete começou a operar, passei a concentrar nela boa parte de nossos filmes.

Outra questão, ligada ao resultado e à fluidez dos trabalhos, tinha a ver com a equipe interna do departamento de RTV. Havia um flagrante descompasso rítmico entre minha equipe, plugada no 110, e eu, sempre no 220.

Quando assumi o departamento, eu tinha o direito de trocar todo e qualquer integrante que desejasse, mas sou normalmente contra a política da terra arrasada. Prefiro sempre dar à pessoa uma oportunidade de mostrar a que veio antes de tomar uma decisão drástica. Eram todos, sem exceção, boas pessoas, simpáticos, entendiam do assunto. Mas, infelizmente, havia aquele inevitável contraste entre o *modus operandi* do paulista e do carioca. Cheguei até a considerar trazer todo um time novo de São Paulo.

Um dia, recebi a visita inesperada de uma produtora amiga minha de São Paulo, a Ligia Mazziotti. Ela estava no Rio produzindo uma foto para o Miro, prestigiado fotógrafo de moda, muito respeitado no meio publicitário. Ela precisava de um espaço para trabalhar e foi pedir a minha ajuda.

A Ligia ficou por lá alguns dias e, sempre muito simpática e sociável, logo se enturmou com o pessoal do departamento, e saíram todos algumas vezes para um almoço ou um chopinho.

Como eu estava precisando de alguém para me ajudar a coordenar o RTV, para que eu pudesse me dedicar um pouco mais à Criação, eu a convidei para se mudar para o Rio e assumir o cargo. Ela tinha a maturidade e a experiência necessárias, e percebi que toda a equipe gostava dela, o que já era meio caminho andado. Eu não ia precisar convencer ninguém. Mas me abri com ela:

– Ligia, entenda que não vai ser uma tarefa fácil, o pessoal aqui no Rio não tem o mesmo ritmo, eles não são tão ligados quanto a gente...

– Wellington, nesses dias eu descobri uma coisa sobre a sua equipe. As pessoas se ressentem pelo fato de que não têm tempo para elas mesmas. O pessoal daqui... Eles não se importam em dar duro, mas também querem ter tempo para ir à praia, se divertir, tomar sol, um chope. O problema é que os horários em que a agência opera tira tudo isso deles.

A Ligia acabou aceitando o meu convite. Juntos pensamos numa estratégia, e acabei implantando um sistema que provocou o arqueamento de muitas sobrancelhas na agência: instituí que o nosso horário de almoço seria de quatro horas, a partir das 11h. Eles poderiam sair entre 11h e 11h30 e voltariam entre 15h e 15h30, desde que o número de horas trabalhadas fosse o mesmo. Ou seja, o pessoal teria que entrar mais cedo ou sair mais tarde, ou um pouco de cada coisa.

A mudança no comportamento das pessoas, a maneira como elas se entregavam ao trabalho, mudou da água para o vinho, e de um dia para o outro! Todos viram naquela nova prática um gesto de boa vontade da minha parte, e o fato de poderem aproveitar melhor o dia, fosse para diversão ou descanso, melhorou drasticamente o humor e a disposição de todo o grupo.

Na verdade, o Rio de Janeiro é um outro país, para quem é de São Paulo.

Aos poucos eu também fui me moldando aos costumes locais. Comprei um apartamento, aproveitando o meu fundo de garantia da MPM de São Paulo, e acabei incorporando (pelo menos um pouquinho) o espírito carioca: já me permitia aproveitar minimamente a maravilha que era morar no Rio naquela época.

O simples fato de ir da minha casa para a agência já era uma coisa surpreendente. Como sempre acordei muito cedo, o fator trânsito não era um grande problema, e eu podia alternar meu trajeto ora indo via praias, Leblon, Ipanema e Copacabana, ora via Lagoa Rodrigo de Freitas, ambas as rotas de um visual espetacular, justificando o merecido título de Cidade Maravilhosa.

3.11
A troca

Não demorou muito para os resultados começarem a aparecer. Melhorou o nível da produção, os prazos passaram a ser cumpridos e passei a ter um pouco mais de tempo para auxiliar a Criação, fosse participando de *brainstorms* ou usando minha experiência para sugerir soluções que viabilizassem ideias dentro das verbas e dos prazos estabelecidos. Boa parte das duplas entendeu minhas boas intenções, e frequentemente elas me procuravam pedindo apoio, mostrando abertura até para pequenas alterações no roteiro e na ideia em si, sem prejuízo da sua essência.

Alguns poucos criadores, entre eles o Alcides Fidalgo, diretor de Criação, viam essa minha participação como uma interferência indesejável e procuravam evitar a minha presença, se "esquecendo" de me convocar para reuniões ou marcando-as muito tarde da noite.

Ele percebeu que eu era (e continuo sendo) definitivamente um ser diurno.

Procurei fazer o possível para reduzir aquele ressentimento gratuito por parte do Alcides, mas depois de quase um ano de convívio turbulento ocorreu um episódio que explicitaria aquela até então razoavelmente enrustida animosidade.

O governo havia decretado, em 1976, a obrigatoriedade de um "pedágio" compulsório para viagens internacionais. Ou seja, para se obter um passaporte ou visto para viagem, era preciso fazer um depósito, no valor aproximado de três mil dólares de hoje, que permanecia intocável pelo período de um ano. Isso praticamente acabou com as viagens de turismo e dificultou também, e muito, as viagens a negócios.

A MPM do Rio de Janeiro era conhecida por ser a agência de Brasília, com excelente trânsito entre as autoridades do governo, o que nos permitia acesso a certas informações de bastidores; uma delas foi a de que o tal depósito seria suspenso dali a algumas semanas.

Isso representou uma oportunidade interessante para a agência, a de apresentar à Pan Am a proposta de uma campanha de oportunidade, sobre o retorno à normalidade das viagens a negócios. A campanha seria lançada no dia seguinte à publicação da boa notícia no *Diário Oficial*, o que faria com que nos antecipássemos muito a qualquer eventual ação da concorrência, que seguramente levaria no mínimo semanas para conseguir reagir.

Como essa iniciativa partiu de mim, não teve como evitar a minha participação nas reuniões de criação da campanha.

Quem fazia o atendimento da conta da Pan Am era o José Antônio Moraes de Oliveira, pai da então futura diretora Flávia Moraes. Ele convocou o cliente, Justin, que em poucos dias se deslocou de Nova York para o Rio, para conhecer todas as peças da campanha.

Foi iniciada a apresentação, e só aí tanto o Moraes quanto eu nos demos conta de que o Alcides não falava inglês. Pior, ele achava que falava, gerando uma inconveniente fluência às frases absolutamente ininteligíveis que saíam de sua boca.

Mais que depressa, o Moraes pediu um tempo, deu uma desconversada... chamou o Alcides e eu para fora da sala e, cochichando, reclamou:

– Alcides, o que é isso? Não dá pra entender nada do que você está falando!

Pela porta entreaberta percebi que o cliente estava bem impaciente e me ofereci:

– Bom, eu posso dar seguimento à apresentação, conheço bem a campanha...

O Alcides, bem a contragosto, percebeu que não tinha muito espaço para manobra.

– Então tá bom, você apresenta.

Voltamos para a sala, assumi o controle e retomei a apresentação do seu início. O Justin reagiu efusivamente, aprovando tudo sem quaisquer retoques. Ele prometeu que em poucos dias nos daria um retorno com a aprovação das verbas de mídia e produção. Para celebrar, ele nos convidou para um drinque no bar do hotel em que estava hospedado. O Alcides declinou, fomos só o Moraes e eu.

Foi um encontro gostoso, descontraído, todos felizes com aquela oportunidade bem aproveitada, golaço marcado nos primeiros segundos do primeiro tempo.

Dois dias depois, o Moraes entra na minha sala com um telex na mão.

– Wellington, lê isso!

Era um comunicado do Justin, dizendo que a campanha estava aprovada, que a verba era X e que eles estavam me nomeando como diretor de Criação da Pan Am.

Ou seja, eles tinham destituído o Alcides do cargo de diretor de Criação da conta, me colocando no seu lugar.

– Nossa, alguém vai ficar muito puto!
– Bom, depois daquele fiasco, ele não pode falar nada.

Para encurtar a história, isso realmente provocou uma reação muito ruim por parte do Alcides, que começou a fazer da minha vida um pequeno inferno ali na agência.

Finalizei os dois filmes da campanha, que rodamos em Nova York. Um deles contava com a participação da maravilhosa Marcia Haydée, então primeira bailarina do Stuttgart Ballet, e o outro foi protagonizado pelo então CFO da HStern, o senhor Rudi Herz. No comercial, ele participava de um leilão na Christie's, onde arrematava um diamante (de verdade) do tamanho de um ovo caipira.

Em razão da minha nova função relativa à conta da Pan Am, tive que viajar diversas vezes para Nova York nos meses seguintes.

A empresa me concedeu um passe, que internamente chamavam de S1, que me permitia embarcar em qualquer avião da Pan Am, em qualquer lugar do mundo, e ocupar o assento mais *top* que estivesse disponível. Somente passes P1, P2 e P3, reservados para o presidente mundial e os presidentes de outros países, é que teriam prioridade sobre o meu, portanto passei a viajar em grande estilo dali em diante. Bem diferente do Ameripass da Greyhound, de sete anos atrás...

Com toda a agitação pela qual eu estava passando, acabou não havendo muitas oportunidades para confrontos com o Alcides Fidalgo, e achei que as coisas tinham se acalmado entre nós.

Só que não.

Um belo dia, o Macedo me chama à sala dele:

– Wellington, o que está acontecendo entre você e o Alcides?

– Por que você está perguntando?

– Ele me deu um ultimato, disse que eu teria que escolher entre você e ele.

– Só pode ser por causa da Pan Am.

Para minha surpresa, o Macedo não tinha a menor ideia do que tinha se passado com a conta, o vexame da apresentação, o pedido do cliente para que eu assumisse. Enfim, me vi na obrigação de contar tudo. Ele ficou meio sem saber o que fazer, político que era, e, como eu já estava atrasado para uma apresentação, sugeri, antes de qualquer coisa, que ele falasse com o Moraes e ouvisse a versão dele a respeito de tudo aquilo. Voltaríamos a conversar no dia seguinte.

Naquele mesmo dia, como mais uma pecinha-surpresa lançada pelo Universo sobre o meu tabuleiro, recebi uma ligação da Magy Imoberdorf, então diretora de Criação da Lage, Stabel & Guerreiro. A Magy já era uma grande amiga, à época casada com o meu amigo e mentor Cláudio Meyer. Éramos tão próximos que havia até um quarto reservado para mim na casa deles, com uma plaquinha à porta onde se lia "La Chambre du Well".

Ela estava entupida de trabalho, muitos filmes para produzir, e queria saber se eu poderia indicar alguém para conduzir aqueles jobs. Alguns dias antes, eu tinha recebido a notícia de que o Julio Ribeiro havia se desligado da MPM Casabranca e montado sua própria agência, a Talent.

– Hummm...

À noite, minha esposa e eu discutimos longa e seriamente sobre a possibilidade de voltarmos para São Paulo.

A Tais nunca morreu de amores pelo Rio. Não tinha se adaptado bem à cidade, se sentia meio solitária e tinha sido vítima de um assalto. Enfim, não tinha nenhuma dúvida, estava pronta para fazer as malas.

Liguei para a Magy.

– Ok, Magy... Eu vou fazer os seus filmes. Preciso só de alguns dias.

No dia seguinte, tão logo o Macedo chegou à MPM, fui falar com ele.

– Tomei uma decisão que vai facilitar a sua vida: vou voltar pra São Paulo.

– Certeza? Eu falei com o Moraes... Você não quer tentar?

– Obrigado, mas não. E, na verdade, acho que a minha missão aqui está cumprida; sinceramente, acho que vocês precisam mais do Alcides do que de mim. Só não põe ele na conta da Pan Am, não vai dar certo.

Conversamos mais um pouco, agradecimentos mútuos, eu iria finalizar o que ainda estava em andamento e vamos que vamos. O show não podia parar.

Fiquei surpreso comigo mesmo, pela absoluta ausência de mágoa ou arrependimento.

Apesar da guinada repentina após exatos doze meses da minha chegada ao Rio de Janeiro, nem mesmo os transtornos da venda do apartamento e da nova mudança, de volta para São Paulo, me causaram espécie.

Não enxerguei mais esse episódio como um problema; pelo contrário, sempre fui daqueles que, ao ganharem um punhado de bosta de presente, saem correndo procurando: "Cadê o meu pônei, cadê o meu pônei?".

3.12
Despedida em grande estilo

À s vezes a bússola da vida nos aponta uma direção, mas acabamos rumando em outra. Uma espécie de declinação magnética do nosso inconsciente que talvez sirva para corrigir as rotas que vamos desbravando ao longo do percurso. Graças aos bons ventos do universo, essas desviadas de rota quase sempre me levaram a um lugar melhor do que o planejado.

Meus planos eram tirar umas férias, pois já estava trabalhando ininterruptamente havia um ano. Eu precisava de um período de descanso, antes de voltar a pôr a mão na massa, principalmente porque os últimos tempos no Rio haviam sido muito estressantes. Mas, como eu havia assumido um compromisso com a Magy, não consegui aquele almejado intervalo para descanso. E, já que eu tinha resolvido sair na chuva, decidi me molhar de vez.

Pouco tempo antes tinha havido um desentendimento entre o Julio Ribeiro e alguns sócios da MPM Casabranca, e ele acabou se afastando para montar a Talent. O "coronel" confessa ter sido um erro ter deixado o Julio ir embora, e a prova disso era o sucesso de sua nova agência.

O Armando também acabou saindo mais ou menos na mesma época, para se dedicar exclusivamente à Avant Garde.

Liguei para o Julio e me ofereci para produzir e dirigir os filmes de sua nova agência, o que foi prontamente aceito. Acabei fazendo o primeiríssimo filme da Talent, aliás um lindo e gracioso comercial para sandálias Melissinha, apoiado por uma magistral trilha arranjada pelo maestro Ciro Pereira, que mostrava cenas de crianças em diversos países do mundo usando o produto em situações muito fofas e divertidas.

Naquele momento eu percebi que tinha uma enorme possibilidade nas mãos, dois grandes clientes, com quem eu tinha um excelente relacionamento, e que não tinham um departamento de RTV. Humm... Um possível business!

No caso do Julio, eu já tinha me provado na MPM Casabranca, dispensava qualquer apresentação. A Magy e eu também nos conhecíamos muito bem, e já tínhamos construído uma relação mútua de respeito, ela acompanhava o meu trabalho por meio do Cláudio.

Só para se ter uma ideia do grau de confiança, depois de alguns anos ela me chamou para fazer um comercial para uma linha de livros de banca de jornal, uma série chamada *Sabrina*, *Julia* e *Bianca*. Uma série de novelinhas, de curtíssima leitura, bem água com açúcar.

A ideia era fazer um "trailer" que resumisse uma das típicas histórias românticas dos livros. Para me familiarizar com o produto, comprei um exemplar de cada um deles, e, por coincidência, das três histórias, duas se passavam na Grécia e abordavam um romance entre um magnata e uma moça pobre. Achei que seria um caminho adotar aquela temática e fiz uma proposta de roteiro e seu respectivo orçamento, que estava dentro da verba do cliente. Só que aí eu sugeri:

– Magy, vamos filmar na Grécia! Vamos pro pau! Se você me der essa liberdade, se confiar em mim, esquece esse roteiro. Eu vou pra lá e trago um puta filme pelo mesmo preço!

Claro que ela adorou a ideia, e o cliente mais ainda.

Fomos só o Aldana (meu antigo parceiro de Ultima e então meu sócio na 5.6) e eu. Fizemos um casting em Atenas, e por uma feliz coincidência encontrei uma brasileira perfeita para o papel da "Cinderela", a Elzinha Barroso, que veio a se tornar uma grande fotógrafa de moda. Para o papel do galã, contratei um ator e modelo americano do tipo Robert Redford, chamado Bo Fellows, que na época estava trabalhando em Milão.

Além de Atenas e de seus magníficos monumentos, filmamos em maravilhosas ilhas, como Santorini e Mykonos. E íamos captando tudo o que era possível, o que ia aparecendo e sendo autorizado: helicópteros, iates imensos, carros de polícia... No final, conseguimos um material extremamente rico, e o resultado superou até as minhas próprias expectativas. O filme foi aprovado sem retoques pela agência e pelo cliente. Ficou tão bom que as vendas mais que duplicaram nas bancas tão logo ele foi ao ar.

O problema foi que, na semana seguinte, as vendas despencaram a níveis abaixo do que estavam antes de o comercial ser veiculado. Conclusão das pesquisas: o famoso "overpromise" – o trailer era muito melhor que o filme! Como diz o José Eustachio, "nada melhor para enterrar um produto ruim do que uma campanha boa". Em outras palavras, o Lair Ribeiro também endossa a premissa: "Nada pior do que uma má ideia bem implementada"...

De qualquer forma, esse era o nível de confiança e liberdade entre a Magy e eu.

Quanto ao Julio, eu também o respeitava e gostava demais de trabalhar com ele. Nosso convívio na MPM não era tão próximo quanto o que tínhamos Sérgio, Armando e eu, mas eu considerava nosso relacionamento muito bom, ele era bem respeitoso, sempre muito calmo e fácil de lidar.

Todo mundo que o conhecia sabia das suas manias, do seu jeito, e o respeitava pela sua estupenda capacidade de visualizar, de ver lá na frente e de planejar – sua grande área de domínio. Mas o Julio tinha algumas características muito divertidas. Não era fácil vê-lo sorrindo, ele tinha uma postura meio "Buster Keaton" (aliás, me ocorre que há uma leve semelhança física entre eles também), criando humor em situações supostamente sérias.

Uma de suas características era que ele quase nunca olhava diretamente nos olhos de seu interlocutor. Ele falava com a pessoa olhando no nó de sua gravata, no primeiro botão de sua camisa, no pingente da correntinha...

Outra característica do Julio era que ele começava falando num nível de som e, aos poucos, ia abaixando gradativamente o volume, até um ponto em que quase não dava mais para ouvi-lo, o que forçava sua audiência a prestar muita atenção na sua fala. Boa técnica para garantir foco total no que estava sendo dito.

Certa vez, estávamos em uma reunião na Phebo, em uma apresentação para o gerente de Marketing Disney Criscione e sua equipe.

O Julio falava para a pequena plateia, ao mesmo tempo fazia anotações com um canetão na lousa branca. Só que, quando a lousa acabou, o Julio não parou... e detonou a parede da sala de reunião com o canetão, sem que nenhum dos presentes ousasse interrompê-lo.

Em outro momento, estávamos em uma apresentação, dessa vez em uma das salas de reunião da MPM. O Julio, com as pernas cruzadas, girava discretamente sua cadeira de um lado para o outro, olhando para o centro da mesa, enquanto falava para todos no seu habitual jeito manso, quase sussurrado. De repente, a tela retrátil de projeção foi acionada, provocando um leve *bzzzzz*. Irritado com a interrupção, ele olhou bravo em direção à cabine, onde era possível ver o projecionista, o Ricardo Galera, através do visor.

Ele retomou sua preleção e, dali a pouco, novamente a tela e *bzzzz...*, provocando novo olhar fulminante para o Galera. E assim foi por mais uma ou duas vezes, até que uma voz um tanto trêmula emanou dos alto-falantes da sala:

– Seu Julio! O senhor está batendo no botão da tela com o seu joelho...

Enfim, havia na minha frente uma oportunidade real de atender esses dois grandes profissionais, indo além da minha atuação como produtor e diretor. Eu poderia me valer da minha preciosa experiência acumulada na Ultima e na MPM para cuidar de toda a burocracia interna das duas agências.

Conversei com ambos e propus montar uma estrutura terceirizada que atendesse a todas as demandas de uma agência relacionadas a um departamento de RTV. E, graças ao grau de confiança que havia entre nós, e somando-se o fato de que não havia contas conflitantes entre as duas agências, nasceu a Glow: o primeiro (e acredito que o único) departamento de RTV terceirizado do Brasil.

Quem fez o logo da Glow foi Rudy Bohn, grande profissional das animações gráficas e o então "materializador" das ideias de Hans Donner na Globo.

Tão logo me instalei em São Paulo, em um apartamento alugado na Avenida Portugal, no Brooklin, aluguei também um escritório para a Glow, na Rua Jerônimo da Veiga, no Itaim Bibi, vizinho do tradicional restaurante francês La Cocagne.

Menciono esse fato por causa de algumas coincidências. A primeira era que o La Cocagne sempre foi um dos restaurantes preferidos do Julio (e da diretoria da MPM). Tive a oportunidade de acompanhá-los diversas vezes em almoços nesse restaurante, quando ele ainda se localizava na Amaral Gurgel, bem próximo à agência. A segunda coincidência é que, anos mais tarde, o La Cocagne mudou-se para a Jerônimo da Veiga, na esquina diametralmente oposta ao prédio da Talent. Daí a razão de o Julio ter mantido lá mesa e cadeira cativas por muitos e muitos anos. Ele se recusava a sentar em outro lugar. Portanto, aquela mesa era permanentemente bloqueada para ele. A terceira coincidência é que, trinta anos depois, eu viria a ser o proprietário do La Cocagne, cujo fogão ainda era pilotado pelo mesmo *chef*, desde sempre.

Lembro-me de que uma vez o Percival Caropreso me deu o prazer de recebê-lo no restaurante, e, nessa oportunidade, me descreveu uma memória olfato-gustativa afetiva que tinha em relação ao La Cocagne: um prato, envolvendo ovos, que havia experimentado quando adolescente. Fui à cozinha e perguntei ao *chef* se ele saberia fazer o tal prato.

– Claro, é criação minha!

Qual não foi a surpresa do Perci ao ver colocado, à sua frente, aquele mesmo prato que ele havia degustado décadas atrás.

Voltando a 1981, montei o escritório da Glow, contratei uma equipe e iniciamos nossas atividades como RTV das duas agências, enquanto, paralelamente, eu atuava no mercado dirigindo como freelancer para outras.

Novamente estava eu fazendo planos e criando estruturas... Apontando a minha bússola para um rumo, enquanto o universo tramava um desvio de rota iminente.

3.13
Erros irreversíveis

No começo dos anos 1980 fazia sucesso no Brasil a série de TV *Dallas*, que contava a saga da família Ewing, magnatas do petróleo. Uma das protagonistas dessa série era Victoria Principal, e no início de 1982 ela foi contratada pela Talent para fazer uma campanha de uma nova linha de sandálias da Grendene.

Cheguei com alguma antecedência a Los Angeles para a pré-produção, e ficamos aguardando a chegada do Julio Ribeiro para a assinatura do contrato e o pagamento da famosa atriz.

Acontece que ele desembarcou com uma ideia muito preconcebida com relação ao estilo de fotografia: ele fazia questão de uma luz suave, uma imagem bem difusa, como se usava nos *closes* de atrizes nos grandes clássicos. Só que a produção tinha sido inteiramente direcionada para obter o efeito oposto. A locação aprovada era um píer na Marina Del Rey, ladeado por uma sequência de lojinhas, todas com cores muito fortes, as roupas de Victoria tinham listras de cores vibrantes, um visual bem gráfico, no melhor estilo Guy Bourdin – e aquilo não combinava nada com as imagens suaves que Julio queria, muito mais Sarah Moon.

Uma década depois, teria sido possível rodar o filme sem nenhum filtro, para aplicá-lo posteriormente na telecinagem ou na pós-produção, mas na época não havia esses recursos, portanto o filtro teria que ser usado diretamente na lente, sem chance para arrependimentos.

– Julio, não vai ficar bom! Não tem nada a ver... A roupa, a sandália, a locação não têm nada a ver!

– Mas eu gosto, e o cliente quer – argumentou ele, olhando para o primeiro botão da minha camisa.

– Mas, Julio, não vai ficar bom... A gente deveria repensar essa locação e o figurino, então.

Mas não tínhamos prazo para mudanças, ele insistiu e fui voto vencido.

Foi uma filmagem bastante rápida, o roteiro pedia apenas um casal caminhando e conversando ao longo do píer. Poderia até ter feito em um plano-sequência, sem cortes, mas acabei optando por decupá-lo em quatro ou cinco planos distintos, para poder explorar melhor o conhecido rosto da famosa atriz.

Tanto a Victoria quanto o ator que contratamos eram muito profissionais. Era impressionante a noção de continuidade de ambos, como repetiam a cena sempre do mesmo jeito, no mesmo timing – era o sonho de todo montador e continuísta!

Depois de meia dúzia de takes, eu quis partir para uma nova posição de câmera, e o fotógrafo, que também estava muito incomodado e inconformado com o uso do filtro *soft*, fez uma feliz e brilhante sugestão:

– Wellington, está tudo indo bem, bastante rápido. Topa rodar pelo menos um take de cada cena sem o filtro?

– Boa ideia, vamos nessa!

Ninguém, salvo o assistente de câmera e o próprio fotógrafo que tinha tido a iniciativa, ficou sabendo dessa manobra.

Como os atores e o pessoal da maquinaria já estavam mais que ensaiados, repetimos a cena por mais duas vezes, e assim procedemos com os demais planos até a conclusão da diária, quando o material foi enviado para o laboratório.

Em pouco mais de duas horas estava tudo "na lata", jargão do nosso meio que aludia ao fato de o negativo exposto estar de volta à sua embalagem original, pronto para ser revelado. Ou seja, todo o material necessário tinha sido rodado, filmagem concluída.

No dia seguinte, era a vez de rodar o segundo filme da campanha, desta vez em uma grandiosa mansão em Beverly Hills, bem ao estilo *Dallas*.

Sentada em um sofá superconfortável, em uma magnífica e suntuosa sala, a Victoria daria um depoimento para a câmera, apresentando os novos produtos da linha da Grendene. Era uma situação bem diferente da anterior: o background já era em si bem suave, entonado com brancos e pérola, assim como o terninho que ela estava usando. Ou seja, a tal suavidade que o Julio queria era apropriada e fazia sentido.

Não me recordo bem por que razão, mas eu estava um pouco nervoso naquele dia. A Victoria percebeu a minha inquietação e tentou se solidarizar comigo, confidenciando que também estava mal, pois tinha acabado de romper seu relacionamento com Andy Gibb, até me fez uma massagem nos ombros... o que ajudou, mas não resolveu totalmente a minha situação. Além disso, ela estava dando um pouco de trabalho, não queria segurar o produto na mão; queria simplesmente apontá-lo sobre a mesa de centro. Enfim, eu estava às voltas com essa situação quando o Julio chegou à locação e me chamou de lado.

– Wellington, não quero passar de novo pela discussão de ontem quanto ao estilo de fotografia do filme, espero que você já tenha entendido.

– Sim, Julio, fique tranquilo, quanto a *este* filme não há o que discutir.

Sentindo um tom dissonante em minha resposta, ele perguntou:

– O que você quer dizer com isso?

– Que quanto ao filme de hoje, sem problemas, mas, quanto ao de ontem, acho que você vai se arrepender de não ter me ouvido...

O Julio ficou bem ressabiado com aquela conversa e continuou argumentando que estava ali como representante da Grendene, que ele sabia qual era a expectativa do cliente, que eu não tinha o direito de ir contra a vontade dele etc. A conversa foi curta e no habitual baixo volume adotado por ele, mas gerou uma certa inquietação na equipe, que aguardava meu retorno ao set.

De longe, eu podia ver o Phydias Barbosa e o Roberto Baker, produtores que eu havia contratado para esse projeto, olhando para mim, de soslaio, preocupados com o que estava acontecendo.

Mas logo voltei para o set, e iniciamos as filmagens. Consegui convencer a Victoria a segurar o produto, embora não sem um preço: só para me provocar, mesmo com a câmera rodando, vez ou outra ela dava uma cheiradinha na sandália e enrugava seu narizinho perfeito, como que reagindo a um mau cheiro... Aí me olhava bem nos olhos com um velado risinho maroto. Bandida!

No final tudo correu bem. Em poucas horas, gritei o tradicional "Wrap!", que costumava encerrar minhas filmagens, sempre seguido por uma salva de palmas da equipe.

Em seguida, deu-se início a uma sessão de fotos para serem usadas na campanha impressa. O Julio e eu brifamos o fotógrafo que havíamos contratado e o deixamos no local, clicando a Victoria com os produtos na mão, depois fomos para o laboratório assistir ao material rodado no dia anterior.

Claro que alguma ansiedade pairava sobre nós dois enquanto aguardávamos o início da projeção. Logo na primeira cena projetada na tela, o Julio se afundou na poltrona.

– Nossa... Não ficou legal isso aí.

– Pois é...

– Mas até parece que está mal fotografado!

– E está! Porque cores vibrantes não combinam com esse filtro *soft*.

– Precisamos refilmar... Vai ser um problema, eu sei que a Victoria está sem agenda, mas eu não posso deixar isso assim!

– Bom, Julio. Eu tenho uma boa notícia para você. Não precisa refilmar... Nós rodamos pelo menos dois takes de cada plano sem o filtro, acho que temos o material.

Aí, num timing quase perfeito, apareceu na tela a primeira cena filmada sem o filtro. As imagens estavam lindas, brilhantes, com um colorido denso, maravilhosas. Mas eu me importava mais com a reação do Julio do que com o resultado fotográfico da cena.

Nesse momento, eu me lembrei de ter passado por situação semelhante, no início da minha carreira, no episódio com o Fred Charrow, assistindo ao copião do comercial de margarina Becel.

Senti que um peso enorme saiu das costas do Julio. Ele pôs a mão no meu ombro, olhou para o botão da minha camisa e desabafou:

– Você tinha razão, me desculpe...

– Tudo certo, Julio. Tudo certo.

O contrato com a Victoria Principal dava a ela a prerrogativa de fazer a primeira seleção das fotos que poderiam ser usadas na campanha. Mas, em função de sua agenda, essa seleção só poderia ser feita dali a alguns dias. Por isso o Julio escolheu aleatoriamente alguns dos slides e os levou para São Paulo, de forma que o diretor de arte pudesse ir adiantando os trabalhos, já que o prazo estava muito apertado. Depois a foto seria substituída por uma das aprovadas pela Victoria.

Dias depois fui à casa dela e saí de lá com umas vinte fotos aprovadas. Embarquei de volta para o Brasil naquela mesma noite, tomando o cuidado de levar os slides em mãos.

Em pleno voo, acordei com um sobressalto. Não me recordava de ter acomodado a bolsa com as fotos no compartimento de bagagem! Minha pressão foi a zero. Assustado, revirei o bagageiro acima de mim e os mais próximos, mas não encontrei nada. Uma aeromoça, sentindo meu desespero, ajudou a procurar em outros mais distantes, igualmente sem êxito.

Tentando reconstituir meus passos antes do embarque, eu me lembrei: tinha ido ao banheiro da sala VIP no aeroporto e pendurei a bolsa no gancho fixado na porta. E lá ela ficou.

Tentei convencer a aeromoça a falar com o comandante, de repente ele poderia passar um rádio, tentar alguma coisa. Mas já estávamos longe demais, não havia nada que fosse possível fazer a bordo, teria que esperar o pouso em Guarulhos, o que estava previsto para as 5 da manhã. Em Los Angeles seria meia-noite... Eu teria que esperar até depois do almoço para conseguir alguma coisa. Noite de cão!

Ao desembarcar, fui direto para a produtora, que àquela hora estava ainda completamente deserta. Ao mesmo tempo, agitado e sem esperança, fui para a minha sala, encostei a minha bagagem ali em um canto. Sem coordenar muito os meus pensamentos, vi que em cima da minha mesa havia um envelope da Talent. Eu não imaginava o que seria, mas, quando o abri, eram prints dos anúncios da Grendene.

Então, já estava tudo lá, lindo, impresso, a atriz maravilhosa com o produto, tudo certo...

Eles tinham considerado como definitivos os slides que o Julio tinha escolhido sem nenhum critério. Eu mal podia acreditar, foi aquele *aaah* de alívio! Saiu uma tonelada das minhas costas: os slides esquecidos não seriam mais necessários.

Ainda bem, porque, apesar de intensas tentativas, nunca consegui recuperá-los.

3.14
A ilha da fantasia

Hoje, olhando para trás, sei que qualquer um que se dê ao trabalho de analisar a própria estrada poderá enxergar que a vida é como uma escada. De alguma forma, seja como profissionais, seja como seres humanos, estamos sempre buscando crescer, mesmo que as aparências mostrem qualquer coisa diferente disso. A expansão é o padrão do universo.

Mas no meio de uma escada normalmente há patamares, intervalos em que encontramos um pouco de estabilidade para podermos com mais segurança olhar para baixo e para o alto, analisar nossas origens e tentar projetar nosso futuro, ponderar sobre o que queremos da vida. Talvez seja neles que consigamos absorver as lições mais difíceis, portanto mais enriquecedoras, onde tenhamos o tempo e a falta de pressão para exercitar mais profundamente a paciência, prudência, humildade, virtudes que nem sempre temos a oportunidade de praticar ao longo da escalada.

E é nos patamares que ganhamos fôlego para o próximo desafio.

A Glow tinha sido um desses patamares. Um novo desafio viria em seguida, e se materializou em um telefonema que recebi do Alex Periscinoto.

O Julinho Xavier tinha saído da Alcântara Machado já havia algum tempo, e eles estavam procurando alguém para assumir, à altura, o seu posto. Uma tentativa já tinha sido implementada nesse sentido, sem sucesso.

Aquele telefonema foi mais um sinal do universo, que me apresentava uma nova possibilidade de sair do patamar em que me encontrava naquele momento. Eu não costumo discutir com o universo, por isso resolvi ouvir o que o Alex tinha a dizer, embora para mim fosse bastante desafiador assumir o lugar que tinha sido conduzido com tanto brilhantismo por alguém que era uma inspiração para toda uma geração de diretores.

Fui à Almap conversar com o Alex. Fiz as minhas exigências, inclusive a de ter o status de diretor associado de Criação, como ocorreu na MPM Rio.

O diretor de Criação da agência era o Sérgio "Arapa" de Andrade, criador do inesquecível "Teobaldo, o Boko-Moko", do guaraná Antarctica. Ao contrário do que aconteceu no Rio, minha relação com ele foi tangencial, mas muito cordial e colaborativa.

Esgotados os pormenores do trabalho em si, chegou o momento de discutirmos o meu salário. Eu tinha passado um período de quatro anos na MPM, onde eu ganhava muito bem, especialmente para alguém da minha idade (eu tinha 28 anos quando se deu essa entrevista), portanto temia que a oferta que ele me faria fosse muito aquém das minhas pretensões. Mas não esperava o que aconteceu em seguida. Ele pegou uma folha de um bloco de anotações, dobrou-a ao meio e a empurrou na minha direção.

– Escreva aí o valor que você tem na cabeça.

Aquilo realmente me pegou no contrapé. Pensei que devia ter alguma pegadinha ali, e, intuindo que qualquer que fosse o valor que eu colocasse seria passível de uma dura negociação, chutei bem alto, quase o dobro do meu recente salário na MPM.

Dobrei o papel de novo, escorreguei-o pela mesa na direção do meu iminente patrão, mas, para minha surpresa, ele nem o tocou. Pegou o telefone e chamou à sua sala o então diretor financeiro da agência, o Nelson Ortega.

Ainda sem saber o que eu tinha escrito nele, o Alex entregou o papel dobrado ao Nelson.

– O Wellington é o nosso novo diretor de RTV e diretor associado de Criação, e o salário dele é esse aí.

O Nelson pega o papel, com um sorriso, faz um leve aceno com a cabeça para mim e se retira. Finalmente lê o valor que está escrito.

Ele para por um segundo sob o batente da porta e volta-se para o Alex.
— Tem certeza?
— Claro! Foi o que acabamos de acertar.

E foi assim que eu acertei o meu salário na Alcântara Machado.

Quando, décadas depois, o Alex infelizmente nos deixou, narrei, em sua homenagem, esse episódio da minha contratação no Facebook, e fui presenteado com um inesperado e gentil comentário do próprio Julinho Xavier: "Wellington, obrigado pelas lindas palavras! Conhecendo seu talento, acho que vc pediu pouco. Mesmo sem eu saber a quantia. Abração".

Eu não tinha noção de que a admiração era recíproca, e me senti extremamente agradecido e lisonjeado pelo elogio público que ele tão generosamente me fez.

Eu já respeitava demais o Alex como profissional, afinal tinha sido ele quem trouxera para o Brasil o conceito da dupla de Criação, inspirado no modelo da Doyle Dane Bernbach — DDB, onde estagiou quando ainda estava a serviço do Mappin. A primeira dupla formada no país foi composta pelo Hans Dammann e meu querido Armando Mihanovich.

Mas, naquele momento em que ele fechou comigo, a minha admiração foi potencializada ao máximo. Aquela foi uma postura que mostrou o tamanho dele, uma atitude digna e grandiosa, de um homem que demonstrou um monte de predicados numa única tacada: poder, decisão, confiança. E eu sabia que, em algum momento, teria a oportunidade de retribuir esse gesto tão significativo para mim.

Esse momento chegou pouco tempo depois, quando recebi o recado de que o Justin, meu antigo cliente da Pan Am, queria falar comigo. Liguei para ele em Nova York e fiquei sabendo que estava insatisfeito com o trabalho da MPM e procurava uma alternativa. Expliquei a ele que estava em uma das maiores agências brasileiras e que ficaria muito feliz em continuar atendendo a conta da Pan Am, mas, claro, teria que consultar meu chefe, porque havia a possibilidade de conflito com um dos clientes da agência.

— Alex, acho que consigo trazer uma conta boa pra Almap.
— Sério?
— Acredito que sim, mas talvez haja algum conflito...

– Com qual cliente?
– Vasp.

O Alex me olhou com um ar curioso, tentando adivinhar qual seria a conta.

– Se for empresa internacional, tudo certo, conflito nenhum!
– Ótimo, estou falando da Pan Am.
– Uau!
– Posso usar seu telefone pra ligar pra Nova York?

O Alex acompanhou com visível interesse o meu lado da conversa, e, depois de algumas explanações, eu disse ao Justin que iria passar o telefone para o dono da agência.

Surpreso, o Alex atendeu, conversou com o Justin por alguns minutos e, ao final da ligação, a Almap tinha conquistado a conta da maior empresa aérea do mundo. Foi uma sensação incrível de validação, de que meu trabalho com a Pan Am na MPM tinha de fato sido apreciado e respeitado, e um tapinha com luva de pelica naqueles poucos do Rio que me criaram tantas dificuldades, apesar das minhas melhores intenções.

Foi também a minha maneira de agradecer ao Alex pela extrema confiança que havia depositado em mim, uma pessoa tão importante na minha vida que nada que eu coloque no papel fará justiça a esse grande ser humano. Foi um relacionamento que começou realmente com os dois pés direitos. Mas a verdade é que não se consegue andar, de forma equilibrada, com dois pés direitos.

Em pouco tempo eu percebi que estava me tornando um executivo ali na Almap.

Estava indo tudo muito bem, o departamento estava bem azeitado. O Julinho tinha formado uma tropa de elite no RTV e a equipe era realmente sensacional, não foi necessária uma adição ou substituição sequer. Tive a grata oportunidade de conhecer ali pessoas do calibre do Dudu Portes, chefe da área de som do departamento, na minha opinião o maior baterista brasileiro, e produtores altamente capacitados que me acompanhariam por décadas na minha trajetória profissional, a exemplo da Claudete Mumme e da Licia Contoli.

Mas eu estava sentindo falta de pôr a mão na massa, de dirigir, de criar. Estava mesmo virando um burocrata ali, e aquilo não estava me fazendo muito bem.

Ao contrário do que acontecia na MPM, onde até os clientes eram de certa forma criativos e davam liberdade para a agência "viajar", na Alcântara a coisa era bem mais engessada, a criatividade acabava sendo cerceada; eram poucos os bons roteiros que sobreviviam a todo o processo burocrático das aprovações em muitas instâncias, e era doloroso ver alguns deles, que eu considerava promissores, irem parar nas mãos de outro diretor. Mas era impossível eu assumir um job que me tirasse ou desviasse de minhas obrigações internas.

Um dia o Alex me chamou na sua sala para explicar que estávamos na iminência de perder a conta da Rhodia. Eles estavam muito insatisfeitos com a performance da Almap e iriam abrir uma concorrência para escolher uma nova agência.

– Wellington, nós temos dois filmes pra fazer pra eles... É a nossa chance de segurar a conta! Eles têm que ficar excelentes, temos que realmente surpreender. Me ajuda aí, o que podemos fazer?

– Alex, eu daria os filmes pro Dodi. Se tem alguém que pode surpreender o cliente, essa pessoa é ele.

O Dorian "Dodi" Taterka, a quem o Ronaldo Moreira sempre chamava de "Dorian Grey", era de fato o diretor mais *hype* do momento, o mais ousado, cujos trabalhos se destacavam perante o público e o próprio mercado, merecidamente.

– Ok, vai na sua, confio no seu taco.

Falei com o Dodi, e, dos dois filmes, ele só se interessou por um.

O roteiro era assim: um sultão estava entediado, insatisfeito com o ambiente insosso do salão de seu palácio. Ele pega uma lâmpada mágica, esfrega-a, e com todos aqueles efeitos de fumaça surge um gênio para quem ele conta seu problema. O gênio, num estalar de dedos, com muitas luzes, estrelinhas e pirlimpimpins, resolve o problema de seu amo, fazendo surgir magicamente um carpete com fios Rhodia no salão. Ponto-final.

Depois de alguns dias recebi o orçamento astronômico da TVC, e com muito custo conseguimos aprovar a verba com o cliente, sem concorrência. Dei o sinal verde pro Dodi.

Eu já sabia que ele não gosta e não permite que a agência fique acompanhando a pré-produção muito de perto; aliás, ele não permite que representantes da agência ou mesmo do cliente estejam presentes na filmagem.

Lembro-me de um episódio que aconteceu com a Magy; o produto era um cigarro, não me lembro qual era o fabricante. A ação se passava num barco a vela. Como a Magy queria acompanhar os trabalhos, três barcos zarparam da marina no dia marcado para a filmagem: o que era objeto de cena, o de apoio, com a equipe e equipamento, e o que transportava o pessoal da agência e do cliente. Ao se aproximarem do local escolhido, o barco onde estava a Magy começou a se afastar dos outros dois. Percebendo isso, a Magy reclamou com o marinheiro, que simplesmente respondeu:

– O seu Dodi disse que era pra eu manter o barco bem longe.

Claro que a Magy ficou puta da vida, e o cliente, mais ainda. Sem alternativa, pediram que os levassem de volta para a terra.

Nunca vi o filme pronto, mas, pelo que soube, de fonte segura, o resultado não se aproximava em nada das expectativas, e a agência acabou perdendo a conta.

Eu não queria que isso acontecesse nesse caso, seria jogar gasolina numa fogueira já acesa. Por isso mantive distância e deixei que o Dodi trabalhasse tranquilo.

Uns dez dias depois da aprovação do job, liguei pra ele pra saber do cronograma de filmagem.

– Wellington, estou com uma ideia aqui, queria ver o que você acha!

Fui imediatamente para a TVC para ouvir a tal ideia, embora já um tanto preocupado, porque não era hora de estarmos ainda pensando na criação, já devíamos estar filmando!

– Well, todo mundo que faz filme de gênio da lâmpada vem com aquele monte de efeito, luzinha pra todo lado, fogos de artifício, toda aquela coisa mágica... E se a gente fosse pelo caminho oposto?

– Como assim?

– Imagina... O sultão esfrega a lâmpada e em seguida ouve uma batida na porta. Ele manda entrar, e quem entra é o gênio: "Com licença!".

– Realmente... Uma super-reversão de expectativa!

– E aí, quando o gênio atende ao pedido do sultão, ele bate uma palminha e, em vez daquela pirotecnia toda, dois caras entram pela mesma porta carregando o tapete.

– Genial!

De fato, eu achei a proposta interessante – no mínimo, surpreendente. Só que eu queria ter a aprovação do cliente antes de seguir por aquele caminho, não queria que a surpresa fosse tão grande assim.

Consegui aprovar essa nova leitura, o cliente achou muito divertida aquela abordagem, o que deve ter acrescentado alguns pontos positivos para a agência no seu conceito. Avisei o Dodi para ir em frente com aquela ideia e fiquei no aguardo da filmagem.

Alguns dias antes da data marcada, o Dodi me liga dizendo que iria adiar a filmagem porque queria construir uma fonte dentro do salão. Dias depois, me liga dizendo que iria adiar a filmagem porque iria colocar umas dançarinas do ventre na parada. Tudo isso com custos adicionais, que convenci o Alex a absorver pela agência.

Finalmente, o filme foi rodado e editado, mas o Dodi não me permitiu acompanhar nem a filmagem nem a edição. Uma hora antes da apresentação ao cliente, implorei para que ele me mostrasse alguma coisa.

– Well, estamos só finalizando uns detalhes, daqui a pouquinho eu mostro pra você.

Claro que o cliente e o Alex chegaram, e eu não tinha visto absolutamente nada.

Eu me resignei, e, quando o Dodi finalmente nos chamou para a sala da moviola, fomos todos nós para ver o resultado.

Começou a projeção.

Nunca vi tantos fogos de artifício, estrelinhas, faíscas, fumaça e tudo o mais num efeito de gênio da garrafa. O mesmo com relação à aparição do carpete do salão. Ao contrário do que eu havia conseguido convencer o cliente a aceitar, aquilo tudo parecia uma festa de ano-novo chinês. Em nenhuma cena apareciam a tal fonte ou as dançarinas.

Fiquei passado.

Mas, por motivos que até hoje não entendo, o cliente gostou, achou bom, parecia até que ele tinha deletado da memória aquela mudança de curso que havíamos combinado poucas semanas antes.

No fim, ficou tudo bem. Eu, a pedido do Alex, acabei dirigindo o segundo filme da campanha pelo qual o Dodi não se interessou, o cliente ficou muito satisfeito com tudo, e a conta permaneceu na Almap, todo mundo achando o Dodi um gênio.

No entanto, esse episódio foi uma das poucas grandes emoções que eu tive na Almap (além de uma invasão-surpresa do Bernie Ecclestone em uma reunião que estávamos tendo com a Volkswagen). No mais, quase tudo era muito morno, normal, *by the book*.

Em nome da excelente relação que nós tínhamos, eu não podia deixar de expor isso para o Alex. E um dia, numa reunião em sua sala, eu desabafei:

– Olha, Alex, eu queria que você soubesse que eu não estou assim muito feliz com a minha situação aqui. Eu achei que ia ter condições de dirigir mais, de participar mais da criação...

– Mas você não consegue fazer isso?

– Não tem como, não dá pra deixar o departamento à deriva. Além disso, tem a questão do resultado geral, a gente não consegue montar um repertório criativo, surpreendente.

– O que você acha que está acontecendo? Deve ter algum jeito de consertarmos as coisas.

– Alex, desculpa... Não vejo conserto. O jeito, a estrutura que tem aqui... Falta agilidade, falta soltura, falta tesão nesta agência, tudo é muito papai e mamãe, muito burocrático!

– Mas me diz o que poderíamos fazer para mudar essa situação e deixar você feliz!

Eu até dei uma risadinha antes de responder:

– Alex... Precisaria de uma agência nova! Precisaria montar uma outra agência!

Ele me encarou por alguns segundos, virou-se para mim e simplesmente falou:

– Monta!

– Monta o quê?

– Monta uma outra agência!

Aí me deu aquele branco.

– Como assim?

– Me faz uma proposta. Vamos abrir uma agência nova.

– Sério? Com clientes da Almap?

– Você escolhe! Vê o que você quer.

– Alex, a ideia de uma agência ideal pra mim passa longe do que é a Almap hoje. Para mim, o que eu acho que poderia dar certo seria uma "butique de Criação", com poucos clientes, mas que dê prestígio, que consiga fazer trabalhos com bastante visibilidade, com muitos resultados...

– Faz! Tá na sua mão! Me apresenta um projeto, um plano de negócio, e vamos ver se conseguimos implementar a sua ideia.

Eu saí da sala dele meio atordoado. Fui falar com ele pensando em pedir demissão e acabei saindo com uma missão daquelas.

Bom... Por outro lado, era uma oportunidade fantástica, de fazer parte de uma agência criativa, dinâmica e com bons clientes.

Uma coisa que eu sabia com segurança era que ia precisar de um novo time de Criação, mais com o espírito e a atitude que eu enxergava, para fazer uma nova agência operar dentro das minhas expectativas.

Não posso dizer que a Criação da Almap era ruim, pelo contrário. Mas faltava nela uma certa ousadia, um poder de questionamento, um "por que não?", características que eram parte integrante do espírito da equipe da MPM Casabranca, que nunca se deixou acomodar e estava sempre procurando inovação.

Alertei novamente o Alex de que eu iria montar um time inteiramente novo de Criação e que iria tentar abordar meus ex-colegas da MPM.

– Wellington, já falei... Está na sua mão, você que sabe!

Com todo esse apoio do Alex, procurei o Ercílio Tranjan, o criativo mais sênior da MPM, que gozava de um enorme respeito com o resto do time. Ele veio à minha casa e conversamos longamente sobre o projeto. Ele gostou muito da ideia e ficou de tentar aliciar outros criativos da MPM. Acabou conseguindo convocar o Gilberto "Gibinha" dos Reis, o Vinicius "Vinicão" Gagliardi, o Hélio José de Oliveira, o João Carlos "Feijão" Souza Neto e o Silvio Lima.

O próximo passo seria escolhermos juntos os clientes que levaríamos da Almap. Decidimos que iríamos pegar um cliente *top*, que, com certeza, seria a Volkswagen, quatro ou cinco clientes de porte médio, e cinco ou seis clientes de porte pequeno, mas com potencial para peças bastante criativas, que era o objetivo.

Acabei alugando uma casa na Avenida Brasil, linda, uma mansão antiga do início do século. Muito simpática mesmo. Reformamos a casa toda, pintura nova, escolhemos a mobília e a decoração, e foi feito o acerto definitivo com a equipe da MPM: tudo indo de vento em popa.

Eu queria que essa agência se chamasse Almap II, de forma que o seu eventual sucesso e reconhecimento respingassem de alguma forma na própria Almap.

Só que, já nessa época, o pessoal estava chamando esse novo projeto de "Ilha da Fantasia" – e o apelido pegou. Todos achavam que não ia funcionar, que era loucura da minha cabeça.

Quando o Alex me chamou à sala dele, eu senti ao telefone um certo desconforto no seu tom de voz; intuí que aquela fofoca tinha chegado aos seus ouvidos e que ele poderia estar reconsiderando aquele projeto.

– Então... Me diz como estão as coisas.

– Ah, já pintamos a casa, já estou com um projeto de mobiliário, a equipe já está montada...

Ele acenou com a cabeça, houve ali um momento de silêncio mais longo do que o normal, e percebi que ele estava procurando as palavras certas para me expor as suas inseguranças quanto à Ilha da Fantasia.

– Wellington, eu dei carta branca, você é quem está decidindo tudo, eu não quero interferir, mas tem uma coisa que está me incomodando e queria dividir com você.

– Claro, Alex!

– Eu posso ter uma sala lá?

Na hora que ele falou isso eu até fiquei mudo, precisei de algum tempo para me recompor e responder:

– Alex! Nem é "se pode ter", claro que você tem uma sala lá, a melhor! É sua agência! Não é minha, é sua agência!

– Ah, eu só queria te pedir isso, porque de vez em quando eu quero poder...

Naquele momento me dei conta de quão engajado o Alex estava, e de quão comprometido eu estava com aquele projeto.

Eu sinceramente achava que estava montando um negócio para ele, mas naquele momento percebi que o Alex estava montando um negócio para mim, e que ele apenas queria uma sala para poder participar de vez em quando, quando e se pudesse.

Percebi no ato que eu tinha entrado numa bela roubada, porque, além da burocracia do departamento de RTV, o qual já tinha me deixado infeliz, eu teria que me envolver no dia a dia de toda uma agência. O que é muito mais complicado porque, além de tudo ainda teria toda a relação com os clientes, ou seja, ele tinha me elegido prefeito da Ilha da Fantasia!

Eu fui para casa remoendo tudo aquilo e acabei tomando uma decisão que hoje questiono se foi acertada ou não. Poderia ter dado outro rumo à minha vida. Mas voltei no dia seguinte e falei com o Alex.

– Alex, mais uma vez você me desculpe, mas não é isso que eu quero para a minha vida! Não quero ser executivo, não quero ter esse tipo de responsabilidade... Meu negócio é mais mão na massa, quero dirigir, quero criar, montar uma produtora.

Depois de muita conversa e muitas tentativas de me convencer a permanecer na Almap, ele se rendeu:

– Ok... Tudo bem. Fico triste em perder você, mas respeito a sua decisão. Só não me deixa na mão, põe alguém no seu lugar, vê como é que a gente pode fazer para não prejudicar os trabalhos. Tem que me dar esse tempo pra gente se organizar.

E foi o que eu fiz.

O Alex deve ter se decepcionado um pouco comigo e, consequentemente, com o projeto em si. A equipe da MPM foi de fato contratada, exceto o Silvio Lima e o Feijão, que acabaram permanecendo na MPM, por insistência (e provável chantagem emocional) do Sérgio Graciotti.

Mas a "Ilha da Fantasia" acabou sendo instalada em um andar no próprio prédio da Almap. A casa da Avenida Brasil foi devolvida.

Essa foi uma daquelas bifurcações com a qual nos deparamos na vida, em que, ao nos decidirmos por uma das vertentes, jamais saberemos o que nos aguardava no final da outra. Mas no momento era o que eu sentia, e achava que tinha que seguir o meu coração, indo atrás daquilo que eu queria mesmo fazer.

Acredito que, nessa imensidão infinita de possibilidades que temos na vida, um emaranhado de estradas e atalhos, inúmeras decisões prováveis, o detalhe que poderá colapsar a onda, o tal do observador, é o nosso coração. É o último conselheiro, quando a nossa lógica e experiência falham na missão de nos dar paz, diante de uma decisão difícil. É a única bússola que temos para não nos perdermos de nós mesmos.

Quanto ao Alex, preservamos nossa amizade, nos visitamos mutuamente e diversas vezes fomos juntos a eventos. Muito generosamente, ele foi padrinho artístico da minha atual esposa, Leslie Amaral (com quem me casei dez anos depois da minha saída da Almap), sempre nos prestigiando em todos os seus *vernissages*. Minha gratidão é enorme, e o meu orgulho maior ainda, por ter servido como um pequeno afluente para o enorme rio que foi a sua vida.

3.15
Um novo recomeço

Eu prometera ao Alex que, antes de sair da Almap, deixaria o departamento estruturado. Claro, era o mínimo que eu poderia fazer para sair dali em paz. Eu tinha que indicar uma pessoa em quem eu realmente confiava para ficar no meu lugar.

Então pensei no Ibe Vidal, ex-sócio da Fathom Filmes junto com o Odorico (que já tinha montado a Chroma Filmes). Eu o respeitava muito, era muito bom profissional, muito culto, uma pessoa de extremo bom gosto e seriedade, então achei que ele faria um bom trabalho ali. O Alex tinha me dado carta branca mais uma vez, portanto contratei o Ibe para assumir o meu lugar.

Isso feito, resolvi dar um tempo para mim. Finalmente pude me acalmar um pouco, aproveitando para expurgar todas as guinadas e excitações dos últimos tempos.

A minha vida pessoal estava em um pico, minha esposa estava em gravidez avançada da minha primeira filha, eu estava construindo uma casa em Alphaville, estava passando por muitas mudanças e alegrias que eu precisava vivenciar naquele momento, por isso trabalhei bem pouco nesse período.

Um dos poucos filmes que eu topei fazer foi para a Companhia Telefônica da Borda do Campo, alusivo ao Natal. Um roteiro um tanto inusitado. A história se passava numa pequena marcenaria do século I: José, o marceneiro, está em franca atividade, quando toca o telefone. Ele atende, ouve alguém do outro lado da linha, pede um momento e grita: "Filho, é pra você!". Entra em quadro Jesus Cristo, que leva o telefone ao ouvido. Corta para os Três Reis Magos do outro lado, que começam a cantar efusivamente: "Parabéns pra você, nesta data querida" etc.

Quando eu li o roteiro pela primeira vez, achei bem legal, engraçado, diferente, havia uma certa ousadia por parte da empresa em fazer humor com uma situação daquelas, por isso decidi aceitar o job. Acontece que, na reunião de pré, descobri que minha interpretação do roteiro estava errada. Não era um filme de humor, era para ser sério. Era para ter muita emoção! Hummm.

– Gente, me desculpe, mas não tem como ficar sério um filme com Jesus atendendo um telefone, ainda mais com a cantoria dos Reis Magos!

– Ah, mas tem que ser assim, imagina! Não podemos brincar com esse tipo de coisa!

Bom... eu tinha caído numa armadilha.

A filmagem da sequência da marcenaria foi tranquila. Rodamos na Fathom, a luz ficou maravilhosa. Foi o primeiro trabalho como freelancer do Aldana, depois que também resolveu se desligar da Ultima Filmes.

Havia tempos ele me dizia que queria seguir o meu caminho e se desligar da produtora, mas tinha receio de não arrumar trabalho. Apesar de minhas enfáticas garantias, demorou alguns anos, mas finalmente ele se decidiu. Aquele filme seria o primeiro trabalho em sua carreira que ele poderia assinar como diretor de fotografia.

No dia marcado para a filmagem dos Reis Magos, 17 de novembro de 1981, vieram as contrações. Cancelei a filmagem, corremos para o hospital e, depois do que pareceu uma eternidade, nasceu a Gabriela. Linda e perfeita.

Eu me permiti uns dias para brincar de papai antes de retomar o trabalho, mas o Natal estava logo ali, não poderia adiar mais a filmagem. Fui para o estúdio ainda um tanto preocupado com a missão de transformar aquele roteiro em algo emocionante. Para conseguir o resultado que eu pretendia, o telefone cenográfico que os Reis Magos usariam estava, de fato, ligado a um ramal, através do qual eu podia conversar com os atores. Quando estava tudo pronto, todos em seus lugares, o Aldana e o técnico de som ficaram de prontidão aguardando meu sinal. Comecei a conversar com o trio, que mantinha suas cabeças quase coladas em torno do telefone.

Eu estava muito emotivo por causa do nascimento da Gabi e, do outro lado da linha, fui desenvolvendo um clima, falando do milagre da vida, do nascimento de um bebê muito especial, usando uma voz muito suave, dizendo da importância daquele momento, daquela pessoa que estava aniversariando naquele dia... Enfim, fui criando uma enorme expectativa, até que finalmente dei uma pausa de alguns segundos, fiz um sinal silencioso para que rodassem câmera e áudio, dei mais um tempinho, aproveitando que os três estavam ali em suspensão, quase que sem respirar, e disse apenas: "Alô!"

Aí foi uma coisa incrível, os três começaram a chorar de verdade e começaram a cantar o "Parabéns" com as vozes embargadas, rindo de felicidade, mas com lágrimas rolando pelas suas faces! Estava na lata. Take único. Wrap!

Essa filmagem tinha um outro fator que a tornou muito especial e memorável para mim, além do que já narrei aqui: o elenco. Os magos foram interpretados por três grandes feras do teatro, cinema e televisão: Sadi Cabral, João Acaiabe e meu querido herói das matinês dominicais: Waldemar Seyssel, o grande Arrelia.

Na saída do estúdio, o Sadi e o Arrelia vieram conversar comigo:
– Wellington, se algum dia precisar da gente pra fazer qualquer coisa, qualquer trabalho, viremos correndo, pode contar com esses dois velhinhos aqui, tá bom?

Foi muito emocionante mesmo. Até hoje fico arrepiado ao lembrar desse episódio.

Como disse, eu estava pegando bem leve, queria me permitir um tempo para curtir minha filha e a obra da nova casa. Mas não passou muito tempo e recebi uma ligação do Bruno Pardini, da Oficina de Cinema, com quem eu já tinha trabalhado bastante.

O Bruno tinha dois sócios, o Luiz Vergueiro, também fazendo atendimento, e o Aldo Picchi, o "Noninho", que cuidava dos poucos equipamentos da produtora.

O Vergueiro e o Bruno tinham personalidades opostas. O Bruno era um *gentleman*, um diplomata, uma pessoa de fala mansa, e o Vergueiro era o verdadeiro elefante estabanado na loja de cristais. Era até difícil entender como é que eles tinham se juntado naquela sociedade.

– Well, estou com um projeto aqui que eu acho que é a sua cara, você ia gostar de dirigir. Quer vir conversar?

Eu ainda morava no Brooklin, na Rua Portugal, esquina com a Rua Pensilvânia. A Oficina, coincidentemente, era ali bem pertinho nessa época, na Rua Padre Antônio José dos Santos. Eu fui até lá, a pé mesmo, para conversar com o Bruno. Ele me mostrou o roteiro, discutimos a verba, acertamos meu cachê, e aceitei o job. Tudo muito fácil e rápido.

Ao longo da produção desse filme, apareceu um segundo filme.

– Well, tem mais este aqui! Quer fazer?

Aí surgiu um terceiro, um quarto... E então precisamos dar um pequeno reforço à equipe. Nessa época, o Bruno atendeu ao pedido do Sérgio Toni, que, salvo engano, ainda estava na Nova Agência, para que seu sobrinho fizesse um estágio na produtora. Esse sobrinho era o Rogério Toni, prontamente apelidado de "Magrão", por razões bastante óbvias, e que veio a me acompanhar pelas décadas seguintes como um grande parceiro e amigo, além de ser extremamente eficaz e um tanto polêmico diretor de produção.

No meio de tantos filmes que foram surgindo na Oficina, houve um muito marcante, um comercial que fizemos para a Santista, que queria melhorar a imagem do seu brim.

Uns dois anos antes, Robert Altman tinha lançado o filme *Popeye*, com Robin Williams fazendo o papel-título e Shelley Duvall interpretando a Olívia Palito. O filme foi um grande sucesso no Brasil, e a ideia da agência era de uma historinha que demonstrasse os atributos do produto, de uma forma bem sutil, mas memorável, utilizando não só os personagens do longa, mas todo o estilo próprio que Altman imprimiu ao filme, em termos de direção de arte e mesmo de interpretação: um quê de desenho animado, uma alusão às origens do personagem.

A agência queria que tudo fosse o mais fiel possível ao longa, portanto tivemos que buscar sósias dos atores que interpretaram os personagens principais, criar figurinos especiais, maquiagem especial, com próteses de látex para fazer os braços do Popeye. Além disso, seriam necessárias algumas dezenas de figurantes, todos vestidos e maquiados a caráter (eu mesmo fiz um "cameo", uma pontinha no filme). Mas talvez o aspecto mais caro e complexo da produção tenha sido a construção de um imenso cenário em meio a uma encosta rochosa, reproduzindo um vilarejo de pescadores e um pequeno porto, com várias escunas ancoradas na frente. Construímos esse cenário no Instituto Oceanográfico da Universidade de São Paulo, no Saco da Ribeira, em Ubatuba.

O filme estava tão bem orçado que me permitiu ir para a locação cenográfica com cinco dias de antecedência e me dedicar exclusivamente ao projeto, uma oportunidade muito incomum na época. O comercial era de 90 segundos, outra raridade, já que a esmagadora maioria era de 30 ou 15 segundos, e alguns poucos de 60. Só que, apesar da longa duração do comercial, eu me vi às voltas com o problema de encaixar naquele tempo tudo o que estava no roteiro.

Era muita coisa acontecendo, muitos personagens, muita ação, muita história para ser contada, muitas situações interessantes a serem exploradas. Fiquei praticamente esses cinco dias matutando, buscando formas de conseguir contar o enredo dentro dos 90 segundos, e era impossível. Eu tinha que cortar cenas e, pior ainda, sequências inteiras.

No dia anterior ao início das filmagens, eu ainda não tinha chegado a uma solução satisfatória. Por mais que reduzisse a duração de uma cena ou outra, por mais que encurtasse um efeito, dispensasse uma reação de um personagem secundário, eu ainda tinha sete ou oito segundos a mais na minha decupagem – uma eternidade em termos de um comercial.

Resolvi dar uma espairecida e assistir pela enésima vez ao longa do Altman. Eu já havia percebido que os atores tinham uma interpretação corporal bem "justa", bem durinha, os movimentos eram bastante marcados, pontuados, buscando remeter à linguagem dos desenhos animados. Aí caiu a ficha. Eureca!

Não era só a atuação do elenco que dava aquele jeitão de animação. O filho da mãe do Altman tinha rodado algumas cenas do filme com a velocidade da câmera alterada. Em vez de filmar a 24 quadros por segundo, ele possivelmente filmou a 20... daí aquela sensação de movimentos sutilmente chaplinianos.

Antigamente, rodava-se um filme a 16 frames por segundo, uma velocidade um pouco acima do que a visão humana consegue registrar na mudança de um quadro para outro. Quando um filme daquela época é projetado na velocidade padrão de hoje, 24 quadros por segundo, ele fica acelerado, as ações acontecem mais rapidamente e o movimento fica mais "durinho". Até hoje não tenho absoluta certeza se essa técnica foi de fato usada pelo Altman, mas há cenas no longa em que realmente isso parece ter sido feito; seja como for, foi uma descoberta e uma solução que salvaram a minha pele.

Comecei a fazer contas: "Se eu rodar a 20 quadros em vez de 24, eu ganho 4 quadros a cada segundo, ou seja, a cada 6 segundos eu economizo 1 segundo inteiro! Em 90 segundos ganho 15 segundos!". Foi como desenterrar um baú e descobrir que estava cheio de ouro. Não só eu conseguiria encaixar tudo que queria no filme, como ainda o faria com uma boa folga. Naquela noite dormi como um anjo.

As filmagens correram maravilhosamente bem, o tempo ajudou, o maestro Ciro Pereira fez um arranjo maravilhoso do famoso tema do Popeye, belissimamente gravado na Avant Garde, enfim, foi um daqueles projetos em que tudo deu certo.

Mas a cereja do bolo foi quando, durante um coquetel de apresentação do filme à imprensa e aos clientes da Santista, em que também estava presente um representante da Disney, produtora do *Popeye* original, ele se vira para mim e me cumprimenta:

– Olha, parabéns pelas cenas que você filmou. Elas se encaixaram perfeitamente com as que vocês usaram do nosso filme!

– Mas não usamos nenhuma cena do filme original... Eu filmei 100% do que você acabou de ver!

Depois de um longo silêncio, ele disse:

– Não acredito! Pede pra passar o comercial de novo!

3.16
Ruptura

A Oficina de Cinema sem dúvida tinha sido alçada a um novo patamar, tinha virado definitivamente "cachorro grande" na rinha pela conquista do mercado.

Cientes da minha contribuição para que aquilo acontecesse, e com medo de que eu fosse assediado pela concorrência, o Bruno e o Vergueiro me ofereceram sociedade na empresa. Sem que houvesse nenhum investimento da minha parte.

Eu acabei ficando com 20% da Oficina, enquanto o Bruno e o Vergueiro ficaram com 35% cada um, e o Noninho, com os 10% restantes.

O negócio foi crescendo, e à medida que o volume de filmes aumentava, eu ia cada vez mais me afundando no trabalho. Comecei a ficar esgotado mesmo, e pedia insistentemente aos meus sócios que contratássemos outros diretores para dividirem a carga comigo, mas, como a grande maioria dos filmes (todos muito lucrativos) já vinha direcionada pra mim, eles não viam vantagem em mexer no time que estava ganhando.

Depois de um certo tempo, as instalações da Oficina já não estavam à altura do seu *status*. Por isso, decidimos ir atrás de uma sede maior e mais bonita e acabamos alugando uma casa de esquina na chique Avenida República do Líbano.

Com o crescimento da demanda, sem que houvesse aumento correspondente da estrutura de apoio, eu comecei a me sentir injustiçado. Afinal, era eu quem atraía praticamente 100% do faturamento e tinha toda a responsabilidade sobre os projetos, mas só 20% do resultado. Sem desmerecer o excelente trabalho feito especialmente pelo Bruno, eu achava muito desproporcional essa distribuição, especialmente porque a minha presença aliviava muito até a necessidade de envolvimento deles. Como sempre fui muito transparente nas minhas relações pessoais e profissionais, achei por bem conversar com os meus sócios e expor a minha insatisfação.

– Olha, gente... Eu não estou me sentindo confortável, acho que mereço uma participação melhor, no mínimo nós três tínhamos que ter participações iguais. Então eu gostaria que vocês pensassem nisso...

– Sim, vamos pensar, vamos pensar.

No dia seguinte, vieram falar comigo:

– Wellington, nós é que montamos a Oficina, você não pagou nada pelas cotas que tem, e achamos que a divisão está equilibrada.

– Não concordo, mas respeito a posição de vocês. Se o problema é esse, que eu não paguei pela minha participação na empresa, podíamos resolver isso de outra forma. Eu pago a minha parte, mas pago também a de vocês.

– Como assim?

– Bom... Vocês põem um preço e eu compro a Oficina.

– Não pensamos em vender, e é difícil pôr um valor numa produtora.

– Me deem uns dias... Vou fazer umas contas e aí faço uma proposta, pode ser?

Acho que esse papo ocorreu em uma quarta-feira. Eu tinha total acesso aos números, não foi difícil fazer um *valuation* da empresa e chegar a um valor que fosse justo. Na sexta-feira bem cedinho, por volta das 8h, sentaram-se o Noninho, o Vergueiro e o Bruno de um lado da mesa, e eu do outro. O jogo de xadrez iria começar. Saí com as brancas.

– Olha, gente... Fiz meus cálculos, analisei o resultado líquido dos últimos anos, atribuí um valor ao pouco patrimônio que a empresa tem e cheguei a um valor de X cruzeiros.

Bom... Não deu nem tempo para qualquer um ali pensar.

O Noninho, que de todos era aquele de quem eu menos esperava qualquer reação, atacou com as pretas:

– Ah, por essa avaliação, a gente compra a sua parte!

E eu, sem pestanejar, respondi:

– Ok! Por mim está feito. Aceito a oferta.

– Não, mas veja bem...

O Bruno e o Vergueiro ainda estavam tentando entender o que tinha acabado de acontecer. A impressão que me deu é que eles já tinham combinado que o Noninho daria aquele "truco" para me forçar a aumentar o valor da oferta, mas não esperavam a velocidade da contraproposta do Noninho, muito menos o meu aceite de bate-pronto.

E, claro, eles não tinham mais elementos para argumentar contra o valor da minha proposta, pois era o mesmo que eu também aceitaria para vender a minha parte.

Essa minha colocação era inatacável, e foi uma regra que sempre adotei na minha vida: "Nunca faça uma proposta que você não aceitaria". Na verdade, eu entrei naquela reunião com a sincera intenção de comprar a empresa, estava preparado para isso e até disposto a negociar um valor melhor. Era mais fácil corrigir algumas coisas de um negócio em andamento do que vencer a inércia de um novo business. Mas a interferência intempestiva do Noninho acabou desencadeando uma troca de lances fulminante, que resultou rapidamente em xeque-mate.

Meio sem saída, o Vergueiro finalmente se posicionou, com o semblante de quem tinha perdido a galinha dos ovos de ouro:

– Tá bom, então a gente compra a sua parte.

Saímos de lá às 9h, o dia ainda ia começar, e já estava definida a minha retirada; ficou em aberto somente a forma de pagamento.

Eu lembro que ainda naquela sexta-feira fui conversar com o Cal, que estava conduzindo a Claquete Filmes, em São Paulo – a Claquete ficava em uma travessinha da Rua Alagoas, em frente à Faap. Também convidei o Aldana para participar do encontro.

Expliquei a eles a minha intenção de montar uma produtora, ofereci sociedade a ambos e disse que, se eles aceitassem, já teríamos trabalho pela frente; tinha sido agendada para a segunda-feira seguinte uma reunião de briefing na CCE, um cliente antigo que havia me procurado diretamente.

Ambos toparam, sem pestanejar.

Foi assim que, no mesmo dia em que eu saí da Oficina de Cinema, nós criamos o que viria a ser a 5.6. Ela, de fato, só seria montada como empresa, com CNPJ e tudo de direito, dali a algumas semanas, no dia 3 de maio de 1983. Mas ela nasceu ali, naquele dia.

Provavelmente, aquela ideia de ter a minha própria produtora, uma empresa que estivesse sob o meu controle, estava germinando dentro de mim, mais ou menos de forma inconsciente, já havia algum tempo. Embora tudo tenha acontecido como uma explosão, eu sabia que finalmente terminara um longo percurso de aprendizagem, de embasamento. E algo me dizia que todos os caminhos que percorri tinham me conduzido até ali.

Naquele momento eu percebi que a escada tinha acabado, a Oficina de Cinema tinha sido o último degrau e eu chegara a um extenso patamar. Eu mesmo teria que projetar e construir uma nova escada, ou talvez uma rampa, se quisesse continuar em ascensão.

3.17
Admirável mundo novo

Enquanto nascia a 5.6, o universo me presenteou com um outro rebento: um filho. Em 4 de abril daquele ano, exatos trinta dias antes do nascimento oficial da 5.6, veio ao mundo o Caio, muito aguardado e amado. Agora tínhamos um casal, e a família Amaral estava completa.

Mas a família da 5.6 estava apenas se formando. Éramos só o Aldo, o Cal e eu, além da Gerda, coordenadora de produção, do Magrão, diretor de produção, da Isabelle "Belle" Stella, produtora, e da Licia Contoli, minha assistente. Levi "Tio" Martins, irmão de minha mãe e o futuro motorista da Kombi que ainda iríamos comprar, também nos acompanhou.

Ao contrário da situação do meu filho, a nova produtora ainda não tinha um lar, e nem sabíamos ainda como iria se chamar. Pensei em adotar um número como nome – e tinha minhas razões para isso.

Há anos eu vinha finalizando todos os meus principais filmes em Nova York. Claro que o comercial do Popeye, por sua importância, não seria exceção. Aproveitei a oportunidade e convidei o Márcio Moreira para almoçar, aquele mesmo que dividia uma sala comigo e que me pegou dormindo, logo que eu entrei na McCann.

Depois da Europa, ele acabou indo para Nova York e tornou-se CCO da McCann Worldwide e Chief Talent Officer da rede, liderando mundialmente os trabalhos de criação para clientes como Coca-Cola, GM, Nestlé e Mastercard, até se aposentar, em 2011, já na função de vice-chairman. Era uma celebridade no nosso universo, mas ainda conseguia encontrar espaço na sua agenda maluca para atender os velhos amigos. Aliás, eu tinha apresentado a ele aquela que veio a ser sua esposa.

Enquanto aguardávamos a conta, disse para ele:

– Márcio, quero te mostrar um filme que eu fiz no Brasil. Acho que você vai gostar. Tem um tempinho?

Fomos ao escritório do montador, o Márcio viu o comercial da Santista e ficou encantado.

– Wellington, é incrível o poder de produção que tem no Brasil! Que coisa maravilhosa! Quanto custou esse filme?

Aí eu disse um número, que eu não sei quanto seria hoje, mas por exemplo:

– Custou 500 mil dólares...

– Nossa! Isso aqui é coisa de mais de um milhão e meio de dólares, brincando! Vem pra Nova York, Well! Monta uma base aqui!

Com esse imenso incentivo, fizemos exatamente isso. Montamos uma filial da Oficina de Cinema numa cobertura na Rua 44, entre a Segunda e a Terceira Avenidas. Convidei meu habitual finalizador, George Martinez, e sua esposa, Elda, para tocarem a unidade e começamos a trabalhar.

A Oficina USA nunca se tornou uma grande fonte de grandes jobs ou mesmo de faturamento para a matriz brasileira, mas foi o embrião de uma estrutura que no futuro viria a ter grande relevância para o meu trabalho.

Uma coisa que me incomodava muito era quando eu ouvia a Elda atendendo o telefone:

– *Óficeenna de Ceeenaymma!*

Obviamente quem estava do outro lado não entendia nada, e ela repetia:

– *Ou-phee-see-naaah day seee-nay-mah!*

Aquilo me deixava doido!

Quando eu me desliguei da Oficina de Cinema, parte do acordo era que o escritório de Nova York ficaria comigo, e decidi que eu precisaria evitar aquele problema a todo custo. Fiz uma lista de possibilidades, mas nomes em inglês estavam um pouco fora de moda no Brasil, então, de repente, caiu a ficha: por que não um número?

Cheio de entusiasmo, no dia seguinte àquele em que selamos o nosso acordo, nos reunimos em um restaurante para definir uma série de coisas, entre elas, o nome da produtora. Eu tinha feito uma lista com dezenas de possibilidades, mas uma delas foi unanimidade: Quatro, Cinco, Seis, ou 4/5.6.

Discutimos um pouco sobre o conceito em si, e ao final resolvemos simplificar o nome para apenas Cinco Ponto Seis. Cinco Seis, para os íntimos.

Para quem não sabe, 5.6 é uma abertura do diafragma, que é o anel que regula a íris, um mecanismo que por sua vez controla a entrada de luz que atravessa uma lente e chega até o filme, em fotografia ou em cinema; 5.6 é uma abertura média, na grande maioria das lentes. Achei que seria um nome sugestivo, pertinente, facilmente traduzível, ou seja, quem do ramo visse o nosso logotipo, em qualquer lugar do mundo, iria entender.

Finalmente, nossa secretária em Nova York poderia atender de uma forma que todo mundo compreenderia, se não o significado, pelo menos as palavras: "Five Point Six", ou mesmo "Five Six"!

O nome foi fácil. Agora, precisávamos de um espaço para trabalhar, e de imediato, porque nós tínhamos um job para assumir dali a dois dias.

Nessa época, o Cal morava na Rua Rodolfo Troppmair, uma travessinha de um único quarteirão que fica entre a Brigadeiro Luís Antônio e a Manoel da Nóbrega, no Ibirapuera, perto do quartel onde, alguns anos antes, eu havia passado pelo meu momento *Expresso da meia-noite*.

Aliás, o Rogério "Magrão" Toni encontrou, numa manhã, uma granada bem na frente dessa casa e levou-a para dentro, causando um certo pânico em todo mundo. Enfim, coisas do Magrão...

O dono da casa que o Cal alugava era o Jorge Königsberger, figura que merece um parêntese nessa história.

Eu conhecia o Jorge porque eu mesmo tinha alugado um apartamento dele, na Rua Graúna, em Moema, antes de me mudar para o Rio. O Jorge era arquiteto, mas decidiu largar a profissão para se tornar gerente de Marketing, na época, contratado pela Olivetti. Com alguma persistência, consegui convencê-lo a transferir a conta da Olivetti da DPZ para a MPM (o que me acrescentou muitos pontos positivos perante a diretoria, claro), e lá nos aproximamos bastante.

Ele passou a apreciar tanto a convivência com a equipe e o ambiente criativo da agência – sensação que teve seu auge quando o levei a Cannes para que conhecesse o Festival –, que começou a perceber que tinha abandonado o seu próprio lado inventivo para se tornar um executivo, um burocrata (por diversas vezes no meu futuro eu viria a me deparar com essa mesma sensação). Por isso, em pouquíssimo tempo, ele pediu demissão da Olivetti e voltou para a arquitetura, montando a Königsberger Vannucchi, já há tempos um dos escritórios mais conceituados do Brasil.

É deles o projeto da minha primeira casa e do prédio da 5.6, ambos em Alphaville.

Mas, voltando à casinha da Rodolfo Troppmair, o Cal nos ofereceu uma possibilidade:

– Olha, eu uso basicamente só o andar de cima, então a gente pode ficar na parte de baixo até achar alguma coisa definitiva. Por menor que seja, pelo menos é um espaço para a gente sentar, fazer alguma coisa, uma reunião...

Decidimos que seria aquele o caminho, mas naquele mesmo fim de semana saí atrás de um imóvel para alugar, e já na segunda-feira eu estava assinando contrato de uma casa que achei na Rua Jacques Félix, no valorizado bairro da Vila Nova Conceição.

Foi realmente um achado, porque o espaço era simplesmente fantástico. De uma arquitetura muito moderna, com colunas de madeira aparentes e vigas em ângulo, a casa tinha ao menos quatro níveis diferentes, deslocados uns dos outros, e era praticamente "vazada", toda envidraçada em sua fachada e na parte de trás. Ela tinha uma bela piscina, que viria a ser palco de muita farra da equipe, e uma edícula que serviu perfeitamente como estúdio para sessões de casting.

Senti uma energia extremamente positiva naquela casa, tinha certeza de que ela nos traria grandes alegrias, e os anos seguintes me deram razão.

Agora faltavam a mobília e a decoração.

Todos os nossos móveis foram desenhados e produzidos pelo Carlinhos Motta, então ainda dando os primeiros passos de sua tão bem-sucedida carreira como designer. Nas paredes de pé-direito duplo colocamos alguns lindos *quilts* da Magy, que eu arrematei em uma de suas exposições.

No salão do piso inferior, que dava para a piscina, montamos a sala de reuniões, um bar, e depois de um tempinho agregamos uma mesa de sinuca, que tinha sido usada como objeto de cena de um filme de Doritos, para a PepsiCo, um episódio interessante que contarei um pouco mais adiante.

Ali enxergávamos um futuro que realmente estávamos construindo, todos dentro da mesma "vibe" muito otimista.

Naquela segunda-feira, quando tudo começou, eu fui até o escritório da CCE, intimamente muito animado com o primeiro trabalho da 5.6.

A CCE, na época, tinha uma "house", uma agência interna. O produto da campanha era um rack, daqueles do tamanho de uma geladeira, contendo um enorme amplificador, equalizadores, players, dois gravadores cassete, com tantas luzinhas que parecia uma árvore de Natal. Aliás, acabei aceitando um desses racks como cachê daquele projeto.

Recebi o briefing e fiquei de mandar um orçamento já no dia seguinte.

Depois de termos conseguido o improvável, o mais difícil, que foi montar um time enxuto e qualificado, achar uma casa e ter um job já no primeiro dia, eu lembrei que não tínhamos ainda nenhum tipo de papelaria, nem papel de carta ou cartões de visita, muito menos o formulário de orçamentos. Numa época em que tudo era analógico, a solução foi fazer uma espécie de *paste-up*, usando formulários que eu tinha trazido da Oficina e aplicando nosso "logotipo" com Letraset. Para quem não sabe, eram letras com limitadíssimas fontes e tamanhos, que poderiam ser transferidas ou "decalcadas" para uma outra superfície. A fonte do nosso logo, Arial Rounded Bold, surgiu dessa limitação: era a única que minimamente se assemelhava à tipografia usada em uma lente fotográfica.

A campanha era sobre personagens que estavam tendo um pesadelo e, quando acordavam, viam que estava tudo normal. A ideia era convidar o consumidor a um momento de relax, ouvindo um som CCE.

Um desses pesadelos era de um funcionário de um escritório, que via todos os seus colegas como sendo bichos monstruosos. A secretária era um hipopótamo, seu vizinho de mesa era um crocodilo, e por aí vai. Não era um pesadelo sério, tinha um lado divertido na história.

Aquele foi o primeiro filme da 5.6.

O outro filme da série era sobre um executivo que via o mundo todo de cabeça para baixo. Lembrando que, como estávamos no começo da década de 1980, quando não havia os recursos digitais que temos hoje, não era possível fazer isso em pós-produção, a não ser com rotoscopia, um complicado e primitivo método de sobrepor uma imagem a outra, que produzia um resultado que deixava muito a desejar.

Sem outra solução, optamos por pendurar o ator de cabeça para baixo, com uma estrutura de andaimes montada em plena Avenida Paulista. Aí, pusemos a câmera também de cabeça para baixo, para parecer que ele estava certo e que o resto é que estava virado ao contrário.

O gozado é que depois, vendo o material filmado, dava para reparar que o ator ia ficando vermelho, com o sangue fluindo para a cabeça, dando diferença entre um take e outro: em um, ele estava com uma cor normal; no outro, ele estava quase roxo!

Assim nasceu a 5.6. Um bebê que nasceu com muito apetite e logo conquistou o reconhecimento do mercado. Foi uma ascensão suave, sem grandes incidentes, uma época da qual tenho muita saudade, pois lembro dela com muito orgulho e satisfação e a vejo como uma missão bem executada que só gerou prazer.

Foi naquele período quixotesco do início que eu me senti realmente independente. Foi ali que conquistei o direito de ser responsável unicamente pelos meus erros e acertos, sem ter que dar satisfação ou cobertura a sócios e patrões.

Foi o final de uma escalada árdua, patamar que a gente atinge e para um pouco para respirar, antes de estabelecer novas metas e seguir em frente. Claro, não tinha a menor intenção de estacionar por ali;

pelo contrário, tinha planos muito ambiciosos para o futuro da 5.6, mas queria que o crescimento da empresa fosse planejado, orgânico, debaixo de decisões e capacidades próprias, com resultados do meu trabalho e da minha equipe de apoio, gente brilhante, fantástica, que sempre segurou as nossas bases.

Os alicerces dessa nova obra já estavam sólidos e prontos para receber aquela nova escada – ou rampa, talvez, afinal, não seria tão íngreme. Seria suave, larga, para acomodar aqueles que desejassem me acompanhar, com degraus e ângulos calculados para o tamanho das nossas pernas.

O mercado reagiu, reconhecendo o resultado do nosso trabalho e nos recompensando com um faturamento crescente, que nos permitiu comprar a nossa sede apenas dois anos após termos alugado a casa. Um fato e tanto, considerando-se que aquele bairro já possuía o metro quadrado residencial mais caro da capital.

Chegamos até a manter um magnífico sítio de cinco alqueires em Mogi Mirim, com quadra de tênis e campo de futebol society, uma piscina grande, churrasqueira, pomar com mangueiras imensas e acomodação para mais de quinze pessoas, que serviu por anos como clube de campo para os nossos colaboradores e suas famílias.

Foi um estágio de verdadeira e merecida tranquilidade, em que trabalhar era prazeroso e poder ser mestre do meu próprio domínio era simplesmente impagável.

fase QUATRO

Você conhece quase todo mundo do mercado e boa parte dele.

4.1
A vida é bela

Eu estava no meio de um turbilhão. Feliz, mas não deixava de ser um vórtice. Desde que eu decidira deixar a Oficina de Cinema, tudo rodava à minha volta em uma velocidade tal que às vezes eu pensava que não ia dar conta. Eu sentia como se tivesse saltado de um bonde para outro, ambos em movimento e em sentidos opostos. Muita adrenalina e talvez um pouco de excesso de confiança.

Pode ser que no começo tenha havido insegurança quanto a essa nova empreitada, mas, se ela existiu, logo se dissipou, porque em muito pouco tempo já estávamos a ponto de recusar trabalho.

A percepção do mercado parecia ser a de que minha passagem pelas duas maiores agências brasileiras conferia um atestado de que eu tinha um pleno entendimento do que se passava do outro lado do balcão e, consequentemente, de que eu teria um bom diálogo com agências e clientes, o que não deixava de ser verdade.

Inicialmente tínhamos até pensado em ter alguém da área comercial em nossa equipe, alguém para prospectar e trazer trabalho para dentro de casa, mas, a cada dia, sentíamos menos falta desse tipo de profissional, já que os jobs brotavam naturalmente, sem maiores esforços.

Enquanto nossa sede na Rua Jacques Félix não ficava pronta, operamos a partir da casinha da Rua Rodolfo Troppmair e aos poucos fomos estruturando a equipe, incorporando alguns profissionais com quem eu já havia trabalhado e formando outros já dentro do espírito que eu pretendia desenvolver dentro da produtora: o da liberdade com responsabilidade.

Sempre gostei de dar aos meus assessores mais próximos uma certa liberdade para emitirem e exercerem suas opiniões, mas ao mesmo tempo exigia que procurassem minimamente conhecer e interpretar as minhas opiniões e os meus gostos, de forma que pudessem ter discernimento para, ao menos, mesclar os dois pontos de vista.

Quando minhas opiniões e meus gostos eram totalmente ignorados, o que acontecia de vez em quando, a porca realmente torcia o rabo. Eu não costumava ter muita paciência para esse tipo de postura e deixava isso muito claro, reconheço que algumas vezes levantando o tom de voz além do devido.

Minha postura era a de que, caso houvesse alguma divergência de opiniões, ou caso o profissional ou meus assistentes quisessem propor algo muito diferente, tudo bem, eu até encorajava esse tipo de colaboração, mas que viessem falar comigo e me convencessem com argumentos, e não que saíssem trilhando outros caminhos sem antes me consultar.

É claro que algumas coisas escapavam pelos filtros dos meus assistentes, falhas que só seriam percebidas na filmagem. Ainda bem que a grande maioria das falhas era detectada antes de começarmos a rodar, como, por exemplo, um cenário que fizemos para um filme da Coca-Cola. Quando cheguei ao set, percebi algo estranho na decoração do ambiente.

Chamei os produtores, minha assistente, todo mundo que estava por ali.

– Gente, não estão percebendo nada errado aqui?

O pessoal olhou, olhou, ninguém se manifestou.

– Por favor, tirem aquele pôster da parede.

Era um pôster antigo, *vintage*... da Schweppes!

Às vezes não basta ter só bom gosto ou bom senso; é preciso ter vivência, experiência, talvez idade, para perceber certas coisas, para saber que Schweppes é uma marca do final do século XVIII, concorrente da Coca-Cola, e que mesmo um pôster centenário poderia causar muitos problemas lá na frente.

Era uma situação complicada para mim, que queria dar total liberdade para minha equipe, mas ainda não sentia que ela estava devidamente pronta para isso.

Na verdade, o que estava acontecendo era que, depois de tanta coisa que já tinha enfrentado, pela primeira vez consegui minha própria liberdade, tanto de decisão quanto de execução. Estava plenamente confiante de que tinha tomado um rumo que estava dando certo, e não estava disposto a entrar por desvios que me afastassem daquela rota.

Muita coisa estava em jogo ali, porque, se por um lado eu conquistara meu passe para a liberdade, por outro lado ganhara muita responsabilidade, o que acabou gerando atitudes mais controladoras de minha parte. Daí as rédeas curtas...

Claro que não é fácil saber o que se passa na cabeça das pessoas, portanto para a equipe também não era fácil saber o que se passava na minha, entender a minha forma de ver as coisas, meu senso de estética, em especial quando falamos de profissionais ainda em formação ou que ainda não me conheciam muito bem. Então, muitas vezes, o que acontecia era apenas um erro de interpretação por parte do colaborador, que simplesmente achava que sabia o que estava se passando pela minha cabeça. Embora eu buscasse ter um certo nível de compreensão e tolerância com esse tipo de equívoco, nem sempre conseguia.

Como exemplo, posso citar uma passagem emblemática: toda vez que entrava um novo job, eu convocava os principais integrantes, de todos os departamentos, para uma reunião interna de pré-produção.

Nós nos sentávamos, às vezes vinte ou mais pessoas, em torno da enorme mesa com tampo de granito negro em uma das salas de reunião. Eu sempre fiz questão de que os profissionais de cada departamento soubessem o que os dos demais estavam pensando, de forma a promover um esforço convergente para um resultado harmônico entre todos os envolvidos no projeto.

Queria também que todo mundo soubesse, além de tudo, quais eram as expectativas da agência e do cliente. Sempre achei muito importante dividir isso com toda a equipe, para minimizar problemas ao longo de todo o processo. Isso para mim era crucial, porque, geralmente, eu só voltaria a ter contato com aquele job pouco antes da reunião de produção com a agência, quando meus assistentes me mostravam todos os elementos da produção, já passados por uma primeira "peneirada", para a minha filtragem final.

Era a única forma de eu conseguir dar conta dos dez ou mais filmes que produzíamos simultaneamente.

Por isso, cada membro da equipe tinha que ter uma boa visão da "big picture", e principalmente uma interpretação razoavelmente válida dos meus pontos de vista, evitando que eu fosse acionado a todo o momento para tirar dúvidas.

Nesse quesito, a equipe sempre funcionou muito bem. Todos os assistentes que passaram por mim sempre me pouparam ao máximo, mesmo que às vezes fossem um pouco longe demais.

Nessa reunião específica, eu estava discorrendo sobre minhas ideias quanto ao figurino e disse, em determinado ponto, que achava que o vestido da atriz poderia ter tons marrons.

De repente fez-se um silêncio total, todo mundo parou o que estava fazendo e olhou para mim como se eu tivesse falado grego.

Confesso que figurino, cabelo e *make-up* são o meu calcanhar de aquiles. Não levo o menor jeito para moda, fato facilmente comprovável pela forma com que me visto. Por isso sempre contei com o apoio de grandes profissionais, que me ajudaram nessa área: a Marcinha Leal, a Silvia Figueiredo, a Tata Nicoletti, a Rosita Jimenez, minha prima-irmã Patricia "Patty" Benvenutti, a Gisele Porto, entre tantas outras pessoas que me assessoraram brilhantemente por décadas.

Por isso, quando eu vi todo mundo me olhando com aquela expressão de incredulidade, achei que tinha cometido um hediondo crime contra a humanidade *fashion* e perguntei se eu tinha dito alguma coisa errada, ao que a Gerda, minha então primeira-assistente, respondeu:

– Você odeia marrom!

Eu próprio não sabia daquele detalhe! Não me recordava nem de ter algum preconceito com a cor, nem de ter dito isso para alguém, em toda a minha vida. Pelo que me lembrava, quem tinha esse tipo de problema era o Roberto Carlos...

– Lembra aquela vez, no filme das Pernambucanas, que você deu a maior bronca em todo mundo porque a modelo estava vestida de marrom?

De fato, alguns anos antes, eu estava no estúdio aguardando a modelo para dar início à filmagem de uma das centenas de filmes que fizemos para as Pernambucanas, e quando ela entrou no estúdio eu reclamei:

– Vestido marrom?!

Mais do que rapidamente a levaram de volta para o camarim, ela voltou com uma nova roupa e rodamos o filme sem mais incidentes e sem tocar mais no assunto, o que foi o grande erro.

Anos depois, a Gerda vem me lembrar do episódio para justificar a reação de todos da equipe naquela reunião.

– Claro que eu lembro, Gué! Só que a bronca não foi por causa da cor da roupa em si. Foi porque o fundo infinito era marrom, exatamente do mesmo tom da roupa, não dava contraste algum, a modelo sumia!

Conclusão: por uma mera falha de interpretação (e de comunicação da minha parte), por anos a fio acabou sendo instituído um "banimento cromático" da minha vida, o que foi automaticamente se espalhando e se enraizando na cultura da empresa.

Esse foi um dos casos em que consegui detectar esse tipo de problema. Fico imaginando quantos, como esse, podem ter ocorrido ao longo de toda a minha carreira e passado despercebidos.

Esse tipo de "filtro" também era presente no dia a dia da produtora, sempre com a melhor das intenções, a de me proteger e poupar dos problemas nos bastidores da empresa. E isso funcionou muito bem, já que muitos trabalhos que eu julgava terem corrido muito bem, hoje sei que não tinha sido bem assim... Eu é que não ficava sabendo das várias manobras e soluções de última hora que haviam sido criadas para que tudo estivesse perfeito quando eu chegasse ao estúdio.

Fiquei sabendo, muito tempo depois, que a imagem positiva que eu tinha de atrizes com quem eu amava trabalhar, como a minha querida Patricia Pillar, não era bem uma unanimidade. Pelo jeito, a relação dela comigo era bem diferente daquela com o resto da equipe, especialmente o pessoal do figurino, para quem ela aparentemente dava bastante trabalho.

E, como nos atuais dias de pandemia, havia também a medição da minha "temperatura" quando eu entrava na produtora – não física, mas emocional. Quem cuidava desse "termômetro" era sempre a recepcionista de plantão (fiquei sabendo disso por uma delas, a Heleny Gomyde), que, antes mesmo que eu chegasse ao meu andar, já comunicava à coordenação e a meus assistentes se eu estava mais ou menos "febril". Assim poderiam julgar melhor se deviam me procurar de imediato ou aguardar um momento melhor para me abordar com alguma questão mais sensível.

Eu teria ficado muito aborrecido se tivesse percebido isso tudo nessa época, mas hoje eu entendo que esse mecanismo de proteção era não só necessário, mas também habilmente acionado, com muito critério, por todos os meus assessores, de uma forma que hoje considero carinhosa.

Eu fui muito afortunado por ter, desde o início, uma estrutura humana tão generosa e eficiente me dando apoio, mas não poderia dizer o mesmo em relação à estrutura técnica. As coisas estão muito melhores hoje, mas na época o mercado carecia de boas locadoras. A demanda era muito maior do que a oferta, e vez ou outra nos víamos obrigados a adiar uma filmagem por falta de equipamentos e estúdio disponíveis.

A estrutura da 5.6, até então, resumia-se a uma moviola de seis pratos, logo substituída por uma de oito, o que foi motivo de grande celebração interna. Mas eu sentia falta de termos um mínimo de autonomia em relação a equipamentos, ao menos os de câmera, e fiz dessa aquisição uma prioridade.

Para quem não conhece, Moviola é a marca de um equipamento americano para projeção e edição de filmes. Originalmente era um aparelho bem barulhento, parecia uma máquina de costura, que conduzia o filme verticalmente, passando-o por uma pequena tela de projeção. Era razoavelmente pequeno, portátil, perfeito para ter presente nas locações das filmagens, de modo que o diretor pudesse assistir ao material filmado nos dias anteriores e acompanhar de perto os trabalhos do montador.

O termo "moviola" generalizou-se e passou a designar qualquer equipamento de edição profissional de filmes. Novas marcas surgiram, destacando-se a alemã Steenbeck e a italiana Prevost, que inovaram ao transformar a condução do filme de vertical para horizontal, criando-se então o que passou a se chamar flat-beds, ou mesas de edição. Estas continham um "prato" motorizado em cada lado da mesa: no da esquerda se colocava o rolo de filmes, que era transportado para o da direita, depois de projetado em uma tela central.

Quando falamos de uma moviola de seis pratos, significa que essa mesa de edição tinha uma dupla de pratos para filme e duas duplas para áudio. Uma moviola de oito pratos tinha uma pista de áudio a mais, permitindo apresentar o filme, por exemplo, com uma pista com o som direto, outra com efeitos sonoros e outra com a trilha musical.

Sempre gostei de editar, eu mesmo, todos os meus filmes, portanto essas foram aquisições importantes para mim. Mas, uma vez que já estávamos supridos nessa área, não demorou muito para que comprássemos nossa primeira câmera.

Estávamos trabalhando e faturando bastante, mas sempre fui precavido com relação às minhas finanças, e repliquei essa característica na condução econômica da empresa. Meu pai, que trabalhou a vida toda em banco, sempre me dizia, batendo a mão sobre seu bolso esquerdo da calça:

– Só gasto um daqui...

Em seguida, batia no bolso direito:

– ...se tiver quatro aqui!

Por isso, não quis investir de imediato uma quantia muito grande em um set de equipamentos, que poderia facilmente custar mais de 350 ou 400 mil dólares.

Optei por uma Cameflex, uma fantástica câmera fabricada pela Éclair, uma empresa francesa que infelizmente não aguentou o *dumping* da concorrência e encerrou suas atividades cedo demais.

Essa câmera, que carinhosamente chamávamos de "Came", já era nossa velha conhecida desde a época da Ultima Filmes e apresentava requintes de modernidade incríveis, quando comparada com uma Arriflex.

Além de um esperto sistema tipo "cassete" que reduzia a troca do chassi de filme para um décimo do tempo, uma grifa dupla que movia o filme com muito mais estabilidade, resultando em imagens mais nítidas, um sistema de torre que permitia calçar três lentes na câmera simultaneamente, a maior vantagem dessa fantástica câmera era que a distância entre o que chamávamos de "bunda da lente", ou seja, a sua parte anterior, e a janela onde passava o filme era muito maior do que a de qualquer outra câmera no mercado. Isso quer dizer que podíamos usar lentes que outras câmeras não suportavam. Com adaptadores especialmente desenvolvidos, podíamos usar lentes produzidas para câmeras fotográficas, Nikon ou Pentax, que, além de serem muito mais leves e luminosas, eram muito, mas muito mais baratas.

Só que a Came, como todas as câmeras não "blimpadas", era barulhenta, e consequentemente não se podia usá-la em filmes que demandavam a gravação de áudio. Por isso, logo em seguida compramos uma Arriflex BL II de um padre (!) que comandava a Verbo Filmes, uma improvável produtora da Paróquia Verbo Divino, na Chácara Santo Antônio. Essa já era uma câmera apta para filmagens com som direto.

Ao longo dos anos, fomos incorporando novas câmeras e lentes, bem mais modernas e muito mais caras. Primeiro uma Arri III, um verdadeiro "pé de boi" da indústria, e mais tarde uma Arri BL 535, a top do mercado. Um feito e tanto, considerando-se que só o corpo de uma câmera daquele porte, sem incluir tripés, lentes e acessórios, custava em torno de 250 mil dólares, e cada lente não saía por menos de 20, 30 mil dólares. Uma zoom podia chegar a 60, 70 mil, e nós tínhamos duas, uma Angénieux e uma Cooke Varotal.

Mas, naquele nosso início, uma única câmera já nos dava um imenso alívio e permitia um gerenciamento muito melhor de nossos cronogramas, e a nossa querida Came conviveu laboriosamente com as câmeras que vieram depois, e até ganhou uma irmã gêmea, quando o Magrão decidiu adquirir uma para sua curtição pessoal.

Outra área carente do mercado era a de estúdios de filmagem para locação. Havia poucos disponíveis, considerando-se a demanda, e isso criava sérios riscos para os nossos cronogramas. Bastava um dia de atraso por causa de um modelo que ficou doente ou a necessidade de se antecipar um dia a filmagem em razão da viagem de um cliente para que o planejamento fosse por água abaixo. E não havia solução fácil, tínhamos datas certas, reservadas com muita antecedência, sem muita margem para manobras.

Outro aspecto em relação ao aluguel de um estúdio era quanto isso complicava a logística, já que absolutamente tudo tinha que ser levado para lá: materiais para cenários, objetos, móveis, figurino, equipamentos etc., para depois serem retirados após a filmagem, às vezes sem nem mesmo termos visto o copião, um risco e tanto.

Toda essa operação causava muita perda de tempo, de materiais e, consequentemente, de dinheiro. Era preciso resolver rapidamente essa dificuldade.

Nessa época eu já estava morando em Alphaville, um bairro-satélite de Barueri, então considerado muito afastado de São Paulo. O que inicialmente me atraiu para a região, além do aspecto de segurança proporcionado pelos condomínios murados, com portaria e vigilância 24 horas, eram os preços das propriedades, comparados com os de São Paulo.

Eu me recordo que, antes de comprar o lote em que eu viria a construir minha casa, cheguei a procurar terrenos no ainda nobre bairro do Morumbi, em São Paulo. Um corretor me mostrou uma série de possibilidades, mas eram todas muito acima da minha capacidade financeira ou do valor que eu estava disposto a gastar. Em determinado ponto ele me perguntou qual era a minha profissão, e matei a sua curiosidade.

– Que coincidência! Tenho uns clientes muito bons que trabalham na mesma área!

Descobri que eram o Pedrinho e a Arlette Siaretta, que tinham comprado diversos imóveis com ele. A diferença era que o valor que eu considerava muito alto para a compra de um lote era menor que as prestações que o Pedrinho e a Arlette pagavam mensalmente pelas propriedades deles. "Um dia eu chego lá", pensei.

Com esse histórico, e tentando resolver a premência da 5.6, imaginei que poderíamos alugar um galpão em Alphaville e transformá-lo em estúdio próprio. E foi o que fizemos.

Achamos um galpão na Alameda Amazonas, com quase mil metros quadrados e que servia perfeitamente para as nossas pretensões. E o melhor: ele nos custaria mensalmente menos do que quatro ou cinco diárias de locação de um estúdio em São Paulo!

Minimamente autossuficientes em termos de câmeras e estúdio, passamos a focar nossas ambições em equipamentos de maquinaria e iluminação.

Hoje estamos anos-luz à frente daquele tempo. Lembro-me muito bem de um episódio em uma filmagem para a Fiat, ainda na Oficina de Cinema, cujo fotógrafo era o alemão Klaus Mewes, aquele que se tornou sócio da Claquete, no Rio de Janeiro. Tínhamos uma grua alugada para fazer o movimento de câmera... e ela era de madeira! Quase não havia gruas de verdade disponíveis, e as poucas eram disputadas a tapa. O Noninho ficou tão nervoso com a imprecisão dos movimentos e os ruídos provocados pela geringonça, que decidiu ele mesmo construir uma grua pra valer. E ele provou ser de fato um grande engenheiro mecânico sem diploma, pois acabou construindo não uma, mas três unidades, melhorando cada vez mais o equipamento.

O problema era o mesmo com relação a refletores e seus tripés. Havia apenas um único fabricante nacional, a Telem, que não tinha um produto à altura dos importados. O ideal seria importar todo um parque de iluminação, mas, com o dólar jogando contra, não era uma decisão assim tão simples. Foi pensando numa solução que surgiu uma ideia (e uma oportunidade) que nos levaria a uma nova e excitante aventura que narrarei no capítulo seguinte.

Foi uma época memorável na história da 5.6 e na minha vida. Todos os sentidos muito aguçados, conseguia ver tudo claramente à minha frente. As peças do tabuleiro iam se encaixando com grande facilidade.

4.2
Na toca do leão

O galpão/estúdio em Alphaville tornou-se a nossa segunda casa. Era o palco dos nossos ideais, era o lugar onde transformávamos os sonhos em realidade e o nosso potencial criativo era materializado.

Começar a ter nossos próprios equipamentos e nosso próprio estúdio foi mais um passo em direção à tão sonhada autonomia. Acho que, até mais do que isso, era ter um território próprio, domínio, fincar bandeiras. Meus olhos buscavam e enxergavam essa liberdade a cada passo, a cada evento. Em todos os momentos, eu procurava enxergar oportunidades.

O Ronaldo, meu ex-patrão na Ultima Filmes, nos procurou, perguntando se teríamos interesse em comprar alguns tripés. Para minha surpresa, descobri que ele havia se associado a um engenheiro mecânico argentino, Manuel Corrulón, e estavam juntos produzindo tripés de iluminação.

Como era de esperar, as peças do exigente e perfeccionista Ronaldo eram magníficas, joias mecânicas, mas não nos serviam. Eram muito delicadas para o nosso uso, mais destinadas a fotógrafos "still" ou produções de table top. Mas aquilo me acendeu uma luzinha...

Nosso escritório de New York estava indo bem, e, como não tínhamos equipamentos próprios, sempre precisávamos locá-los. E eu já tinha percebido uma discrepância nos valores praticados por lá. Uma Arri III completa custava em torno de 150 mil dólares nos Estados Unidos e era alugada por até 1.500 dólares a diária, ou seja, se amortizava em 100 dias de locação. Já um tripé que chegava a custar 1.500 dólares era alugado por 30 a diária, ou seja, se pagava na metade do tempo. Hummm!

Bom negócio. Lembrei daqueles tripés que o Ronaldo tinha me enviado e pensei que de repente eu poderia produzir um mais robusto para usarmos no Brasil, ter alguns disponíveis em nosso escritório em Nova York, mas principalmente vendê-los nos Estados Unidos... por que não? O câmbio estava a nosso favor, nossa matéria-prima era ótima, nossa mão de obra era adequada e muito mais barata.

Liguei de Nova York para o Manuel, que já tinha desistido da empreitada com o Ronaldo, e ele se interessou e me pediu que eu pesquisasse qual seria o modelo mais interessante para desenvolvermos.

Eu fui à locadora que sempre nos atendia, expliquei meus planos ao proprietário e pedi que ele me alugasse ou vendesse uma unidade bem baleada ou quebrada do tripé que tivesse melhor saída.

– O que mais sai é o Crank-O-Vator, da Matthews... E nem precisa alugar, eu dou um pra você, um que está bem detonado mesmo, eu ia até descartá-lo!

Eu trouxe aquele tripé para o Brasil e o Manuel desenvolveu uma versão muito melhorada, mais reforçada, com design mais bonito, mecanismos mais eficientes e materiais bem mais leves, o que o tornava mais fácil de ser operado, já que utilizava um sistema manual de manivela para elevar sua coluna central.

Além de muito superior, o nosso Crank-O-Vator ficou a um custo bastante competitivo, como já esperávamos.

Levei na bagagem para Nova York um exemplar do nosso tripé, batizado de Amazon, e o apresentei ao dono da locadora que havia me fornecido o exemplar quebrado da Matthews. Ele não queria acreditar no que estava vendo:

– Por quanto vocês me vendem?

– Bom... Dá para vender por 950 dólares.

– *WOW!* Eu pago 1.400 dólares pelo da Matthews!

Saímos de lá com cinquenta unidades encomendadas, uma enorme vitória.

Apresentamos o produto para outras locadoras e produtoras e, em poucas semanas, já estávamos com mais de duzentas encomendas! Começamos a produzir os tripés, muito entusiasmados.

Cerca de um mês depois, recebo uma ligação do George, nosso representante em Nova York.

– Well, estamos com um problema aqui... A Matthews está pondo uma pressão enorme no pessoal que comprou nossos tripés. Dizem que, se não comprarem os tripés deles, também não terão acesso a nenhum outro produto da empresa.

Acontece que a Matthews era a maior fornecedora mundial não só de tripés, mas também de uma infinidade de materiais de iluminação e maquinaria. Eles fabricavam praticamente tudo que se chamava de "padrão da indústria", os itens mais usados no mercado, inclusive a grua "xodó", chamada Tulip. E nenhuma locadora sobreviveria sem os produtos deles, portanto algumas já estavam ameaçando cancelar o pedido que nos haviam feito.

Uma delas acabou cancelando mesmo, e ainda nos alertou de que seríamos alvo de uma ação judicial por parte da Matthews por quebra de patente. Claro, eu fiquei preocupado. Na primeira oportunidade, consultei nosso advogado nos Estados Unidos.

– A meu ver, não há motivo para preocupação. Esse produto nem é patenteável, tem um mecanismo muito simples, certamente já caiu em domínio público. Além disso, nem o design foi copiado, então acho que estamos bem.

Fiquei mais tranquilo, até que alguns dias depois recebi o telefonema do advogado da Matthews pedindo uma reunião.

– Perfeitamente! Pode vir!

E ele foi. Com extrema arrogância, ele nos ameaçou de tudo quanto foi jeito e nos apresentou uma carta com uma "ordem de cessar e desistir", sob pena de iminente processo judicial. Tentando esconder meu nervosismo, devolvi no mesmo tom:

– Fique muito à vontade para nos processar, vejo você no tribunal!

Duas frases que eu jamais poderia imaginar que teria um dia a oportunidade de falar: "siga aquele táxi" e "vejo você no tribunal". Uma delas, agora ticada.

– Sim, nos veremos!

Ele foi embora e não se falou mais disso.

Fiquei preocupado, é claro, mas em poucos dias parei de pensar no assunto, até que a Elda, esposa do George e que atuava como faz-tudo no escritório, recebeu uma chamada e me passou o telefone, dizendo que era do Brasil.

Do outro lado da linha ouvi alguém com um forte sotaque português, que se apresentou:

– Senhor Amaral, aqui fala Carlos DeMattos, presidente da Matthews.

Por alguns segundos fiquei muito surpreso. Não tinha noção de que o dono da Matthews era português!

– Olha, eu sei que você esteve com o nosso advogado... Acho que devemos conversar pessoalmente, resolver tudo de forma amigável, e, se puder me fazer a gentileza, traga uma amostra de seu tripé.

Então, num tom bem mais conciliatório, acertamos nosso encontro dali a alguns dias, e ele fez questão de nos pagar todos os custos de viagem.

O Carlos nos recepcionou de forma muito agradável e gentil, acompanhado de seu sócio, Ed Phillips. A Matthews era realmente uma empresa extremamente bem-montada e bem-sucedida, a ponto de ter merecido não um, mas dois Oscars em reconhecimento de contribuições técnicas para a indústria cinematográfica. Mas, quando viram a nossa versão do Crank-O-Vator pela primeira vez, o Carlos exclamou baixinho, com seu forte sotaque lusitano:

– Ó, meu *Deushhh*!

Só de olhar, perceberam que o nosso tripé era muito superior ao deles. E aí, depois de muita conversa de entrosamento e amenidades, ele veio com um discurso, aparentemente já decorado:

– Wellington, vocês têm um produto muito bom! E sei que vão vender bem, mas isso não basta. E a assistência técnica? E o local para estoque de tripés e peças de reposição? A equipe de vendas e atendimento? E o seguro de responsabilidade civil? Os advogados?

Ele me falou sobre um problema seríssimo que tinham tido com um acidente envolvendo a grua Tulip, na Flórida, que não só quase destruiu a imagem do produto, como por pouco não os levou à bancarrota.

– Realmente...

– Se você concordar, faremos o seguinte: compraremos de vocês um mínimo de X unidades por mês, com um deságio de X% sobre o valor que estão vendendo hoje, e em compensação todas essas questões ficam sob nossa responsabilidade.

Para mim, ficou claro que tudo aquilo que ele havia dito fazia sentido, e não hesitei em fechar um acordo, que floresceu ao longo de todo o tempo em que ficamos trabalhando para eles.

Separamos uma parte dos fundos do nosso estúdio na Alameda Amazonas e ali montamos a Amazon, uma pequena indústria altamente especializada, com apenas alguns poucos e bons funcionários sob a batuta do Manuel. Produzimos dezenas de produtos com a marca Matthews e até desenvolvemos alguns novos.

4.3
Sem controle

A 5.6 era, então, um novo início na minha vida profissional e, com certeza, permitiria que muita gente, envolvida de alguma forma com a produtora, evoluísse e crescesse muito no seu vácuo.

Naquele momento, estávamos pisando em nuvens. O clima, ao menos na minha perspectiva, era de felicidade, de total camaradagem e informalidade entre todos na produtora, independentemente da função, o que às vezes se estendia aos de fora também.

Nunca vou esquecer uma situação hilária que aconteceu naquela época. Um dia, ao descer as escadas da minha sala para a recepção, encontrei a dona Ivone, nossa senhorinha do café, passando a mão carinhosamente na cabeça de um senhor sentado no sofá e perguntando a ele:

– Quer um cafezinho, filho?

Até aí, tudo bem, não fosse o fato de a cabeça pertencer ao Carlos Gottschalk, simplesmente o então presidente da Johnson & Johnson, que havia chegado cedo para uma apresentação.

O Carlos levou numa boa, até porque a dona Ivone era mesmo uma fofa.

A 5.6 abriu, de fato, um caminho não só para o crescimento de muitas pessoas, como também para os sonhos paralelos. A sua história de sucesso nos ensinou a empreender, a ousar, como foi com a Amazon, por exemplo. E a ousadia trazia a reboque um maior acúmulo de experiências, boas ou más, lições que podíamos aplicar em novos projetos.

Toda empresa é um ser orgânico, vivo, mas poucas têm um metabolismo com a velocidade e a intensidade de uma produtora de comerciais. A reação de síntese e de liberação de energia gerada durante o processo de produção de um job é enorme, especialmente em função da ausência de uma cadeia produtiva previsível, já que a essência da nossa profissão é o inesperado, o surpreendente.

Por mais experiência que se tenha, sempre haverá fatores impremeditados, muitas vezes incontroláveis, que na melhor das hipóteses servirão de lição para o futuro. Por exemplo, apesar de pouco confiável, sempre verificamos a previsão meteorológica antes de sair para uma filmagem externa. É o óbvio.

Mas, em 1985, o Aldana, minha então assistente, a Gerda, e eu fomos acompanhar uma filmagem de um comercial de cigarros Camel no Havaí. O objetivo era legalizar seu uso no Brasil, que ainda restringia a veiculação de filmes estrangeiros que não tivessem a participação de uma equipe brasileira. Após mais de trinta horas de viagem, com *pit stops* em Nova York e Los Angeles, chegamos ao destino.

Estávamos fazendo o *check-in* no hotel, quando reparei em um grupo reunido no saguão, que tinha toda a cara de ser uma equipe de filmagem. Só estranhei o fato de que estavam todos com suas bagagens e malas de equipamentos. A equipe à qual iríamos nos juntar devia ter chegado uns dois dias antes.

A recepcionista me confirmou que, de fato, aquela era a equipe de Camel e me apontou o diretor de produção. Eu fui até ele e me apresentei:

– Coincidência! Estamos chegando na mesma hora!

– Oh, não! Na verdade, estamos fazendo o *checkout*... A filmagem foi ontem!

– Como assim?

– Não está sabendo do furacão?

Naquele momento, senti um frio na espinha.

– Tem um furacão previsto para atingir a ilha hoje à tarde, tivemos que antecipar a filmagem. Achamos até que vocês não viriam mais.

Estávamos ali diante de um grande problema, pois tínhamos o compromisso de "legalizar" o comercial no Brasil. Sem a chance de rodarmos ao menos algumas cenas, não conseguiríamos provar a participação brasileira na produção.

Felizmente, pudemos contar com a boa vontade do produtor e do ator, que se dispôs a vestir o figurino da filmagem e participar de uma sessão de fotos na área externa do hotel. As imagens me mostravam "dirigindo" o protagonista em algumas situações. Era o melhor que podíamos fazer.

Nem fizemos o *check-in*. E, como muita gente estava deixando a ilha por causa do furacão, não foi fácil conseguir passagem de volta para o continente. Mas conseguimos embarcar a tempo de observar o céu se fechando como uma cortina negra no horizonte.

Essa foi, em toda a minha história, a viagem mais longa e inútil, tudo para ficar tão pouco tempo em um local de filmagem... e não filmar! Enfim, lições: da próxima vez, verificar a possibilidade de furacões – mesmo a 15 mil quilômetros de distância.

Outro exemplo de como a meteorologia nos passou a perna aconteceu em um filme para o desodorante Axe.

A história contada no roteiro era a de uma mulher que descia de um avião antigo, um DC3, no meio de um deserto, que deveria ficar visivelmente em um país pobre, possivelmente africano, e lá se deparava com o herói do filme, claro, todo refrescado e cheiroso, graças ao desodorante Axe, apesar do calor de 50 graus.

A locação aprovada ficava próxima a Tucson, no Arizona. Parte da equipe era do Brasil e parte veio da Califórnia, e a Denise Costa nos acompanhou como produtora da Lintas.

O engraçado é que, quando estávamos prestes a aterrissar em Tucson, o comandante anunciou:

– Senhores passageiros, está acontecendo uma coisa rara aqui nesta região: vamos pousar sob condições de chuva moderada.

Naquela hora, a informação entrou por um ouvido e saiu pelo outro. Só que, no dia seguinte, quando fomos ver o local da filmagem, o que era para ser um deserto parecia um campo de golfe!

No deserto, existe uma vegetação que está lá soterrada, mas não totalmente morta: são sementes adormecidas que, quando recebem o menor resquício de água ou umidade, brotam e vêm que vêm. Depois, em três ou quatro dias, no máximo, "morrem" de novo... E volta tudo a ficar como era.

Mas não podíamos esperar quatro dias.

Um dos membros da equipe vinda da Califórnia havia trabalhado com Philip Kaufman em *Os eleitos*, filme que conta a história dos primeiros astronautas. Ele sugeriu a base de Edwards, no deserto de Mojave, como uma boa alternativa para locação.

O Daniel e eu rapidamente analisamos a situação e logo concordamos que a proposta fazia todo o sentido. Los Angeles era destino planejado de qualquer forma para toda a equipe americana, que voltaria para casa, e também para a do Brasil, pois lá seria conduzido todo o processo de revelação e cópia do negativo. Edwards ficava a apenas 160 quilômetros de LA, ou seja, os custos adicionais não seriam significativos. Muito rapidamente, conseguimos as autorizações necessárias e mudamos todo o circo para a nova locação.

No final deu tudo certo, mas como prever esse tipo de coisa? Chover no deserto?

É claro que sabemos que não podemos controlar as condições atmosféricas, mas há outras situações incontroláveis, como o comportamento de bebês, crianças e animais. E, por ter aprendido isso "the hard way", passei a ter sempre pelo menos um *backup* aprovado pelo cliente, porque nunca sabemos quando um bebê poderá estar indisposto ou com cólica, ou quando um gato ou um cachorro vai "travar" por se sentir inseguro em um ambiente desconhecido. Na verdade, não sabemos que tipo de coisa pode acontecer com um animal ou uma criança durante uma filmagem.

Certa vez dirigi um filme para a Coca-Cola, cujo roteiro mostrava um garotinho de uns 5 ou 6 anos numa sala de aula, sonhando acordado e fantasiando com a professora. Ele lança olhares apaixonados para ela, fecha os olhos e se imagina em diversas situações em que eles agem como namorados: correndo na praia, andando de moto (ela na garupa), dividindo uma Coca-Cola com dois canudinhos... Um roteiro desses jamais passaria pelos inúmeros crivos impostos pela sociedade de hoje, mas na época o cerco do politicamente correto não era tão apertado, e o filme acabou sendo veiculado até nos Estados Unidos.

Acontece que o garoto meio que se apaixonou de fato pela atriz que estava interpretando a professora. Todos aqueles olhares, mãos dadas, abraços... Na hora de rodarmos a cena dos canudinhos, o garoto simplesmente não aguentou. Ele não conseguia olhar nos olhos da professora. Ele segurava um segundo e desabava, a ponto de começar a ter que segurar o choro, coitadinho... Tive que mudar a decupagem na hora, trabalhei com cenas mais fechadas, closes de um e de outro, sendo que, para filmar os closes do garoto, quem tomou o lugar da professora foi a Gerda, minha assistente. Com ela ele se comportou bem, ficou tranquilo. O problema era que ele realmente tinha desenvolvido um crush pela atriz...

Trabalhar com bebês também é complicado, claro, mas, no meu entender, é preferível a trabalhar com crianças entre um ano e meio e três ou quatro anos de idade. Com bebês que ainda não sabem andar, ainda temos um mínimo de controle, eles ficam onde foram colocados, e a criança fica bem, ou não... a cena funciona ou não. Simples assim. Já aqueles um pouco mais velhos têm alguma consciência de que algo estranho está acontecendo e uma boa noção do que "não" querem fazer, além de alguma independência para se deslocar. É muito difícil conseguir que permaneçam em um lugar e conquistar a atenção deles, em especial quando o roteiro pede que estejam olhando para a câmera. Fora de seu ambiente e às vezes com medo, estão sempre procurando e chamando pela mãe, claro, em qualquer outra direção, menos a da lente.

Em uma dessas situações, tive a ideia de usar um teleprompter na câmera para filmar o bebê. Sim, teleprompter. Só que, em vez de usar um texto, alimentei o sistema que fica posicionado na frente da lente com uma imagem ao vivo da mãe dele. Aí, claro, o bebê ficava olhando sempre para a "câmera", interagindo com a imagem reconfortante de sua mãe. A técnica funcionou tão bem que a adotamos como padrão em nossas filmagens com elenco infantil.

É complicado mesmo ter no elenco crianças e animais, mas filmar com atrizes ou atores consagrados deveria então ser um passeio no parque, certo? Nem sempre.

Na filmagem de um comercial do absorvente Sempre Livre, protagonizado pela maravilhosa Dina Sfat, tivemos que rodar mais de setenta tomadas de uma ceninha de menos de dois segundos, simplesmente porque ela não conseguia puxar a fita adesiva do absorvente ao mesmo tempo que dizia: "E fica firme no lugar!". Ou ela puxava a fita e depois falava, ou falava e depois puxava a fita.

Em um comercial, o tempo é precioso, cada fotograma conta, e eu precisava que as duas coisas acontecessem simultaneamente, para que tudo coubesse nos trinta segundos. No fim, conseguimos uma tomada razoavelmente boa, e dei por encerrado aquele pesadelo, em que a Dina estava ficando para lá de vexada.

Só que, em razão de uma mudança de estratégia sugerida pela agência, tivemos que refazer o filme todo. O figurino, que na primeira versão do filme era um terninho cinza, todo entonado com o ambiente de um *switcher* de televisão, passou a ser branco, para demonstrar a segurança que a atriz sentia ao usar o absorvente "naqueles dias". Foi a partir dali que todos os comerciais de absorvente, incluindo concorrentes, passaram a retratar as mulheres usando calças brancas.

Enfim, tivemos que rodar o comercial novamente e, claro, chegou aquele aguardado momento de filmarmos a tal cena da fita adesiva.

– Bom, Dina... chegou aquela hora.

– Ah, dessa vez eu estou pronta. Ensaiei muito em casa!

Demos muita risada, mas, mesmo assim, rodamos uns quinze takes até que desse certo.

Uma situação similar aconteceu com o ator Alberto Ruschel, que fez *O cangaceiro*, um clássico do cinema nacional. Dessa vez, interrompemos a filmagem do comercial para tratores Ford após mais de noventa tomadas, pois estava ficando um clima muito tenso, o Ruschel estava muito vexado. Continuamos no dia seguinte e conseguimos um bom resultado, depois de pelo menos mais umas quarenta tomadas... Em sua defesa, destaco que se tratava de um texto de trinta segundos, sem cortes.

Se esse tipo de situação pode acontecer com atores profissionais, imagine trabalhar com pessoas, mesmo celebridades, que têm pouca ou nenhuma experiência diante das câmeras.

Dirigi um comercial para a Cofap, tendo como protagonista o fofíssimo Chico Landi, pioneiro do automobilismo brasileiro, alçado à fama mundial por ter vencido em 1948 o importante Grande Prêmio de Bari. Um feito tão inesperado, que a organização da corrida não tinha o Hino Nacional Brasileiro para tocar durante a premiação – acabaram tocando "O Guarani", de Carlos Gomes! O Chico foi o Ayrton Senna de sua época, rivalizando diretamente com nomes como Fangio, Farina e Ascari. Um ser humano realmente encantador, que se portou muito bem durante a filmagem.

Só tinha um problema... ele não conseguia pronunciar a palavra "amortecedor". Saía simplesmente... "murticedor".

– Seu Chico... é a-mor-te-ce-dor...

– Então... *murticedor*!

No final ficou assim mesmo, do jeitão dele. Ainda bem.

O Chico Landi, apesar de não ser uma pessoa habituada a atuar diante das câmeras, era uma figura tão à vontade e tão "na dele" que o seu jeito de falar não se alterava, quer estivéssemos rodando, quer não, mas, de um modo geral, quando estamos lidando com amadores, conseguimos "interpretações" muito mais naturais quando não sabem que estão sendo filmados.

Houve um episódio, coincidentemente com outro automobilista. O Wilsinho Fittipaldi demonstra bem essa condição. Tratava-se de um comercial institucional para a Volkswagen, que exaltava o conforto que a potência, a estabilidade e os freios dos veículos da marca proporcionavam ao dirigir.

O texto era um pouco longo, e, para facilitar a vida do Wilsinho, eu o decupei em partes e ainda planejei a filmagem como se fosse uma entrevista – fora de quadro, eu lhe fazia perguntas, que naturalmente induziam a respostas que faziam parte do texto previsto no roteiro.

Foi tudo muito bem, até que chegamos à parte final, em que ele tinha que falar do "conforto" em si. Não tinha jeito... ele gaguejava no "c". Tentamos algumas vezes, e sempre no mesmo ponto ele empacava. O Wilsinho começou a ficar nervoso, o que só serviu para agravar a situação. Para que ele se acalmasse, resolvi fazer um intervalo, e, usando um código interno que minha equipe já conhecia muito bem, nos preparamos para o plano B. Depois de conectar o cabo na câmera, o operador passou disfarçadamente o controle remoto para mim e eu o mantive escondido do Wilsinho. A equipe toda foi tomar um café, e ficamos só ele e eu ali no set. Puxei uma conversa despretensiosa, pois já nos conhecíamos de outros carnavais, eu já tinha filmado com seu filho Christian, com seu irmão Emerson, e até com seu pai, o Barão! Foi um papo bem gostoso, informal, que fez com que ele relaxasse. Aí acionei a câmera, sem que ele percebesse, e, em um tom de confidência, perguntei:

– Wilsinho, cá entre nós... o que é que essas coisas todas do Volkswagen proporcionam de verdade?

– Ah, isso tudo te dá um conforto muito bom no carro...

Sem titubear.

Olhei para o técnico de som direto, que, fora do alcance visual do Wilsinho, tinha permanecido de olho em mim o tempo todo, e ele me ergueu o polegar, com um sorriso estampado no rosto.

Wrap!

Em outra produção, para as Pernambucanas, levamos esse "plano B" às últimas consequências. Era um comercial que deveria mostrar muitas peças da coleção daquela estação, e, para caber tantos itens em trinta segundos, o roteiro pedia uma colagem de cenas de jovens posando para a câmera, como se estivessem sendo fotografados para um catálogo de moda. Mas a ideia era fugir do convencional, usando apenas pessoas comuns, evitando o uso de modelos profissionais.

Construímos um "novo camarim" no nosso estúdio, de alvenaria e tudo, e por trás dos espelhos que ficavam ao fundo criamos uma câmara oculta, onde pudemos instalar todo o nosso equipamento de filmagem. Ocorre que utilizamos aqueles espelhos que só refletem do lado que está iluminado, ou seja, para a nossa câmera eles ficavam absolutamente transparentes.

Tivemos o cuidado de manter uma pessoa do casting entre os participantes para induzi-los a se vestir dentro dos trocadores, a fim de evitar qualquer problema de invasão de privacidade, instruindo-os para que, depois de vestidos com as roupas escolhidas, finalizassem a "produção" com os itens de maquiagem e os inúmeros acessórios que deixamos disponíveis no camarim.

Lá fora, o estúdio estava preparado, de fato, para um teste de VT, e todos os participantes, antes de serem direcionados para o falso camarim, foram informados de que teriam que se produzir sozinhos, buscando um visual bem "cool" e contemporâneo, para depois voltarem ao estúdio para o teste em si, que consistia em fazer uma sequência de poses, como se estivessem sendo fotografados para um ensaio de moda.

A tática foi um estrondoso sucesso. Todos os postulantes a participar do comercial ficavam bastante tempo ensaiando suas poses diante do "espelho", experimentando chapéus, boinas, echarpes, colares... E, sem saber que estavam sendo filmados, faziam gestos, caras e bocas para a câmera, exatamente o que precisávamos.

Na semana seguinte, com o filme já montado e aprovado, informamos aos participantes do comercial que eles haviam sido selecionados e pedimos que fossem até a produtora para assinar o contrato e receber um detalhamento de como seria a filmagem. Só então ficaram sabendo que, na verdade, o filme já estava pronto, e saíram de lá felizes da vida e com um cheque na mão.

Então, nesse começo tão rico da 5.6, tudo era motivo para espremermos as situações e extrair conhecimento da prática, já que nem sempre 2 + 2 são 4.

Era preciso olhar por trás e além, usar a imaginação não apenas para a poética idealização de belas imagens, mas para adivinhar o problema antes que acontecesse, antecipar soluções para obstáculos que ainda não haviam surgido no horizonte, ver depois da curva. E, mesmo quando está tudo certo, tudo verificado, todas as leis de Murphy aplicadas, todos os planos B traçados, ainda pode aparecer, do nada, algo que em inglês se chama "gut feeling", uma intuição que vem lá de dentro.

Na verdade, não é nada específico que dispara um alarme na sua cabeça, não há um acontecimento, um detalhe ou um comentário de alguém que leva você a questionar o caminho que está sendo trilhado, é simplesmente algo que vem de dentro e você pensa: "hummm!".

Talvez seja algo que, embora não consigamos identificar de onde vem, seja simplesmente um acúmulo de experiências que vão se depositando em camadas em seu cérebro e ficam lá em banho-maria, até que sejam acionadas de forma inconsciente.

Algo assim aconteceu na produção de uma campanha para Doritos, da PepsiCo, que eu já mencionei aqui.

A conta era da Lage'Magy, que tinha por missão produzir dois filmes que se encaixassem no modelo vigente da campanha mundial, com o ator e comediante norte-americano Avery Schreiber como protagonista.

Em todos os muitos filmes que haviam sido produzidos internacionalmente, ele representava um profissional exímio naquilo que fazia. No meio de seu trabalho, sempre sendo admirado por alguns presentes, alguém do público dava uma mordida num *snack* de Doritos, provocando um enorme ruído, *crosh!*, que tirava a sua concentração e fazia com que ele cometesse algum erro grosseiro. Na campanha mundial, Avery interpretou diversos papéis, como um juiz num concurso de queijos, um gângster, um garçom, um mágico, e por aí vai. Nos dois filmes brasileiros, ele interpretaria um *barman* e um jogador de vôlei de praia.

No primeiro filme, tudo correu bem: rodamos o filme em um único dia, todo mundo satisfeito. Para o filme de vôlei, o local escolhido foi uma praia no Rio de Janeiro, com vista para o Pão de Açúcar.

Desde o início, algo me incomodava naquele roteiro. Alguma coisa me dizia lá no fundo que tinha algo de errado ali, mas eu não conseguia identificar exatamente o que era. O plot era igual aos outros: uma sequência de passes, um levantamento para o Avery, que iria dar uma cortada vencedora, mas era interrompido pelo som da mordida no produto e acabava se atrapalhando todo. Nada de novo.

Chegou o dia da filmagem, e fomos todos muito cedo para a locação. Preparamos tudo, colocamos todos os figurantes nos seus lugares e aguardamos a chegada do Avery para darmos início.

Aí ele chega. Tive um choque! Enquanto todo o cast estava vestido de biquínis, sungas, bermudas, o Avery veio vestido de "aqualouco", um grupo antigo de comediantes brasileiros que se vestiam com aqueles maiôs inteiriços do início do século XX, listrados, que cobriam o corpo do pescoço até os joelhos.

Como supostamente deveria ser um figurino supersimples, não me preocupei em verificar com antecedência qual tinha sido a escolha da minha equipe, pois tinha total confiança nela. Fui falar com a Patty, a figurinista, e perguntei por que ela tinha feito aquela escolha, em que nada batia com nada.

– Well, você viu o corpo do Avery. Se eu colocá-lo numa sunga, ou mesmo numa bermuda, com aquela barrigona de fora, ele vai ficar ridículo, vai ser banha balançando pra todo lado. Por isso achei melhor trocar um ridículo por outro, assumido...

Como já mencionei antes, costumo dar uma larga margem de manobra para a minha equipe, mas também exijo que qualquer mudança significativa do briefing seja aprovada por mim. Aquilo tinha sido um grave erro, mas foi um daqueles males que vieram para o bem, pois, ao mesmo tempo que me chocou, e de certa forma me constrangeu perante o cliente, que estava acompanhando a filmagem, trouxe uma grande revelação: o roteiro estava errado.

Não sua estrutura em si, mas o *papel* que Avery estava interpretando. Em todos os demais filmes da campanha, ele fazia um personagem possível de ser interpretado por um ator gordo: um *barman*, como no caso do segundo filme da nossa campanha, ou um juiz, ou um gângster... mas um exímio jogador de vôlei de praia teria que forçosamente ter um físico minimamente atlético, ou todo o contexto perderia a verossimilhança que o roteiro exigia, mesmo considerando-se o tom humorístico da campanha.

Eu não sabia o que fazer. Estávamos todos lá, prontos para rodar, e discuti com a Silvinha Figueiredo, que era então a produtora de RTV da agência, ela própria excelente figurinista, sobre que caminho tomar. Comentei com ela as minhas dúvidas sobre o roteiro, e ela concordou comigo. Mas como resolver a coisa, politicamente falando? O cliente, Roberto Dranger, estava ali acompanhando os trabalhos, e eu estava muito inseguro em dar sequência à filmagem; aquilo não ia dar certo.

Aí aconteceu algo que, pelo menos, eliminou a urgência de uma decisão.

O tempo começou a fechar, nuvens negras se aproximavam, prometendo chuva a qualquer momento. Isso me permitiu cancelar a filmagem naquele dia e me deu um tempo extra para pesar os prós e os contras de uma decisão que eu teria que tomar depois.

Mais tarde o Roberto Dranger sentou-se comigo e com a Silvia para almoçar e percebeu que havia algo pairando no ar.

– O que foi, Wellington? Parece que você está preocupado com alguma coisa.

Em razão do mau tempo lá fora e de toda a situação, me veio à memória a postura do Denzil Smith, para quem eu fazia assistência muitos anos atrás, na McCann, que cancelou a produção de um filme de Kolynos por inadequação do roteiro e acabou propondo uma nova abordagem.

Não resisti. Acabei desabafando.

– Roberto, é assim. Acho que esse roteiro não está correto.

E falei tudo que eu estava sentindo, ao mesmo tempo me desculpando por não ter percebido aquela situação com antecedência.

– E o que você acha que a gente deveria fazer?

– Por mim, eu cancelaria esse filme e pensaria em outro roteiro.

Aí ele teve uma atitude das mais raras em nosso mercado:

– Ok, concordo, vamos nessa. Só temos que ser muito ágeis, porque o Avery vai embora na sexta-feira.

Estávamos numa segunda-feira, não ia ser fácil.

– Pode deixar, eu garanto essa parada.

Eu mal podia acreditar. O cliente estava me apoiando incondicionalmente, sem titubear, sem ao menos consultar as bases, a agência, sem considerar eventuais custos que um cancelamento iria provocar e que haveria uma nova produção. Mas, com a bênção dele, foi o que fizemos. Desarmamos todo o circo e voltamos para São Paulo, não sem uma certa apreensão, pois eu teria que explicar para a Magy o que tinha acontecido.

Na manhã seguinte fui à agência e encontrei um clima bem tenso.

– Poxa, *Véllington*, você podia *terrr* pelo menos ligado pra mim!

Expliquei para a Magy que tinha sido tudo no calor dos acontecimentos, que a decisão do cliente havia sido tão espontânea e imediata que nem tinha dado tempo de falar com ela.

No fim, ela entendeu, acabou concordando com as minhas considerações, mas estava preocupada com a solução do problema, já que só teríamos o Avery por mais dois dias.

– Pensou em alguma coisa?

Como estava me sentindo um pouco culpado por ter deflagrado aquela situação, eu me considerei responsável por chegar na reunião já com uma solução que resolvesse a questão.

– Pensei em um jogador de sinuca.

– Acho ótimo! Conseguimos filmar amanhã?

– Com certeza. E se o tempo estiver bom na quinta, ainda pretendo rodar um terceiro filme.

Aí deu aquele branco em todo mundo.

– Que terceiro filme?

– Se o tempo estiver bom, eu queria filmar o Avery no papel de um professor de caratê fazendo uma demonstração ao ar livre para um grupo de jovens pupilos.

– Ah, não sei. Já chega o filme da sinuca, que vai ter custo pra PepsiCo. Mais um filme ainda?

– Magy, o filme da sinuca não vai ter custo adicional. E se a gente conseguir filmar o do caratê, vai ser cortesia da casa!

Vantagens de ter uma estrutura completa...

A Magy falou com o Dranger, que curtiu muito a nova proposta e, claro, adorou ganhar um filme.

Dali pra frente tudo conspirou a favor, e rodamos os dois filmes a contento.

Sucesso. E algumas lições...

O Dorian "Dodi" Taterka certa vez foi nos visitar para um drinque e uma sinuca na 5.6, e aproveitei o nosso estado etílico para matar uma curiosidade geral do mercado: ele era conhecido por chegar no set e cancelar a filmagem, simplesmente porque queria que mudassem o tom da cor do figurino; ou por exigir que os sapatos do ator fossem trocados por um par de cromo alemão, mesmo se tratando de um close-up no rosto dele; ou, ainda, por impor que fossem acrescentadas, aos armários embutidos do cenário, gavetas cheias, roupas penduradas, sapateiras repletas, mesmo que as portas do armário jamais fossem abertas na cena.

Claro que devo incluir aí minhas próprias experiências com ele: fontes luminosas, dançarinas do ventre...

– Dodi... Por que *cazzo* você faz essas coisas?

– Porque quando eu chego na filmagem e ainda não tenho a menor ideia de como resolver o filme, eu preciso de uma desculpa pra ter mais tempo pra pensar.

Ok, não deixa de ser também uma estratégia – mas muito dispendiosa para o meu gosto. O melhor mesmo é ser objetivo e direto e enfrentar as consequências. Melhor ainda é se preparar e planejar tudo muito bem antes de ir para o set, checando tudo, mesmo os menores detalhes, até aqueles que consideramos garantidos.

Se eu tivesse verificado o figurino do Avery dois ou três dias antes da filmagem, possivelmente a inadequação do ator ao personagem teria sido percebida já no ato, permitindo corrigir o rumo antes, e não durante a filmagem. Trocar o figurino na hora não seria problema, pois havia dezenas de opções, para todos os gostos. Mas mudar o roteiro já não era tão fácil assim. Há quem diga que um shooting board ou um planejamento muito engessado inibem a criatividade de um diretor. Eu penso o contrário: quando sua mente está tranquila, quando você sabe que tem o filme pensado, na mão, é aí que fica à vontade para criar, porque, ao ter o domínio sobre toda a estrutura, você fica livre para alterá-la, pois conseguirá entender claramente o efeito que uma mudança irá provocar no resto do filme, de forma que possa fazer os ajustes consequentes.

Aprendi, com esse episódio, que eu precisaria prestar mais atenção e dar mais ouvidos àqueles pressentimentos que, vez ou outra, eu tinha.

Mas todo esse drama também deixou resíduos positivos: os milhares de horas de diversão proporcionada pela mesa de sinuca que serviu como objeto de cena e acabou encontrando sua morada definitiva em nossa sala de reuniões e, posteriormente, em nossa futura nova sede.

4.4
O cobrador de impostos

Estávamos no segundo semestre de 1986. No início desse ano, Jânio Quadros assumira a prefeitura de São Paulo, prometendo moralizar a política municipal e sanear as contas públicas, revendo impostos e caçando sonegadores. Ele considerava que nós, produtores de comerciais, fazíamos parte do grupo que fraudava o fisco.

Até essa época, estávamos isentos de pagamento do ISS, o Imposto sobre Serviços, pois éramos considerados produtores de cinema, e, como atividade cultural, o cinema era isento. Só que, na cabeça dele – e eu não tirava totalmente a sua razão –, nós não éramos produtores de cinema, nós produzíamos comerciais. Ou seja, não fazíamos propriamente arte ou cultura; prestávamos serviços. Era uma "arte aplicada", remunerada, e tínhamos que pagar o imposto correspondente à nossa atividade.

Assim, mesmo não contando com o apoio total da Câmara, ele jogou 5% de imposto em cima de todo o nosso faturamento. Isso era uma coisa brutal para um segmento que até então nunca havia pagado por isso, e que dificilmente conseguiria embutir aquele percentual nos orçamentos, já bastante negociados.

Imediatamente foi convocada uma reunião na Associação das Produtoras, e os advogados da entidade recomendaram que não pagássemos o imposto. Na opinião deles, o pagamento abriria um precedente, e para voltar atrás seria mais complicado. Eles iriam brigar na Justiça e viam uma boa chance de ganharmos.

O Cal e eu decidimos que seria prudente consultar o nosso advogado – e ele tinha uma opinião diferente. Achava que deveríamos pagar, sim, só que em juízo. Faríamos o depósito, e mesmo que lá na frente perdêssemos a ação, os valores já estariam depositados, não haveria juros, não haveria multas, não haveria correção monetária, e na época a inflação era gigantesca.

Enfim. Embora nos custando bastante, a 5.6 passou a recolher em juízo os 5% de ISS, seguindo os conselhos do nosso advogado. Vez ou outra conseguíamos acrescentar esses 5% ao orçamento, mas, mesmo quando não dava, nossa boa margem de lucro nos permitia absorver aquela despesa extra, e assim fomos tocando o barco e nunca mais pensamos nisso.

Jamais poderíamos imaginar o que isso nos causaria lá na frente.

O país começou a atravessar uma época sombria, um período com inflação monumental, atingindo os dois dígitos mensais, e houve várias tentativas do governo para resolver o problema, por meio de planos econômicos mirabolantes.

Mas, como todo empresário brasileiro, nós insistíamos, acreditávamos... apostávamos. A nossa parceria com a Matthews estava indo muito bem, e mantínhamos uma relação ótima. Crescemos tanto que a produção de tripés teve que sair do nosso estúdio, na Alameda Amazonas, e ir para um galpão próprio. Quintuplicamos o nosso parque industrial. Dava orgulho de ver!

Um dia recebemos na Amazon a visita de um representante da Cacex, que era então o órgão executor da política de comércio exterior. Ele nos presenteou com uma espécie de diploma de "honra ao mérito", por termos sido considerados uma "empresa ideal para os anseios da nação": 100% de capital nacional, 100% de mão de obra brasileira, 100% de matéria-prima local e 100% da produção exportada. Era tudo que o governo queria diante daquela situação.

Estimulado pelo sucesso da 5.6 e da Amazon, entrei em um período de grandes ousadias. Estava impregnado com uma energia explosiva, que me impelia a abraçar todos os meus sonhos.

Mas eu não conseguiria realizar meus sonhos mais ousados sozinho, por causa da escassez de tempo e de capacidade ou talento para realizar certos projetos no nível da minha expectativa. Por isso, sempre procurei me cercar de gente que sabe o que está fazendo, e que o faz com arte.

Admiro o talento. Ponto. Tenho uma paixão pelo virtuosismo, não importa onde ou como ele se manifesta. No palco, na TV, nas ruas. Hoje há plataformas e veículos mais democráticos, como o YouTube, em que podemos assistir a pessoas extremamente talentosas, com dons admiráveis, mas nos anos 1980 a coisa era bem diferente. Esses talentos acabavam sendo desperdiçados no anonimato de seus próprios redutos.

Uma noite fui convidado para assistir a um *pocket show* em uma casa noturna chamada Espaço Off, que ficava na Rua Romilda Margarida Gabriel, uma travessinha da Avenida São Gabriel. Nunca tinha ouvido falar daquele lugar, mas me afirmaram que a diversão era garantida.

O Off era um lugar pequeno, mas razoavelmente bem montado, com uma arena diminuta que abraçava um pequeno palco. Naquela noite, ouvi música de altíssimo nível, com performances de gente que eu nunca tinha ouvido falar.

Mas o que me surpreendeu foram os comediantes stand-up que se apresentaram depois, um estilo de humor ainda desconhecido no Brasil. Foi lá que pela primeira vez vi se apresentarem a Grace Gianoukas, a Angela Dip e o Marcelo Mansfield, com quem viria a trabalhar muito no futuro.

Quase morri de rir. Não imaginava que havia humoristas no Brasil com tanto talento. E fui descobri-los numa pequena casa que pertencia ao Celsinho Curi, produtor cultural. Nós nos aproximamos e trocamos algumas lamentações sobre ser empresário no Brasil.

Ao final do nosso papo, tinha me tornado sócio informal do Espaço Off... que descobri depois ser reduto tradicional da comunidade LGBT, comandada por uma criatura admirável, que transitava com enorme facilidade pelo universo da produção cultural, fomentando e dando oportunidades para artistas desconhecidos.

O Celsinho tinha transformado o Off em um trampolim que lançou nomes como Simone, Angela Ro Ro, Zizi Possi, entre outros artistas que se tornaram celebridades nacionais.

Foi ele quem me apresentou, em 1986, o José Possi Neto, consagrado diretor de teatro, com grande verve para a música e com fama amplificada por ser irmão da Zizi. Eu respeitava bastante o seu trabalho e revelei a ele a minha paixão por musicais. Produzir um musical no teatro era um sonho antigo, e eu já tinha até feito uma tentativa alguns anos antes, que não tinha sido muito bem-sucedida, pelo menos no que dizia respeito à satisfação desse meu desejo.

Eu havia contratado o escritor Mario Prata, garantindo a ele uma remuneração mensal para que escrevesse uma peça pra mim. Eu tinha uma ideia de plot e contei sobre a minha paixão pelo jazz e pelas big bands, e ele aceitou a encomenda.

Só que ao longo do processo ele foi se desviando da minha ideia, se é que alguma vez teve a intenção de desenvolvê-la, e me apareceu com outra totalmente diferente. E eu gostei do novo enredo. Chamava-se "Purgatório, uma divina comédia". Tratava-se de um personagem que recebia uma mensagem do além (através da televisão, no meio da transmissão do *Jornal Nacional*), dizendo que aquela história de pós-vida era tudo balela. Que céu e inferno, que nada, o legal mesmo era o purgatório!

O próprio Prata define bem a intenção da peça em uma entrevista concedida na época da estreia ao *Jornal da Tarde*:

"Nessa peça eu quero falar do pecado, do prazer, da culpa. Coloquei no Purgatório todos os personagens interessantes e apaixonantes, de Marilyn Monroe a Teotônio Vilela, de James Dean a Flávio Márcio e até a orquestra inteira de Glenn Miller. Para lá vão todos os que viveram com prazer na Terra. O Inferno é mais ou menos igual, só que no dia seguinte! Após cada noite de festa, as pessoas têm de acordar cedo, tomar Engov e vestir ternos cinzentos pra trabalhar. E o Céu também é muito chato: lá só tem japoneses, aquela freirinha que cantava Dominique, o Pequeno Príncipe, o castíssimo São José, até Jesus Cristo prefere ficar no Purgatório, por causa das companhias agradáveis".

A inclusão da banda do Glenn Miller na história foi a sua tentativa ironicamente bem-humorada de atender minimamente aos meus anseios originais.

Enfim, a peça foi lançada em 1984, no Cultura Artística, sob direção do Roberto Lage, e com Odilon Wagner, Ileana Kwasinski, Roney Facchini, Mauro Almeida, entre outros, no elenco. Teve um relativo sucesso, mas definitivamente não preencheu aquela minha vontade de produzir um musical.

Por isso eu ainda mantinha aquela chama acesa, um desejo enorme de levar aos palcos alguma coisa ligada à música, e achei que dessa vez, com o Possi, que transitava melhor por aquela seara, eu teria mais sucesso.

– Sempre adorei os da Broadway e os clássicos de Hollywood, Fred Astaire, Gene Kelly, Ginger Rogers e companhia.

– Ah, então vamos fazer alguma coisa juntos! Tenho uma ideia aqui, um musical que eu gostaria de fazer...

Acabamos produzindo (a 5.6 como produtora executiva) um musical que se chamava "Rito de amor e morte na casa de Lilith, a Lua Negra".

Essa criação do Possi não era, de novo, exatamente o tipo de musical que eu pretendia, mas a proposta era tão excitante que acabei aderindo ao entusiasmo dele.

A narrativa girava em torno do que se passava na cabeça de um personagem no instante de sua morte. Um espetáculo denso, em que não se pronunciava uma única palavra. Toda a história era contada por meio da coreografia, da magnífica interpretação do elenco e de uma trilha sonora que mantinha o público com a respiração presa o tempo todo.

O cenário era também muito elaborado, parte do público ficava envolvida por ele, e havia uma piscina central dentro da qual um personagem sumia nas águas escuras, para reaparecer magicamente em outro ponto do set.

Foi a primeira incursão do talentosíssimo Alexandre Toro como cenógrafo. Eu o havia descoberto alguns poucos anos antes, trabalhando como desenhista de móveis de vime em uma lojinha em Pinheiros. Ao constatar seu inegável dom e vocação, percebi que ele precisava apenas de um pouco de orientação para se tornar um grande profissional. Ofereci a ele quatro vezes o que ganhava na loja para que pudesse aprender a arte da cenografia. O tempo mostrou que eu estava certo na minha avaliação, e ele construiu uma brilhante carreira.

Foi um espetáculo magnífico. Convidamos o Odilon Wagner e a Selma Egrei para os papéis que exigiam mais interpretação, e mais um elenco fantástico de bailarinos, a Susana Yamauchi, a Ana Mondini, o Denilto Gomes, o Vicente di Franco e os meus queridos Wilson Aguiar e Mazé Crescenti. Além deles, havia um único músico em cena, o saxofonista George Freire. O musical fez muito sucesso, apesar do tom sério. Ficou meses e meses em cartaz no Auditório Augusta.

Foi uma experiência tão prazerosa, eu gostei tanto, que depois falei para o Possi:

– Quero repetir a dose... Mas dessa vez tem que ser algo com big band!

Nessa época eu ia para Nova York duas ou três vezes por mês e, quando estava por lá, nunca perdia as performances da big band de Thad Jones & Mel Lewis, no Village Vanguard. O clima era simplesmente fantástico. As mesas coladinhas umas às outras, aquele som incrível...

Quem me levou ao Village Vanguard pela primeira vez, e com quem voltei muitas outras, foi o Armando Mihanovich. Numa delas, durante um intervalo, eu me perdi tentando encontrar o banheiro e acabei entrando na sala de descanso dos músicos. Estavam lá o Thad e o Mel tomando um uisquezinho. O Thad olha pra mim, levanta o copo e pergunta:

– Aceita um?

– Aceito... Mas posso ir buscar um amigo?

– Claro! Traz ele aqui.

Chamei o Armando e ele foi à loucura ao ser apresentado ao Thad Jones. Ficamos lá uns cinco minutos tomando o tal uisquezinho e voltamos para nossa mesa para assistir à segunda apresentação. Claro que ficamos ainda mais fãs do sujeito!

De outra feita, lá estou esperando o início da apresentação, quando ouço um grito atrás de mim:

– *What a man!*

Não podia ser outra pessoa... Aquele era o "grito de guerra" do meu parceiro e ídolo, Edgard Gianullo, monstro da guitarra jazzística. Virei-me para me deparar não só com o Edgard, mas também com meu querido e talentosíssimo Maestro Vitché. Os dois estavam na cidade, coincidentemente para a gravação da trilha de um filme meu, da PanAm. Não poderia ter companhia melhor para curtir um jazz da maior qualidade.

Enfim, eu expliquei ao Possi que queria finalmente produzir um espetáculo que pudesse reproduzir aquele clima do Village Vanguard. Ele respondeu, simplesmente:

– A-do-rei!

Ele acabou criando um espetáculo batizado de "Emoções baratas", que teve sua estreia em 1988, e finalmente vi realizado o meu sonho de produzir um musical do jeito que eu sempre quis.

Para reproduzir aquele clima de uma casa de jazz em um porão, como era o Village Vanguard, a ideia era sair do esquema de um teatro normal. O Possi queria montar um bar de verdade, mesas e cadeiras no lugar de poltronas, um ambiente bem intimista, com o serviço normal de um cabaré.

Falei sobre isso com o Celsinho Curi e ele me disse que estava querendo abrir outro espaço, até já tinha visto um imóvel na Praça Benedito Calixto, em Pinheiros, que achava interessante.

Fui ver o tal imóvel. Fantástico! Olhando de fora, era só um sobradinho, mas, entrando pela lateral do sobrado, havia um acesso a mais dois andares abaixo do nível da rua. O meu porão! Aquele achado me pareceu ser um sinal de que estávamos com um projeto vencedor. Propus ao Celso criarmos o Off Off, um espaço que teria um restaurante no nível da rua, um bar no primeiro subsolo e o cabaré no segundo, onde montaríamos o "Emoções baratas".

Entusiasmado, comprei o ponto e operamos o bar que estava instalado ali, até que o projeto da reforma estivesse pronto, tarefa delegada ao meu amigo e arquiteto favorito, ex-senhorio e ex-cliente Jorge Königsberger, que também entrou como sócio da empreitada.

Iniciamos a reforma do imóvel e já começamos o processo de casting.

Naquele tempo, era muito complicado montar um elenco para um musical. Nós mesmos tivemos que formar muitos membros do cast, ensinar cantores e bailarinos a interpretar, ensinar atores e cantores a dançar... E tivemos até que formar uma big band, a Heartbreakers, com a base do Nouvelle Cuisine, do Guga Stroeter, ao vibrafone, mais uma bela formação de metais, comandada pelo mesmo George Freire, de "Lilith".

Faziam parte também o inigualável Carlos Fernando, no vocal, e as queridas Adyel Ferreira da Silva e a Misty, uma fofa que o Possi descobriu e em cujo talento viu muito potencial. Misty trabalhava, até então, como empregada doméstica.

Enquanto aconteciam as reformas no imóvel da Benedito Calixto, começaram os ensaios numa casa que alugamos para esse fim no Pacaembu.

Minha vida na 5.6 continuava a todo o vapor; eu só tinha tempo mesmo de curtir todo o processo do "Emoções baratas" e o Off Off nos intervalos do trabalho e nas madrugadas.

Tudo bem, tudo maravilhoso, grandes expectativas e entusiasmo, até que desabou um novo plano econômico no país.

No início daquele ano, havíamos comprado um imóvel na Marginal Pinheiros, próximo ao Jockey Club, para onde pretendíamos nos mudar assim que possível. Mas, como estávamos felizes na nossa casa e tínhamos muita vontade de fazer o Off Off acontecer, aceitamos uma proposta de venda do prédio da Marginal para podermos investir na nova casa noturna.

Porém, atingido pelo novo plano econômico, o comprador desistiu, pulou fora do negócio no dia marcado para a assinatura do contrato e nos deixou sem a escada, pendurados pela brocha. Com as obras já em estágio avançado, nós nos vimos de uma hora para outra sem os recursos para concluí-las.

A 5.6 tinha caixa para fazer frente àquela empreitada, mas não seria inteligente utilizar o capital de giro da produtora para bancar um negócio paralelo, ainda mais considerando-se as incertezas provocadas por mais um plano econômico – que tinha tudo para ser desastroso.

Com muito pesar, tivemos que renunciar àquele sonho e, consequentemente, àquele espaço, com a obrigação de devolver o imóvel da mesma forma que o alugamos, a um custo financeiro e emocional muito grande.

Mas o espetáculo não podia parar. Os ensaios já estavam em fase final, tínhamos que estrear em algum lugar. Acabamos conseguindo uma agenda no Bar Avenida, na Vila Madalena, e transformamos aquele espaço no nosso "cabaré". É claro, tivemos que fazer muitas adaptações, precisamos aumentar o palco, criando uma enorme plataforma retrátil, enfim, uma superprodução a toque de caixa, magistralmente conduzida pela equipe da 5.6, sob a batuta do Magrão.

Passando por cima de todos os reveses, o "Emoções baratas" foi um espetáculo incrível e bem-sucedido. Tentamos estender nossa temporada no Avenida, o que não foi possível, por causa da programação já contratada. Por isso, procuramos outro local para dar continuidade ao espetáculo e encontramos o Ópera Room, em Pinheiros.

Vinte e dois anos depois, o Possi remontaria o espetáculo, já com um novo elenco (exceto pelo Guga Stroeter, que permaneceu no cast e na direção musical), e me convidou para a estreia. Nessa ocasião ele me fez uma reverência pública e me agradeceu por ter, mais de duas décadas antes, ousado sair do conforto da produção de comerciais para investir no teatro.

Essas experiências me inspiraram a desenvolver e escrever alguns musicais, que espero algum dia ter a oportunidade de montar. Alô, produtores e patrocinadores... me liguem!

Na verdade, essas minhas incursões aventureiras por outras áreas aconteciam por eu acreditar que elas trariam os mesmos bons resultados e alegrias que eu tinha com a minha carreira na publicidade. Achei que tinha encontrado a fórmula do sucesso, ou estava sofrendo de uma espécie de síndrome de Super-Homem. Mas parece que nem tudo se resume a boa vontade, nem mesmo esforço e competência: há *kriptonitas* escondidas por aí.

4.5
Nashville

Hoje, a distância, eu posso ver com mais clareza o que acontecia conosco, com a nossa história, dentro da História: não haveria empreendedor que permanecesse incólume à montanha-russa de planos econômicos que assolavam o Brasil naquela época.

Não há quebra-cabeça que permaneça inteiro sobre uma mesa aos solavancos.

Sem me dar conta disso, resolvi me aventurar na área televisiva e lancei *Nashville*, o primeiro (e creio que último) programa de música *country* do Brasil.

Quando morei em Jesup, Iowa, nos Estados Unidos, então com 15 anos, uma das minhas atribuições semanais como parte da família Brown era ir de bicicleta até uma fazenda de um grupo amish, que ficava a uns quatro quilômetros da minha casa, para comprar leite, legumes, ovos, coisas assim.

Os amish formam uma comunidade tradicionalista cristã, de origem suíço-alemã, que vive como uma sociedade de quase dois séculos atrás, sem eletricidade, usando apenas charretes ou cavalos como meio de transporte. É um povo ultraconservador e extremamente refratário.

A comunidade era composta por algumas pequenas fazendas, cujos fundos davam para uma área comum, onde havia um enorme celeiro comunitário.

No início, ao me aproximar da fazenda, as crianças e as adolescentes se escondiam e eu era atendido pelos homens adultos na porteira principal. Eu fazia o pedido, eles me traziam os produtos, eu pagava e ia embora pedalando, sem nunca pisar na propriedade. Mas aos poucos eles foram relaxando, e depois de um tempo ninguém mais se escondia quando eu chegava na porteira.

Um dia, para minha surpresa, quem me trouxe os produtos foi uma jovem. Ela tinha uma beleza clássica e aparentava ser um pouco mais velha que eu, mas minha percepção pode ter sido traída pelo vestido simples e recatado que ela usava, cobrindo até os tornozelos, ou pela touquinha branca que escondia parcialmente seus cabelos loiros.

– Olha, eu... minha família... queria convidar você para uma festa que nós vamos promover no sábado que vem.

Surpreso, agradeci o convite, sem a menor intenção de aceitá-lo.

Mas, ao comentar o assunto com a minha família, eles insistiram muito para que eu fosse: aquela oportunidade era sem precedentes, imperdível. Eles achavam que os amish estavam me considerando um *outsider* também, alguém de fora, e que tinham se sensibilizado com a minha situação. Realmente, naquela época, em 1969, um brasileiro no meio de Iowa era de fato um ET.

Acabei indo à tal festa, na verdade um "barn dance", celebração muito típica do que conhecemos como "Velho Oeste", com dança de quadrilha, banda com banjo, rabeca e um "washtub bass", um contrabaixo que usa um pau roliço para esticar a corda que irá produzir o som, preso a uma bacia emborcada que servia como ressonador. A percussão ficava a cargo de instrumentistas que usavam um "washboard", uma tábua de lavar roupas, e colheres usadas como se fossem castanholas.

Como eles não bebem álcool, havia só suco, limonada, mais nada. Gente dançando, rindo e cantando. Tudo muito puro, espontâneo. Foi uma experiência bastante marcante, uma viagem inesperada ao final do século XIX.

Pouco a pouco, junto com tudo aquilo que eu fui absorvendo em Iowa, a música country passou também a fazer parte de mim. Essa música de raiz, verdadeiramente caipira norte-americana.

Daí passaram-se os anos, a 5.6 estava deslanchando, e eu, sempre aberto para negócios paralelos, achei que o Brasil talvez estivesse pronto para um programa de TV sobre música country.

Procurei o meu saudoso amigo José Amâncio, diretor do *Som Brasil*, na Globo, na época ainda apresentado pelo Lima Duarte, que depois foi substituído pelo inigualável Rolando Boldrin.

– Zé, você acha que música country teria algum espaço no Brasil?

– Ah, Well, não sei, porque música sertaneja, você vê, é difícil, é um nicho muito pequeno...

Naquela época, não havia bandas ou grandes astros da música sertaneja. Eram apenas duplas caipiras, na linha de Tonico e Tinoco, Pena Branca e Xavantinho, com suas violas, e só! Mas o Zé contemporizou:

– Mas pode ser que um programa de música country ajude a levantar a música sertaneja brasileira! Na hora que eles virem como é feito lá fora, o tamanho da produção...

Os shows desse gênero nos Estados Unidos tinham a mesma dimensão das performances das grandes bandas de rock.

O Zé Amâncio até já havia feito uns ensaios para tentar aumentar o prestígio da música sertaneja brasileira, trazendo Milton Nascimento, Ney Matogrosso e outros pesos pesados da MPB para interpretar clássicos sertanejos ao lado de duplas consagradas.

Era uma tentativa de dar um "up" no prestígio da música sertaneja: conquistar um público maior e com mais poder aquisitivo, o que atrairia um tipo de anunciante com mais verba, geraria mais retorno, que poderia ser reinvestido em melhores produções, atraindo mais público. O objetivo era criar um círculo virtuoso com potencial de fazer, daquele gênero, uma máquina de dinheiro.

O Zé acabou comprando a ideia e a levou para o Nilton Travesso, então na TV Manchete, no Rio. O Nilton também gostou do projeto, e em 1989 a emissora levou ao ar pela primeira vez o *Nashville, o som country*.

Sabendo dessa minha iniciativa, meu amigo Odilon Wagner, parceiro de "Purgatório", "Lilith" e incontáveis locuções, me ligou.

– Well, preciso fazer parte desse programa, adoro música country! Minha mulher sabe tudo sobre country, pode ajudar muito na produção!

– Seja muito bem-vindo!

E o Odilon passou a ser o "co-host" do programa, já que, além de dirigir, eu também apresentava o *Nashville*, usando um chapelão de *cowboy* e tudo.

Completava o time minha grande e querida amiga Jackie Cordeiro, que, além de embelezar o programa, ajudava demais na dinâmica geral, chamando os comerciais, introduzindo números musicais, fazendo sorteios e dividindo alguns textos comigo e com o Odilon.

O *Nashville* era basicamente um programa de videoclipes e algumas poucas entrevistas. Não havia na época uma fonte para conseguir os vídeos, não havia Vimeo, YouTube, MTV, nada disso. Então contratamos um garoto, pela nossa produtora de Los Angeles, para gravar, do ar, tudo que era transmitido sobre o assunto.

A gente também comprava alguns "videodiscs" de shows relevantes para o *Nashville*, e essa era a base do material musical que inseríamos nos programas.

Eu ainda aproveitava minhas frequentes idas aos Estados Unidos para captar material para o programa, principalmente em Dallas, onde eu também finalizava meus comerciais, ou em Nashville mesmo, sempre que tinha oportunidade.

Numa dessas idas à capital da música country, cheguei a cantar à capela no palco do Grand Ole Opry, literalmente o templo da música country, pois havia sido uma igreja antes de virar casa de shows.

> *"You picked a fine time to leave me, Lucille*
> *With four hungry children and a crop in the field*
> *I've had some bad times, lived through some sad times*
> *But this time your hurting won't heal*
> *You picked a fine time to leave me, Lucille"*

Entrevistei Kenny Rogers em Las Vegas, Dolly Parton e Brenda Lee em Nashville, e Willie Nelson em Austin.

Tive também a oportunidade de entrevistar Eric Clapton. Apesar de ser classificado como um artista do rock, ele havia lançado um álbum chamado *Slowhand*, com clara e forte influência country, em especial as canções "Lay down Sally" e "We're all the way", o que justificou a entrevista.

Estávamos produzindo um filme da Levi's para a Lintas, hospedados no Four Seasons de Dallas.

Acompanhando as filmagens pela agência estavam o Beto Ramazzina e o Carlos Rocca, que foi quem reconheceu Clapton tomando café com Mark Knopfler, do Dire Straits, a poucos metros da nossa mesa. E foi o próprio Rocca quem o identificou, um pouco mais tarde, tomando sol na piscina do hotel e teve a coragem (ou a cara de pau) de ir falar com ele. Ao final, o Beto e eu também nos aproximamos, e do papo surgiu a ideia da entrevista, que acabou durando mais de uma hora. Nessa oportunidade, fiquei sabendo que ele só usava Levi's em suas performances e que tinha exemplares de quase todo o mundo – e ficou feliz por acrescentar a do Brasil ao seu guarda-roupa. Quando perguntei se ele tinha algum tipo de patrocínio, ele me respondeu, na lata: "No dia que me pagarem eu paro de usar Levi's!".

Dediquei tempo e carinho àquele projeto, valeu muito todo o investimento.

Hoje, olhando para trás, percebo como eu amo iniciar novos projetos, pesquisar sobre o assunto, planejar, pôr o projeto de pé, curtir bastante o resultado, mas depois de algum tempo sempre sinto que minha missão já foi cumprida e busco abrir espaço em minha vida para partir para uma nova iniciativa. O empreendedor e mentor Ricardo Bellino, meu amigo e parceiro de longas jornadas, diz que essa característica faz de mim um ser como ele próprio, um "empreendedor serial".

Com o *Nashville* não foi diferente. Depois de um tempo no ar, passei o bastão em definitivo para o Odilon, que continuou com a Jackie enquanto o programa permaneceu na Manchete. Depois o Odilon partiu para o rádio e permaneceu no ar por muito tempo.

Foi uma experiência muito prazerosa para mim. Até hoje eu amo esse estilo de música, e foi incrível estar à frente das câmeras, manifestando algo que ficou marcado em mim desde a minha adolescência.

Mais uma pecinha que eu recolhi lá em Jesup e que fui encaixar na minha vida tanto tempo depois!

4.6
Amor sem fronteiras

Naqueles primeiros anos da 5.6, o governo lançou um sem-número de planos econômicos sem pé nem cabeça para tentar conter a inflação, que era de 235% em 1985, passou para 415% em 1987 e beirou os 2.000% em 1989!

Naquela época, brincava-se dizendo que era mais barato andar de táxi do que de ônibus, porque você pagava o ônibus no começo da viagem e o táxi, só no fim.

Era um verdadeiro malabarismo fazer o orçamento da produção de um comercial, especialmente porque os clientes adotavam uma forma de pagamento incrivelmente prejudicial para todos os fornecedores. Era chamado de "fora o mês".

O pagamento era feito em 30 dias, "fora o mês", ou seja, sem levar em consideração o mês em que você se encontrava. Portanto, se você estivesse, por exemplo, no dia 15, os 30 dias "fora o mês" significariam 45 dias, na prática. Para adicionar um complicador a esse sistema de pagamento, 50% do orçamento de um job era faturado na aprovação de um orçamento, e os 50% finais, só na aprovação do filme na moviola.

Com uma inflação beirando os 2% ao dia, tanto agências como clientes eram altamente motivados a aprovar orçamentos ou filmes na moviola sempre nos primeiros dias do mês, para que os "30 dfm" virassem, na verdade, quase 60 dias em que se poderia especular com aquele dinheiro.

Não era raro recebermos a última parcela de um job quatro ou cinco meses depois de o orçamento ter sido aprovado, tornando a gestão financeira de uma produtora um grande pesadelo e nos obrigando a grandes exercícios de futurologia.

Havia ainda um agravante: ao tentarmos prever a inflação que teríamos nos meses seguintes, estávamos na verdade contribuindo para realimentá-la. Ocorre que nossas despesas relativas a uma produção específica aconteciam, muitas vezes, antes até do recebimento dos primeiros 50%...

Na 5.6, tínhamos algumas armas para enfrentar essa terrível situação. Uma delas era uma certa autossuficiência em termos de equipamentos e estúdio, o que nos deixava a salvo dos constantes aumentos das locadoras.

Outra era o enorme giro de trabalhos que tínhamos, o que nos permitia que um job financiasse o seguinte. Tínhamos também uma razoável reserva em dólar, o que nos proporcionava algumas manobras financeiras salvadoras.

E, por fim, tínhamos uma equipe praticamente completa, formada quase que em sua totalidade por contratados fixos. Dessa forma, conseguíamos negociar uma forma de pagamento dos cachês mais sincronizada com o pagamento do cliente.

Assim, apesar de todos os obstáculos crônicos da economia, seguimos em frente, e nossas vantagens competitivas nos permitiram uma forte consolidação no mercado.

Nosso escritório em Nova York ia razoavelmente bem, e por meio dele produzimos muitos filmes fora do Brasil, o que também se tornava uma vantagem, pois recebíamos em dólar, um ativo protegido da inflação.

Numa dessas filmagens, conheci uma dupla de produtores, Daniel e Dominique Cady, que vieram a ser meus grandes parceiros dali em diante. Pai e filha, os dois eram de Los Angeles, e, com minhas constantes idas para lá em razão dos negócios com a Matthews, nós nos aproximamos muito, e eles passaram a ser meus representantes na Costa Oeste, além de se tornarem grandes amigos.

Depois de um certo tempo, percebi que, com o apoio do Daniel e da Dominique, e com a necessidade de ir a Los Angeles com frequência, já não fazia mais sentido manter a estrutura em Nova York, e acabei transferindo toda a nossa operação para LA.

O Daniel vinha de uma longa relação com o cinema, tendo produzido uma série de longas "C" em Hollywood. Já a Dominique era (e é) uma grande diretora de arte, acumulando as funções de produtora de campo, produtora de objetos e figurinista. Ela chegou a participar de várias produções "A" de Hollywood, incluindo algumas da Disney.

Essa combinação de currículos foi excelente para a 5.6. O Daniel conseguia preços fantásticos, podendo contratar equipes e equipamentos, por toda uma semana, ao preço que no Brasil nos garantiria no máximo duas diárias de filmagem. E a Dominique garantia um visual rico e de bom gosto. Era tudo que queríamos: qualidade a um preço competitivo. O custo de rodar um filme nos Estados Unidos era praticamente o mesmo, quando não menor, que no Brasil.

Além disso, eles também nos davam apoio em produções rodadas no Brasil, especialmente realizando pesquisa de casting. E houve uma que me marcou muito. Foi um filme para uma campanha da Lintas para Johnson & Johnson, chamada "Linguagem do amor".

O filme era sobre uma mulher já com seus trinta e tantos anos, que acabara de dar à luz e estava em estado de depressão pós-parto, até o momento em que a enfermeira traz o bebê para que ela o veja pela primeira vez. O filme deveria mostrar a transformação dela, passando de um estado de angústias e incertezas para uma entrega de amor incondicional, diante daquela criaturinha que tinha acabado de nascer.

A intenção da agência e do cliente era que a situação parecesse o mais real possível e, por conta disso, chegou-se à conclusão de que não seria aconselhável usar uma atriz brasileira, porque alguém dessa idade, boa atriz o suficiente para passar todas aquelas emoções que estávamos querendo, seria alguém forçosamente conhecida do público. Isso tiraria a credibilidade, esse realismo que estávamos tentando imprimir ao comercial. O Daniel e a Dominique fizeram uma rápida pesquisa, gravaram um teste com meia dúzia de atrizes, tarefa extremamente facilitada por haver milhares delas em Hollywood, e nos enviaram a fita.

Qualquer uma das opções serviria, e o critério passou a ser gosto pessoal. Cliente, agência e eu chegamos a um consenso e trouxemos a desconhecida Julie para o Brasil.

Quando eu conversei com ela, nos dias anteriores à filmagem, ela me pediu:

– Wellington, se você puder me ajudar... Antes de começar a filmar, eu gostaria de ter um momento a sós comigo mesma, no cenário, para entrar no clima e poder passar tudo isso que vocês estão querendo.

– Claro, sem problemas, você terá.

– Quanto mais real for o cenário, melhor para mim.

– Claro! Estamos fazendo um cenário bem realista, pode ficar tranquila quanto a isso... Vai ficar tudo certo!

Mas, considerando esse último pedido dela, lembrei que um cenário tem que ser realista apenas para o que a câmera está vendo – eu não tinha considerado a possibilidade de torná-lo realista também para a atriz, que tinha um ponto de vista oposto ao da câmera. Produzimos, então, um cenário com quatro paredes, com teto, com tudo, e o iluminamos de forma que o equipamento de iluminação não fosse percebido.

Quem estava lá dentro se sentia dentro de um quarto de uma maternidade – até cheiro de hospital havia sido providenciado pela produção!

Os únicos elementos estranhos no ambiente, mas indispensáveis, eram a equipe mínima, o Aldana e eu, cada um operando uma câmera, e o maquinista que operaria o dolly, mas que ficava agachado, fora do alcance visual da Julie.

Respeitando a vontade da atriz, nós lhe demos o tempo que ela havia pedido. E ela ficou ali em concentração, pelo menos por meia hora, entrando naquele *mood*. Nos bastidores, tínhamos três bebês de prontidão, todos aprovados pela agência e pelo cliente. O que estivesse mais tranquilo no momento seria o escolhido.

Apesar de todo o ritmo de trabalho, a equipe sentia e respeitava o clima que tínhamos conseguido imprimir ao ambiente, então o silêncio no estúdio era realmente hospitalar. Entrei no set e praticamente cochichei para a atriz:

– Você está bem? Tranquila? Está pronta?

Ela apenas acenou levemente com a cabeça.

Assumimos nossos postos, dei um ok silencioso para a minha assistente na época e ela saiu do cenário.

Aí tudo aconteceu naturalmente: a enfermeira, que era uma profissional de verdade e trabalhava em uma maternidade, entrou no cenário, entregou o bebê para a atriz e deixou o quarto. A atriz reagiu da maneira como havia se preparado emocionalmente, e as duas câmeras rodando, sem emitir ruído, apenas documentando toda a situação: a mãe interagindo com o seu bebê, suas expressões denotando emoções conflitantes... Foi uma coisa tão bonita, tão emocionante, que eu sinceramente não consegui evitar que algumas lágrimas minhas acompanhassem as dela.

Da posição de minha câmera eu conseguia enquadrar o perfil da mãe e do bebê; com a zoom, era possível obter um bom close de ambos.

Em um dado momento, eu estava focado só no bebê, quando o rosto da mãe entrou em quadro em uma composição estética improvavelmente perfeita, ela deu um beijinho no nariz do bebê e ele reagiu com um... apaixonante sorriso!

Depois me explicaram que recém-nascidos não sorriem; aquilo tinha sido apenas um espasmo muscular. Mas para todos nós aquilo foi um sorriso, e dos mais lindos e emocionantes!

Na hora, eu só pedia aos céus que estivesse tudo em foco, que o filme não tivesse acabado... Foi um acontecimento tão especial, único e inesperado, tão difícil de obter, que tudo que eu queria era poder utilizar aquela cena, com a magistral interpretação de ambos, atriz e bebê.

No final estava tudo certo, a imagem estava perfeita, foi uma cena muito linda, e a atriz depois me agradeceu muito por eu ter propiciado aquela condição de trabalho.

Depois, até rolou uma brincadeira de que aquele bebê seria obrigado a fazer terapia no futuro, por causa de uma sensação estranha de ter nascido duas vezes, um certo *déjà-vu* natalício.

Foi uma experiência fantástica, e a filmagem em si durou quatro minutos e pouco, que é o que dura um chassi de 120 metros de filme 35 mm. Uma façanha digna de um *Guinness*!

Foi um filme lindo, com a trilha maravilhosa criada e também interpretada por Tom Jobim:

> "Venham todos, meus amigos, vamos todos festejar
> O neném mais bonitinho que acaba de chegar
> É bem-vinda, se é Maria, é bem-vindo, se é João
> Tenho todo o meu amor, meu carinho
> Na palma da minha mão".

O curioso é que o custo da Julie (seu cachê mais as despesas de viagem) ficou abaixo do que tínhamos orçado para pagar uma atriz brasileira. E dez ou mais vezes menor do que se fosse uma atriz da Globo.

Esse filme fazia parte de uma campanha internacional, e a J&J nos havia fornecido como referência o "filme master", aquele produzido internacionalmente, que deveria ser utilizado em todos os mercados como modelo a ser seguido. Só que o nosso filme ficou tão melhor que a encomenda que passou a ser considerado pelo cliente o novo "master".

Imaginei, com uma certa dose de sádica satisfação, um monte de diretores ao redor do mundo, desesperados, tentando conseguir que um recém-nascido desse um sorriso como aquele que conseguimos por obra divina...

Uma outra produção em que nossa dupla de Los Angeles nos ajudou fazendo o casting foi para um filme da Phebo. O roteiro pedia um take único, o close de um homem bonito, maduro, de quarenta e poucos anos, olhando para a câmera durante trinta segundos. Enquanto a câmera se aproximava lentamente, uma lágrima deveria escorrer de seus olhos ao final do take, revelando uma grande emoção interna, de alguma forma reprimida.

Novamente, um homem de 40 anos bom o suficiente para fazer aquilo seria alguém muito conhecido no Brasil, o que não era desejável, por isso o Daniel e a Dominique fizeram um novo casting em Los Angeles. Chamaram uns dez atores, e todos, sem exceção, conseguiram realizar a proeza de produzir uma lágrima na hora certa. Um deles ainda perguntou para a Dominique, *off camera*, se ela preferia a lágrima no olho direito ou no esquerdo. Covardia!

Bom, o ator selecionado veio ao Brasil e tivemos outro pretendente ao *Guinness Book*.

O Daniel e a Dominique foram um marco na minha vida profissional e também na pessoal. Não tenho como agradecer por todo o valor que eles conseguiram agregar às produções dos meus filmes e de muitos outros diretores da 5.6.

São dois grandes amigos que moram no fundo do meu coração.

Montar um quebra-cabeça não precisa ser necessariamente um passatempo solitário. Ter parceiros e amigos de verdade observando o jogo sobre nossos ombros pode ser muito bom.

4.7
Um golpe do destino

Sobrevivemos ao Plano Cruzado I... Ao Plano Cruzado II... Sobrevivemos ao Plano Bresser, em 1987... Até o dia em que aconteceu o Plano Verão.

Esse plano (janeiro de 1989) foi a quarta tentativa do presidente Sarney de controlar a inflação. O Plano Verão, entre outras coisas, decretou o congelamento forçado de preços no país. E isso realmente não deu certo.

A Amazon, por exemplo, dependia das grandes indústrias para o fornecimento de alumínio e aço, para a fabricação dos nossos tripés. Mas, com o impedimento de qualquer aumento e a inflação ainda descontrolada, essas empresas simplesmente preferiam não vender. Como o Brasil enfrentava naquele momento uma inflação de 20%, 25%, 30% ao mês, era mais negócio manter a produção estocada para futuras vendas.

Melhor dizendo, vendiam, mas com ágio de 25% a 30%, ou mais, "por fora". Só que nós não tínhamos condições de pagar isso. Primeiro, porque não éramos um grande cliente de ninguém, nosso volume era irrisório para esse tipo de indústria, como Alcan e Gerdau. Segundo, porque nós não podíamos repassar esse tipo de custo para a Matthews. Pelo contrário: contratualmente, só podíamos aumentar, no máximo, em dólar, 7% ao ano.

Começamos a ficar encurralados, a conta não fechava, teríamos que assumir um enorme prejuízo para poder atender o contrato.

A situação chegou a um ponto em que me vi obrigado a ir até a Matthews e me abrir com o Carlos de Mattos. Eles foram muito compreensivos com a nossa situação, eles próprios já tinham passado por situações difíceis no início da Matthews. Eu disse a eles que iria fazer o possível para me associar com outra empresa com mais estrutura, ou repassar para ela o nosso contrato, evitando que houvesse interrupção das entregas programadas.

Sem muita escolha, eles aceitaram, e acabei negociando o nosso contrato com a Telem, que era uma grande fábrica de equipamentos, mas que só atendia no Brasil. Eles tinham um parque bem maior que o da Amazon, tinham um bom estoque e um grau de persuasão junto aos fornecedores maior do que o nosso.

Diante dessas circunstâncias do Plano Verão, acabamos vendendo a Amazon. Fiquei muito inseguro ao tomar essa decisão; talvez eu pudesse ter arriscado um pouco mais, apostado numa rápida recuperação e normalização da economia, mas o cenário era mesmo assustador, e hoje creio que a decisão foi acertada, pois sustos maiores ainda estavam por vir.

Apesar de ter tomado a decisão certa, o fim da Amazon deixou um gosto amargo em mim. Não foi exatamente um fracasso, mas quase. Mais ou menos na mesma época eu também fechei o Yesterday, o primeiro karaokê "ocidental" do Brasil, fora do bairro da Liberdade, mais um de meus projetos pessoais.

Sempre gostei de investir em coisas que eu próprio consumiria, locais que eu gostaria de frequentar. Como sempre gostei de cantar e beber, achei legal ter um espaço para satisfazer esses meus dois prazeres.

O Yesterday era um barzinho muito aconchegante, também em Alphaville, e que me deu muitas alegrias, até que veio o congelamento dos preços exigido pelos planos de contenção inflacionária. A partir dali, não conseguíamos mais repor nossos estoques sem que a conta ficasse negativa.

Para complicar, Sarney havia convocado toda a população para agir como seus "fiscais", dedurando os estabelecimentos que tivessem majorado seus preços e que, consequentemente, sofreriam pesadas multas e até o risco de fechamento.

No dia em que apareceu uma cliente no Yesterday e tirou de sua bolsa um de nossos próprios cardápios, que obviamente ela havia surrupiado já com segundas intenções, e passou a compará-lo com o que o garçom acabara de lhe oferecer, decidi: não brinco mais.

Os preços não haviam sido alterados, mas, pela insolência, me recusei a servi-la e a pus para fora. Fechei as portas e não as abri mais.

– Vou levar todos os playbacks, equipamentos e estoque de bebidas pra casa e vou me divertir só com meus amigos. Os fiscais do Sarney que se danem!

A Amazon, o Yesterday, o Espaço Off Off... Sonhos desfeitos, a despeito de todo o meu empenho e o de todos os meus sócios, parceiros e equipe. Uma demonstração clara de que há forças contra as quais fica muito difícil lutar, murro em ponta de faca. Se empreender hoje no Brasil já é uma briga de foice no escuro, naquela época era coisa para doidos.

De tudo, sobraram os aprendizados e um doce sabor residual de termos desenvolvido e implementado projetos de qualidade, o que aos poucos foi tirando aquele gostinho amargo do insucesso.

Foi debaixo desse clima que, mais ou menos nessa época, meados de 1989, nós recebemos outro duro golpe: uma cobrança da prefeitura. Um número que era impagável.

Eu me lembro até hoje: o Cal entrou na minha sala, branco, tremendo, com aquele papel na mão.

– Duke, olha isso aqui!

Quando eu vi, não queria acreditar.

– Não é possível estarmos devendo tudo isso! Deixamos de pagar alguma coisa?

– Não, até onde eu sei, está tudo em ordem. Eu não entendo o que pode ter acontecido!

Eu fiquei revirando aquele papel, lendo e relendo linha por linha daquele documento, tentando entender de onde tinha surgido aquilo. E aí eu vejo num campo de observações algo que dizia mais ou menos isto: "Este saque deverá ocorrer em até 30 dias a partir desta data".

– Como assim? Saque? Mas *peraí*... Cal! Olha isso!

E ele leu aquela observação.

– Então não é um pagamento?

– Aí fala em saque...

– Nossa! Vai ver são aqueles depósitos que a gente vem fazendo em juízo. Será que é isso?

E no final... era. Inacreditável!

Aquele valor representava, talvez, quatro meses de faturamento bruto da empresa, limpinho, livre de impostos, equivalente ao lucro de quase três anos de operação!

Foi uma coisa tão extraordinária e inesperada que resolvemos transformá-lo em um grande presente para a própria empresa, construindo a nossa sede dos sonhos. Mais um enorme passo em direção à liberdade!

Feliz da vida, eu vi o universo deter, com um único movimento de uma mão invisível, aquele jogo de dominós, aquele efeito cascata destruidor, tirando de vez o gosto amargo dos insucessos recentes. Foi como um milagre.

Talvez por causa de um mal-estar instalado em todo o país, eu me deixara contaminar, e, graças a uma decisão acertada tomada alguns anos antes, aquela estacionária nuvenzinha que pairava sobre nossas vidas, escurecida pelo pessimismo, passou a ser delineada com uma borda brilhante, prenunciando uma era de otimismo que não experimentávamos havia tempos.

Decidimos que a nova sede seria construída em Alphaville, já que o Cal e o Aldo também haviam se mudado para o bairro, que parecia pertencer a outro país, mais desenvolvido, tranquilo. Compramos nove lotes, totalizando um pouco mais de 4 mil m², e chamamos a Königsberger Vannucchi para projetar o prédio. A primeira proposta que nos apresentaram era, literalmente, de cinema. Tinha uma sala de projeção imensa, academia, quadra de *squash*, espelhos d'água envolvendo os diversos blocos...

Mas, quando o Cal e eu refletimos sobre aquilo, por mais lindo que fosse o projeto, vimos que ia contra o nosso lado prático e racional. Para que tudo aquilo? Fora o fato de que o projeto total tinha em torno de 2.500 m² de área construída e se espalhava por todos os nove lotes, uma taxa de ocupação que o tornaria muito pouco comercializável no futuro – muito terreno para pouca área útil.

Agradecemos ao Jorge e ao Gianfranco, mas decidimos não executar o projeto, que acabou merecendo diversos prêmios no âmbito do mercado da arquitetura. Em vez disso, contratamos um engenheiro, nosso amigo e vizinho. Projetamos a seis mãos e construímos o esqueleto de um prédio muito simples, de três andares, com um galpão acoplado, que seria o nosso estúdio.

Esse projeto previa uma área construída ainda maior do que a do projeto anterior, mas ocupava apenas quatro dos nove lotes, uma taxa de ocupação do solo muito mais adequada. Isso nos permitiu vender três dos lotes de fundo, gerando caixa para podermos fazer frente a um projeto mais ambicioso, e ainda reservamos na lateral um lote para futura expansão, o que de fato acabou acontecendo.

Depois que a estrutura de concreto estava levantada, chamamos novamente a Königsberger Vannucchi, para "decorar o bolo". A missão deles seria simplesmente dar um banho de arquitetura naquilo que já estava pronto, de forma que não poderiam "viajar" demais; mesmo assim, "viajaram" bastante. Mas deram um visual muito incrível para o projeto básico que havíamos desenvolvido.

Eu me sentia plenamente realizado. A sensação de ver a nossa sede sendo finalizada não tinha paralelo. Muito orgulho e muita certeza de que seria o início da melhor fase da 5.6.

E aí veio o Plano Collor.

As primeiras eleições democráticas de 1989 trouxeram a reboque uma verdadeira avalanche, que soterrou a economia do país. Muito provavelmente, você também foi vítima daquelas drásticas medidas costuradas na calada da noite durante as eleições de 1989 e anunciadas por Zélia Cardoso de Mello em 16 de março de 1990: privatização das estatais, troca da moeda de cruzado novo para cruzeiro, flutuação cambial sob controle do governo, abertura do mercado para o exterior, escancarando uma concorrência imprevista para os produtos nacionais, congelamento de preços e salários e a maior bomba: confisco das contas-correntes e poupanças. Saiu de circulação cerca de 80% da moeda nacional; a produção industrial e o comércio despencaram; em junho, a inflação já havia caído para apenas um dígito, mas voltou a crescer assustadoramente depois.

Diante de um quadro desses, nós até concluímos que tínhamos tido muita sorte. A maior parte das nossas reservas em dinheiro havia sido aplicada na compra dos terrenos e na construção da sede, e não havia sobrado muito para ser confiscado.

Em meio a todo aquele turbilhão, conseguimos terminar a sede, nos aproveitando até das grandes liquidações promovidas pelos fornecedores de material de acabamento, como louças, metais, luminárias, ferragens, tudo pago por meio de transferências bancárias, única prática permitida para fazer pagamentos. Devo aqui um enorme agradecimento ao Paulo Lemos e a todos das Casas Pernambucanas, por terem mantido de forma quase normal o fluxo de trabalho, e até nos adiantado alguns pagamentos futuros. O mercado do varejo foi um dos poucos que conseguiram navegar pela crise com mínima desenvoltura.

Mas o pior que aconteceu foi que todo o setor publicitário parou quase que por completo, afetando diretamente aqueles que dependiam de um fluxo regular mensal para sobreviver.

Logo os supermercados se desabasteceram, e era um problema conseguir comprar o básico para a alimentação das famílias.

Uns dois anos antes, eu havia comprado a Fazenda Araras, uma propriedade do século XIX muito bonita, em Itapetininga, no interior de São Paulo, onde nasceu o presidente Júlio Prestes. Eram 90 alqueires aráveis, terra boa com muita água, rio caudaloso passando na porta e uma linda sede no melhor estilo clássico colonial. Ali produzíamos milho, feijão, batata, um pouco de arroz e toda sorte de legumes, verduras e frutas.

Comecei a trazer semanalmente da fazenda sacos desses produtos, para que fossem distribuídos a toda a nossa equipe, que já contava com mais de cem pessoas, além de servirmos refeições a todos em nossa recém-inaugurada cozinha industrial.

Isso nos possibilitou atravessar a pior fase daquela crise com um pouco mais de dignidade, na esperança de que tudo voltasse à normalidade rapidamente.

Após uns dois meses sem nenhum sinal de retomada, uma pequena luz no fim do túnel: ia acontecer a Copa do Mundo, a Copa de 1990. Eu nem quis acreditar quando fomos chamados pela MPM para estudar como poderíamos fazer um comercial para a Fiat com o Sebastião Lazaroni, técnico da Seleção, que já estava concentrada em Turim, na Itália.

Como levar adiante uma produção internacional naquelas circunstâncias? Sem dinheiro?

– Tudo bem, a gente dá um jeito!

Nós não podíamos perder aquele projeto, por todos os motivos do mundo, mas também porque a ideia do filme, que seria dirigido pelo Vinicão, era muito interessante.

Nós tínhamos uma razoável reserva em dólares, que faria frente a todas as despesas de viagem e parte da produção, mas não era suficiente para cobrir todos os custos na Itália. Foi aí que eu pedi uma ajuda para a minha irmã, Márcia, que tinha se mudado para Lisboa de mala e cuia, e transferido para Portugal todas as suas reservas, apenas três meses antes do Plano Collor. De alguma forma, ela havia pressentido aquele desastre.

Depois de deixar todo mundo instalado em Turim, fiz um bate e volta a Portugal para pegar o dinheiro vivo com ela.

Correu tudo bem, e o comercial ficou ótimo. Eram cenas do Lazaroni, que tinha estacionado o carro em um local proibido no centro de Turim. Quando ele retorna ao veículo, dá de cara com um policial:

– *Signore*!

E o policial aponta para a placa de "proibido estacionar" e continua:

– *Documenti*!

O Lazaroni entrega o documento para ele, que se surpreende com o nome.

– *Lazaroni*?

– *Io sono brasiliano...*

– *Lazaroni... brasiliano?*

– *Sono il tecnico della squadra brasiliana!*

– *Ah... e adesso mi dirà che anche questa Uno è brasiliana...*

– *Sì, fatta in Brasile ed esportata in Italia!*

– *Lazaroni, brasiliano... Tecnico della squadra brasiliana... Alla guida di una Uno brasiliana... Piacere! Io sono il Papa!*[2]

E o policial lhe tasca uma multa enquanto o Lazaroni fica tentando se explicar.

---

2 – Senhor! Documentos! ...Ah, Lazaroni? / – Eu sou brasileiro... / – Lazaroni... brasileiro? / – Sou o técnico da seleção brasileira! / – Ah... só falta me dizer que este Uno também é brasileiro... / – Sim, feito no Brasil e exportado para a Itália! / – Lazaroni, brasileiro... Técnico da seleção brasileira... Guiando um Uno brasileiro... Prazer, eu sou o papa!

Foi muito legal, muito engraçado. Fez tanto sucesso que trouxemos o tal policial para o Brasil para rodar uma sequência do filme.

E assim foi feito o primeiro filme da 5.6 logo depois do Plano Collor, talvez o primeiro, em todo o mercado, naquelas circunstâncias tão adversas.

Não tenho como agradecer suficientemente à Márcia e ao Roberto Leal pelo inestimável apoio num momento tão crucial. Pecinhas inesperadas, ou figurinhas que a gente troca com irmãos de sangue e de alma.

E foi ali que encerramos um período turbulento. A ressaca foi arrefecendo, e já era possível encarar as ondas que ainda inquietavam as nossas águas.

Àquela altura, percebi que talvez fosse o momento de buscarmos alguma independência da economia brasileira. As reservas que acumulamos nos Estados Unidos foram fundamentais para atravessarmos aquele período difícil, mas insuficientes. Imaginei que a hora seria ideal para termos uma filial europeia, e o fato de a Márcia e o Roberto Leal estarem morando em Portugal seria um facilitador.

Eles tinham uma casa fantástica, uma quinta em Sintra, que estava desocupada, pois haviam comprado e se mudado para uma casa ainda maior ali por perto, em Val dos Lobos. Ela me apoiou mais uma vez, oferecendo gratuitamente aquela verdadeira mansão para ser nossa sede. O Magrão se dispôs a mudar-se para a "terrinha" e tocar a nossa unidade europeia, e passou a ocupar um dos andares da enorme propriedade.

Conquistamos vários filmes do mercado português, mas, ao contrário do que esperávamos, era mais econômico produzi-los no Brasil do que em Portugal, em razão da nossa estrutura praticamente autossuficiente e, principalmente, pela questão do câmbio. No entanto, foi uma experiência muito positiva ter também um pezinho no Velho Continente, ampliando ainda mais as nossas facilidades nas produções internacionais.

4.8
Alphaville

A nova sede da 5.6 era realmente impressionante.
A recepção ficava no centro do prédio de esquina, que se esticava por quase 70 metros da Alameda Araguaia e mais 40 metros pela Alameda Rio Pardo, onde ficava a entrada independente dos estúdios.

Da recepção via-se um átrio, que ocupava uma área central dos três andares do prédio, permitindo que uma imensa claraboia piramidal banhasse de luz as palmeiras plantadas no térreo.

À direita da recepção ficava o conjunto de salas que abrigavam a administração contábil/financeira e, depois, o nosso amplo refeitório e a cozinha industrial. À esquerda ficavam os departamentos de câmera, iluminação e maquinaria e o vestiário que atendia o pessoal do estúdio.

No primeiro andar, à direita, ficavam as salas dedicadas aos departamentos de edição e finalização e, à esquerda, localizavam-se as salas dos produtores e a coordenação de produção. Era, inevitavelmente, o andar mais movimentado e ruidoso.

O último andar era reservado para o atendimento a clientes e para a diretoria. Havia uma sala de espera e duas salas de reunião à direita, e à esquerda ficavam o *lounge* VIP e em seguida a sala do Aldana, depois a do Cal e por último a minha, tendo adjacente a sala da minha secretária – inicialmente a Aniko Rideg, primeira esposa do

Ronaldo Moreira, e depois a queridíssima e saudosa Elzinha Freitas, que segurou a barra por muitos e muitos anos.

O *lounge* VIP era o meu espaço favorito e consistia em um confortável living, um café-bar, uma área reservada para a já institucionalizada mesa de sinuca, um espaço para o piano e outros instrumentos musicais, e mais um espaço com uma mesa para reuniões mais informais.

Vale ressaltar que o espaço entre as colunas do prédio foi calculado e projetado para que permitisse a área necessária em torno da mesa de sinuca, de forma a não prejudicar os jogadores.

Fronteiros a todo esse espaço dedicado a escritórios, ficavam os nossos estúdios, um com quase 1.000 m² e outro, tratado acusticamente, com 160 m².

Inicialmente, pensamos em criar diversos estúdios menores e independentes, mas o bom senso e a experiência adquirida no antigo estúdio da Alameda Amazonas nos fizeram concluir que conseguiríamos um melhor aproveitamento de espaço mantendo uma única área livre.

Aprendi cedo que não se deve desmontar um cenário até que o espaço que ocupa seja absolutamente necessário para outra finalidade. O motivo é que sempre poderíamos filmar (ou refilmar), praticamente sem custos adicionais, uma ou outra cena que eu julgasse necessária para melhorar a edição do filme ou, ainda, para atender a um pedido da agência ou do cliente. Essa prática nos salvou um sem-número de vezes e criou um sentimento de conforto incrível em nossos clientes, que sabiam que poderiam contar com aquele benefício.

Outro motivo é que os trainéis, as paredes de compensado estruturadas com sarrafos que formam os contornos de uma cenografia, duram muito mais montados em pé, travados uns nos outros, do que se apoiados contra uma parede ou empilhados em um canto.

Com esse mesmo objetivo, praticamente não se usavam pregos para travar um trainel em outro: usávamos apenas grampos tipo "sargento", que preservavam melhor a integridade da madeira.

Mas a principal razão de nunca se desmontar um cenário até que fosse extremamente necessário é que quase sempre era possível reaproveitar, parcialmente ou em sua totalidade, um cenário já erguido, economizando-se aí muito tempo e dinheiro. Um quarto de bebê virava uma salinha de jantar, uma sala de estar dava lugar a um escritório, um escritório virava um consultório ou um pequeno restaurante... e por aí vai.

A ordem do dia era, em primeiro lugar, não haver desperdício, e, em segundo, esticar a vida útil de todo o nosso "patrimônio cenográfico" o máximo possível.

Como consequência do conhecimento adquirido na escola da vida, passei a adotar uma estratégia adicional de economia na produção: após cada "wrap" ou final de filmagem, eu sempre rodava o que eu chamava de "plates".

Em cada cenário, ou mesmo em cada locação, ao final da filmagem eu rodava dez, quinze ou mais cenas fixas do ambiente vazio, usando diferentes ângulos, enquadramentos, lentes, alturas e profundidades de foco. Eu gastava ali talvez dez minutos captando alguns segundos de cada uma dessas variantes.

Depois de alguns anos adotando essa prática, passamos a ter disponível um enorme acervo de backgrounds: cozinhas, escritórios, bibliotecas, salas, banheiros, laboratórios, estações de trem... e um sem-número de outros ambientes que podíamos acessar sempre que necessário, fosse para viabilizar um projeto sem verba, fosse para enriquecer uma ideia.

Com o avanço tecnológico da pós-produção, por meio de filmagens em fundos verdes, conseguíamos inserir pessoas e quaisquer outros elementos sobre esses backgrounds de forma totalmente realista.

Com tudo isso, nosso índice de aproveitamento dos elementos de produção era altíssimo, trazendo economias que nos beneficiavam – e aos nossos clientes.

Uma vez, ainda no estúdio da Alameda Amazonas, construímos uma enorme parede de tijolos aparentes para uma campanha de cigarros L&M. A ideia era reproduzir a fachada de um galpão antigo de Nova York, que seria pano de fundo para uma série de comerciais. O realismo era muito importante, e por isso usamos tijolos reais, grandes, de demolição. O uso dessa parede para o comercial foi de apenas alguns dias, mas aqueles tijolos apareceram em algumas dúzias de outros comerciais, emprestando realismo a inúmeros cenários.

O mesmo ocorreu em uma outra produção, para a qual fizemos um piso de madeira de verdade, de aproximadamente 70 m². Esse mesmo piso foi usado tantas vezes que de vez em quando requeria uma raspagem e uma nova aplicação de verniz.

Sabendo do enorme retorno que traz esse tipo de investimento, antes mesmo de inaugurarmos nosso novo estúdio já havíamos instalado nele uma nova parede de tijolos de demolição e um tablado de madeira ainda maior que o primeiro. Perdi a conta de quantas vezes ambos foram utilizados, sempre contribuindo para conferir um ar de realismo aos nossos cenários.

Nosso estúdio menor tinha a vantagem de ser blimpado, à prova de ruídos externos, e também com tratamento acústico interno. Portanto, desde que o espaço fosse suficiente para a cenografia (em 90% das vezes era) e quando a captação de som era delicada, ou a produção exigia alguma privacidade por se tratar de uma celebridade, por conter alguma cena de nudez ou algo assim, o estúdio menor era a nossa melhor opção.

Acima dele, com acesso independente, ficavam os camarins, vestiários para o elenco, departamento de objetos e figurino, com seus respectivos depósitos de materiais adquiridos, que eventualmente poderiam ser reutilizados ou adaptados.

Quando projetamos os espaços da nova sede, procuramos manter as atividades relacionadas ao estúdio absolutamente independentes daquelas ligadas à produção e à administração da produtora. Era como se houvesse duas dimensões diferentes, que só se sobrepunham na área do refeitório, a única que atendia os dois mundos paralelos. Podíamos tranquilamente receber um cliente em nosso *lounge*, ao mesmo tempo que filmávamos a poucos metros dali um comercial para um de seus concorrentes, o que não era assim tão raro.

Houve um período em que produzimos simultaneamente filmes para as picapes da Ford, Fiat e GM, todas da mesma categoria. Claro que a questão da confidencialidade era fundamental: toda a nossa equipe estava ciente dessa preocupação, e sempre conseguimos evitar problemas nessa área.

Outra vantagem da implantação era que eu conseguia otimizar o meu tempo de forma absurda. Se houvesse algum atraso ou pausa na filmagem, por qualquer motivo que fosse, eu podia simplesmente passar para a outra "dimensão" e finalizar uma edição, acompanhar a finalização de um filme, participar de uma rápida reunião ou ainda jogar uma partidinha de sinuca. Não havia tempo desperdiçado. Tudo isso facilitou demais a minha vida, ao mesmo tempo aumentando muito a minha produtividade.

Posso afirmar que a conclusão daquela sede representou um marco para a 5.6 e para mim, coroando um processo de amadurecimento profissional e pessoal.

Tínhamos de fato criado uma máquina extremamente azeitada, uma equipe de ponta, integrada, dedicada, uma estrutura física e técnica invejável e um braço internacional mais do que competente. Tudo isso nos permitiu uma grande otimização e consequente redução de custos, tanto no Brasil quanto nas produções internacionais.

Um dos exemplos que posso citar como demonstração de nossa competitividade foi um comercial que produzimos para a Levi's.

A agência era a Lintas e os criadores eram o Beto Ramazzina e o Carlos Rocca. Em 1991, ainda estava vigente a lei que proibia a veiculação de comerciais estrangeiros no Brasil. Para um filme ser veiculado em território nacional, ele precisaria atender a uma série de exigências, cinco ou seis pressupostos ou quesitos, que tinham que ser contemplados de forma combinada. Por exemplo, o filme poderia ser filmado no exterior, mas por uma equipe brasileira. Ou poderia ser filmado por uma equipe estrangeira, mas tinha que ser rodado inteiramente no Brasil. E tinha a ver também com a trilha sonora, a origem do negativo e onde seria revelado.

Essa série de regulamentos impediu que o comercial da Levi's "Pick up", que tinha alcançado um enorme sucesso internacional, fosse veiculado no Brasil; em vista disso, nos chamaram.

– Well, veja o que dá para fazer, você pode ajudar em alguma coisa?
– Não tem como, só refilmando tudo...
– Sem chance... Esse filme custou 800 mil dólares, a gente nunca vai poder pagar isso!
– Imagina! Esse filme não vai custar nem metade disso!
– Será?
– Ou menos! Se vocês quiserem, eu posso fazer um orçamento.

– Ah, mas vai ficar igual?
– Tão igual quanto vocês quiserem que fique.
– Ok, então faz o orçamento.

Elenco, figurino, objetos e veículos seriam muito fáceis de reproduzir, mas o que me preocupava era a locação, porque era muito característica e tinha um peso muito grande no look geral do filme. Por isso, quando acionei nossa equipe de Los Angeles, pedi que pesquisassem exatamente onde havia sido rodado o "Pick up": eu queria filmar no mesmíssimo lugar, que eu intuía ser em Nevada ou na própria Califórnia.

Descobriram que era na Califórnia mesmo, numa localidade chamada Lancaster, a apenas cem quilômetros de Los Angeles.

O orçamento ficou em torno de 200 mil dólares, 25% do que havia custado o comercial que pretendíamos copiar. Cliente e agência ficaram entusiasmados e deram o sinal verde. Mas então eu levantei outra questão; nessa mesma época, tinha acabado de entrar em vigor o Código de Defesa do Consumidor, que punia severamente as falsas promessas, atributos do produto que não se confirmavam na prática. Como essa lei era novidade, todo o mundo estava de olho nesse tipo de infração, que poderia gerar uma pesada multa e o impedimento de veicular o filme.

O filme original tinha uma cena em que uma caminhonete antiga rebocava um Buick anos 1950, usando uma calça da Levi's em vez de uma corda ou corrente. E essa era toda a história. O dono da caminhonete era um galãzinho, e o dono do Buick, que estava com a namorada, era meio *nerd*, meio desajeitadão. Então tinha toda aquela coisa de o galãzinho sensual tirar a calça e usá-la para atrelar o Buick à picape e o *nerd* todo preocupado que a menina fosse se interessar por ele. No final, a menina vai para a caminhonete com o galã, eles rebocam o carrão... e, numa subida, o galã dá uma acelerada, de propósito. O para-choque da picape se solta e o Buick começa a deslizar para trás, ladeira abaixo, para desespero do *nerd*.

Uma ideia divertida. Só que aí eu levantei o problema:

– Desculpem, acho que essa calça não resistiria de verdade a esse tipo de esforço, e podemos ter problemas com a nova lei... Corremos o risco?

– Melhor não... Vamos pensar numa solução.

Depois de alguns dias, eu propus uma nova narrativa: sugeri que a picape nem chegasse a rebocar o Buick, que o para-choque dela caísse logo na arrancada, mantendo a integridade do produto e transferindo toda a fragilidade para o velho para-choque.

Assim foi feito. E essa é a única diferença que existe entre o filme original e o nosso filme, que realmente ficou muito parecido, frame a frame, comparando-se os dois, tanto que o filme inglês ganhou um Clio em Nova York, mas, no anúncio da premiação, o frame que foi utilizado para ilustrar a notícia foi o da nossa versão, a brasileira!

Depois dessa bem-sucedida experiência, tivemos a oportunidade de também produzir uma versão nacional de um outro filme de Levi's chamado "Bus station", que igualmente custou apenas uma fração do filme original.

Na mesma época, houve outro episódio em que ganhamos uma concorrência por uma margem muito alta, o que provocou um certo questionamento por parte da agência. Tratava-se de um filme de lançamento do Omega, carro top de linha da GM.

Era muito comum fazer uma reunião com todos os concorrentes juntos, três ou quatro produtoras, às vezes cinco, para que o briefing fosse o mesmo e as expectativas estivessem todas niveladas, portanto, houve um estranhamento quando nosso preço veio tão diferente da concorrência.

O roteiro previa uma sequência de cenas na qual o carro era "fatiado" transversal e longitudinalmente por raios *laser*, com suas partes se abrindo ou flutuando magicamente, com o objetivo de mostrar o interior da cabine, do motor etc.

Alguns dias após termos enviado o orçamento, fui chamado à McCann para explicá-lo. Isso nunca tinha acontecido antes.

Talvez até por ter sido eu mesmo produtor de RTV da McCann, havia uma sintonia muito forte com todo mundo com quem interagi ao longo dos anos: José Augusto Machado, Celina Pereira, Cristina Partel, Nilvea Centeno, Denise Fernandes e outros tantos que passaram por lá, sempre muito profissionais e parceiros.

Mas eu fui até lá, claro, e entendi imediatamente a razão do chamado. Os orçamentos dos concorrentes tinham ficado, no mínimo, o dobro do nosso. Além do mais, todos tinham pedido adicionalmente pelo menos dois Omegas para serem cortados, ou seja, inutilizados, para a filmagem.

Meu orçamento não previa a destruição de nenhum Omega. Por isso eles ficaram um pouco inseguros, até o próprio cliente achou que estava muito barato. Pensaram que talvez eu não tivesse entendido o briefing direito.

– Well, o seu preço está menos da metade da concorrência, ninguém está entendendo qual a sua intenção aqui...

Ao que eu, jocosamente, respondi:

– Se esse é o problema, vou mandar um novo orçamento com o dobro do valor, aí todo mundo fica contente!

Enfim a McCann, como sempre, muito parceira, entregou esse projeto para a 5.6, mesmo antes de eu revelar o meu pulo do gato.

Na verdade, todos os nossos concorrentes tinham pensado "dentro da caixa", ou seja, todos iriam de fato "fatiar" um Omega, e depois movimentar as peças por meio de mecanismos enormes, complicados e, consequentemente, caros.

Ocorre que eu tinha passado por duas experiências na minha carreira, uma muito negativa e a outra extremamente positiva, que me motivaram a seguir por um caminho bem diferente da concorrência.

A experiência negativa aconteceu quando eu ainda estava na Ultima Filmes.

Para um comercial de seguros, tivemos que cortar um Ford Galaxie ao meio, longitudinalmente, exceto pelo chassi e pelo motor.

O roteiro pedia um apresentador à frente do carro em um campo aberto. Em determinado ponto do texto, a metade do carro mais próxima da câmera seria içada por um guincho, enquanto o ator finalizava o texto. Ok.

Cortar a lataria foi tranquilo. A complicação começou com os vidros: por serem temperados, não podiam ser cortados, portanto tivemos que substituí-los por outros, feitos especialmente de plexiglass.

Outro problema foram os bancos e as forrações internas – quando eram cortados, perdiam a estrutura e desabavam por completo. Portanto tivemos que substituir tudo por peças novas, já em duas metades estruturadas. O mesmo problema aconteceu com o painel do carro, e ainda restava o acabamento das partes cortadas: não poderíamos deixar buracos com fiações, fibras e molas aparentes, tudo tinha que ser de alguma forma bem-acabado. Conclusão: havíamos subestimado aquela produção completamente.

Para completar o desastre, durante o primeiro take da filmagem, o operador do guincho ficou tão impressionado com a metade do Galaxie sendo içada que se esqueceu de parar o motor. A tal metade se enganchou no topo da grua, virou sobre si mesma e despencou lá do alto, em cima da outra metade que tinha ficado embaixo. Tivemos que começar tudo de novo.

A segunda experiência era bem mais recente e com resultados mais do que satisfatórios.

O roteiro do comercial da perua Quantum, da Volkswagen, pedia uma vista aérea. Como se fosse o ponto de vista de um disco voador, a câmera desceria entre nuvens e finalmente revelaria o veículo estacionado ao lado de uma graciosa casa de campo, cercada por árvores frondosas. Uma forte luz, no melhor estilo *Contatos imediatos do terceiro grau*, inundaria o veículo, tão cobiçado pelos ETs.

Como os *drones* ainda não tinham sido inventados, e como, mesmo com eles, a tarefa seria extremamente complicada, a opção foi fazer uma maquete da casa, do terreno e do próprio carro.

Seria um plano geral, não haveria a necessidade de uma maquete muito detalhada, de um acabamento muito fiel, mas eu fiquei absolutamente encantado e impressionado com a do carro, em escala 1:10. Era perfeita!

O modelo miniatura da Quantum resistia a close do farol, dos aros das rodas... Algo realmente muito surpreendente! Fiquei até com pena de não poder aproveitar melhor aquele maravilhoso trabalho do François, o maqueteiro responsável por aquele trabalho.

Levando em conta essas duas experiências, não tive dúvida e segui pelo caminho da reprodução do Omega em escala. Fazia todo o sentido do mundo, não só pelo ponto de vista prático, mas também econômico, porque obviamente, fora o fato de não ser preciso destruir nenhum Omega, toda a estrutura e o mecanismo necessários para fazer os movimentos seriam muito menos complicados, mais leves e controláveis.

Além disso, quem ganhasse a concorrência teria que forçosamente finalizar o filme fora do Brasil. Ocorre que nessa época nós já havíamos nos tornado o maior cliente da LimeLight, uma megafinalizadora em Miami. Quem me atendia era a Marisela D'Baldrich, uma produtora com quem já havia trabalhado anteriormente e que é minha amiga até hoje.

Em razão do volume de trabalho que levávamos para eles, tínhamos algumas excelentes vantagens sobre qualquer concorrente. Ninguém conseguia preços e condições melhores que a 5.6, e isso também contribuiu para ampliar a diferença de valor no nosso orçamento.

Enfim, rodamos o filme e pós-produzimos lá em Miami. Os trabalhos de finalização duraram quase um mês, e eu não tinha condições de permanecer lá por tanto tempo. Na ausência de internet, que ainda não passava de ficção, a alternativa para fazer um acompanhamento semanal dos trabalhos era ir até a Embratel ou à TV Cultura e contratar um *link* de satélite.

Tempos heroicos, que me provaram que a experiência e pensar um pouco fora da caixa trazem muitas vantagens... ou todas.

4.9
Ex machina

Quando conseguimos finalmente nos recuperar do Plano Collor, entramos em um momento muito próspero para a 5.6. Acredito que tenhamos sido a primeira produtora a voltar a trabalhar de forma regular logo depois daquele impacto.

Nós já tínhamos realmente uma estrutura ímpar, éramos extremamente competitivos, e os resultados eram, aparentemente, muito satisfatórios. Era muito difícil perder uma concorrência, isso quando existia concorrência. Muitas vezes os filmes já eram encaminhados direto para a 5.6. Tínhamos, porém, um calcanhar de aquiles: pós-produção.

Fosse para a execução de simples fusões e a sobreposição de um letreiro, fosse para composições e efeitos mais sofisticados, éramos obrigados a contratar serviços externos.

Uma das opções era irmos para o exterior, prática que adotei por décadas. Inicialmente, meu destino para essa finalidade foi Nova York, onde eu já estava familiarizado e onde abri nossa filial. Depois, Los Angeles, pois passou a ser a minha rota mais frequente, especialmente depois que transferimos nosso escritório para lá.

Em seguida, descobri Dallas, "The Third Coast", uma promessa de se tornar a melhor alternativa para a produção de longas, depois de Nova York e Los Angeles. De fato, a estrutura dedicada à produção de cinema instalada na cidade era incrível, e, no intuito de atrair produções, praticava preços muito abaixo dos cobrados pelos centros mais estabelecidos. Não consegui atingir o objetivo estabelecido, mas foi muito bom enquanto durou.

Por fim, acabei optando pela LimeLight, em Miami. Além de preços similares aos de Dallas, havia a enorme vantagem dos inúmeros voos diretos de São Paulo, além do excelente atendimento prioritário que minha amiga Marisela me dispensava.

No Brasil, praticamente não havia alternativa senão a Casablanca, que era a única empresa de pós-produção de qualidade satisfatória no Brasil, com equipamentos e profissionais de ponta.

Essa era a única fase da produção sobre a qual eu não tinha controle nem qualquer influência sobre precificação, por isso eu tinha que pagar o que me cobravam. Está certo que tínhamos alguns descontos especiais em função do alto volume que levávamos para a Casablanca, mas essa pequena vantagem não mexia muito o ponteiro da nossa competitividade. Na eventualidade de uma refação, uma remontagem, de precisar mudar alguma coisa, tínhamos que pagar de novo, e era o tipo de coisa pela qual os clientes nem sempre nos ressarciam.

Eu sempre fazia planilha das contas, gosto de ter controle sobre os gastos e sobre as ações. Foi muito demorado e difícil, mas, mais ou menos nessa época, eu consegui finalizar o desenvolvimento e finalmente implantar um software proprietário de gestão dentro da 5.6, que foi se aprimorando ao longo dos anos. Foi uma coisa que mudou a nossa vida, em termos de controle de gastos e de auxílio nas tomadas de decisão.

Hoje pode parecer algo trivial, mas estamos falando do início dos anos 1990, quando não havia esse tipo de ferramenta disponível. Foi por meio desse software que eu consegui enxergar exatamente quanto eu gastava em cada um dos inúmeros itens que compunham um orçamento em um determinado período de tempo. Algo simples hoje, não tão fácil na época, salvo para grandes empresas, que poderiam contar com uma estrutura voltada exclusivamente para isso.

Fiquei muito surpreso ao constatar quanto gastávamos em pós-produção. Fiz umas contas básicas e concluí que, se montássemos nossa própria finalizadora, ela se pagaria em pouco mais de dois anos, o que naquela época já seria um investimento excelente, porque o ciclo da tecnologia e da consequente obsolescência dos equipamentos era um pouco mais longo.

Baseado nessa informação, eu tomei a decisão de montar uma finalizadora exclusiva da 5.6.

Cheguei até a cogitar a hipótese de ter um telecine, mas naquela época já estávamos antevendo a migração do analógico para o digital, e um telecine estaria obsoleto antes que recuperássemos nosso investimento.

Havia um certo risco nessa empreitada, porque a Casablanca era muito forte, e eles também eram os proprietários do melhor telecine e laboratório de São Paulo. Não queria criar nenhum impedimento para o uso desses serviços, dos quais ainda iríamos depender.

Mas fui em frente e logo iniciei as tratativas para a compra de um Flame, então o sistema *state-of-the-art* de todo o mundo.

O fabricante era a canadense Discreet Logic, que me foi apresentada pelo Serginho, da Vetor Zero, parceiros de longa data. Não tardou para que as minhas intenções chegassem aos ouvidos da Casablanca e a Arlette Siaretta me chamasse para conversar:

– Wellington, você não precisa gastar seu dinheiro nisso. A gente dá um Flame exclusivo para vocês trabalharem aqui na Casablanca, ponho até o nome da 5.6 na porta. Posso dar descontos especiais.

Ela me prometeu mundos e fundos, mas eu disse:

– Arlette, o problema não é esse! O problema é que eu não tenho tempo de acompanhar a pós-produção, de vir de Alphaville até aqui, no Ibirapuera.

Mas ela insistiu... E eu também.

– Arlette, eu dirijo dez filmes por mês, preciso acompanhar a pós de perto, não tenho condições de fazer isso se não estiver tudo ali do meu lado.

No fim, ela se convenceu de que meus argumentos procediam e me desejou boa sorte; em contrapartida, assegurei a ela que 100% das minhas necessidades em relação a telecine e laboratório seriam concentradas na Casablanca.

E compramos o Flame, que era realmente o *top* do mundo.

Nós fomos a primeira e acredito que a única produtora do Brasil a ter aquele equipamento. Gastamos perto de 1,5 milhão de dólares para montar toda a estrutura, que abrangia muito mais que o Flame em si. Era todo um conjunto de periféricos, discos rígidos, backups, monitores, gravadores-reprodutores etc., tudo necessário para fazer a coisa funcionar.

Além de podermos finalizar nossos filmes em casa, também passamos a poder fornecer as cópias de veiculação, uma fonte adicional de renda que eu nem havia computado nas minhas projeções.

Para garantir a excelência no resultado do equipamento, trouxemos a reboque o melhor e mais experiente operador de Flame dos Estados Unidos, Victor Jimenez, com duradouras passagens pela Industrial Light & Magic e pela Digital Domain, simplesmente as principais empresas de efeitos especiais de todo o mundo.

Para a nossa tranquilidade na manutenção de todo o hardware e software, "roubamos" o técnico da Discreet Logic no Brasil, o Roosevelt Garcia, que se revelou também um excelente artista gráfico e que, no final, ocupou o lugar do Victor quando este voltou para os Estados Unidos, ao final do seu contrato.

Alguns anos antes, em 1991, nós já tínhamos comprado um Avid, uma ilha digital de edição com plataforma Macintosh, que ainda estava engatinhando, mas que logo viria a ser um estrondoso sucesso mundial, passando a ser o padrão do mercado.

Aprendi a operar um Avid na Universidade da Califórnia, em um curso patrocinado pelo Spielberg e o George Lucas. Havia apenas uns sete ou oito participantes, quatro deles da Nasa!

Compramos o primeiro Avid, que custou uma fortuna na época, era coisa de 150, 160 mil dólares, mais do que custava uma moviola. O segundo chegou menos de um ano depois, e quando o Flame foi finalmente instalado, em 1993, já tínhamos duas ilhas digitais de edição em pleno funcionamento.

E aí passamos a oferecer para os nossos clientes aquela tranquilidade – e agilidade, porque era feito tudo ali, na hora. Apresentávamos o filme, e se fosse preciso fazer alguma modificação, era feita na hora, pra valer; após a aprovação de um filme pelo cliente, não era raro a agência já sair da produtora com cópias para veiculação. Essa era a tônica, o processo normal da empresa, algo fora do comum, considerando-se que estamos falando de três décadas atrás.

Desde a chegada do primeiro Avid, minha produtividade e minha vida em si melhorou muito. Enquanto eu gastava uma média de seis horas para montar um comercial, com o Avid esse tempo foi reduzido para menos da metade. Além disso, o sistema digital me permitia fazer um sem-número de versões, para apresentar diversas alternativas de edição ou duração para a agência e o cliente. Na era da moviola, seria necessário encomendar do laboratório tantos copiões quantas fossem as versões que quiséssemos apresentar. Um gasto imenso e muitas vezes inútil, que teria que ser absorvido pela produtora.

Outra vantagem é que não havia mais a limitação que a moviola nos impingia, de apenas duas ou três pistas de áudio: com o Avid elas eram ilimitadas. E, para completar, o sistema já permitia a inclusão de alguns efeitos básicos, como fusões, enquanto na moviola elas eram indicadas por meio de rudimentares riscos a lápis de cera sobre a película. De um dia para o outro, tudo aquilo acabou ficando tão primitivo que o Cal e eu resolvemos doar as nossas "velhas" moviolas para nossa antiga faculdade, a Faap.

Começamos a repassar uma boa parte daquelas novas facilidades para os nossos clientes: reduzimos os preços de finalização, passamos a não cobrar eventuais alterações pedidas pela agência ou pelo cliente e, muitas vezes, as cópias de veiculação eram cortesia da casa.

Passamos a ter mais um fator de competitividade muito forte, porque o custo de pós-produção era bem relevante num orçamento: representava cerca de 25%, 30%, às vezes, do total da produção.

Olhando para trás, entendo aquele investimento: sem levar em conta a construção da nossa sede, que considero um ativo mais perene, foi a ação de maior ousadia na minha trajetória como empresário. Apesar de estarmos embasados em fatos e números, havia ali uma certa dose de inconsequência, pois estávamos apostando em um mínimo de estabilidade financeira em um país que nos tinha arrastado, pouquíssimo tempo antes, por uma das maiores crises de sua história, da qual muita gente nunca se recuperou.

No entanto, o retorno do investimento se deu em um tempo menor do que esperávamos. Toda aquela estrutura nos permitiu uma maior competitividade, resultando em mais jobs, que por sua vez viabilizavam investimentos para criar maiores facilidades e um ciclo virtuoso em que todos ganhavam.

E, quanto ao Flame, ele ficou funcionando por uma década, pelo menos, só trazendo lucro e benefícios de logística, agilidade e resultados, porque conseguíamos introduzir elementos e efeitos e agregar valor a uma peça, sem nenhum custo adicional.

Essa foi uma postura de que eu sempre me orgulhei: buscar colocar a 5.6 na vanguarda tecnológica.

Fomos responsáveis pela primeira peça animada produzida em 3D para o mercado publicitário brasileiro, uma vinheta de assinatura para a Philips, então cliente da Thompson.

A ideia era mostrar uma espaçonave tipo Enterprise, de *Star trek*, flutuando no espaço, indo em direção a um planeta na linha da Death Star, de *Star wars*; uma clara alusão a diversos hits da ficção científica, incluindo *2001, uma odisseia no espaço*. O ponto de vista no espaço ia se alterando, até que os dois elementos se acoplavam, formando o logo da Philips.

Simplesmente não havia fornecedores comerciais no mundo que pudessem atender a essa demanda, nem mesmo os reputados irmãos Ferro. Por isso tivemos que recorrer a um laboratório de pesquisas da NYU, a Universidade de Nova York. Eles executaram o trabalho, mediante uma doação feita à entidade, com um resultado que hoje seria considerado muito rudimentar, mas que à época foi um divisor de águas.

Poucos meses depois, graças ao sucesso do job da Philips, nos foi dada uma missão similar para a produção de um comercial de 15 segundos para a Black&Decker, também envolvendo animação 3D. A ideia era um voo percorrendo os corredores formados pelos edifícios de uma grande metrópole, até que a câmera se afastasse, revelando tratar-se do logotipo da empresa.

O Canadá sempre foi um grande centro na área de animação, especialmente graças ao inovador trabalho de Norman McLaren. Por meio de nosso posto avançado em Nova York, descobrimos que havia uma empresa em Toronto que estava tateando nessa área, e foi lá que conseguimos realizar esse job.

Mais uma pecinha recolhida quando da minha visita ao meu primo Celso, décadas antes, no MIT.

Finalmente tínhamos atingido um grau de independência e performance que nos permitiu agregar real valor ao resultado de nosso trabalho, nos proporcionando uma fidelidade incrível por parte dos nossos clientes.

Quase todo mundo conhece ou já ouviu falar de você, mas você já não conhece todos os principais players do mercado.

5.1
À meia-luz

Em 1992, o Fabinho Fernandes, ainda na Young & Rubicam, me chamou para fazer o comercial de lançamento da margarina Bonna.

Era um filme extremamente simples, table top, e só tinha um twist, que vinha da trilha: uma canção bem previsível, falando sobre como era gostosa uma vida com a Bonna. A câmera passeia por produtos com Bonna e, inesperadamente, a própria câmera "morde" o produto que está sendo mostrado, deixando nele marcas de uma boa abocanhada. À medida que as mordidas vão se sucedendo, percebemos que o cantor começa a cantar com a boca cada vez mais cheia, até que quase não dá pra entender o que ele está dizendo.

Essa era a piada, ainda no papel. A complicação estava no fato de que o Fabinho queria que o ponto de vista fosse o do fundo da garganta do cantor, e eu tinha sérias dúvidas sobre o resultado estético daquela intenção. Mas a produção em si era extremamente simples, eram apenas produtos em que se aplicava a margarina.

E, exatamente por ser muito simples, mas com uma ideia genial por trás, o Fabinho fazia questão de que os poucos elementos que compunham o visual do filme fossem de primeiríssima linha.

Ambos concordávamos que, em termos de luz e produção culinária, os ingleses eram imbatíveis, por isso foi decidido que viriam de lá um diretor de fotografia e uma produtora de comida.

Como os ingleses também estavam surpreendendo nos efeitos digitais, e o filme pressupunha a tal mordida com a "câmera" posicionada na amídala do cantor, escolhi a Smoke & Mirrors para esse trabalho.

A S&M era a produtora digital *top* de Londres naquela época, dispensava apresentações. Discuti o filme superficialmente com eles por telefone, e fiquei de visitá-los dali a uma ou duas semanas, já que eu teria que ir para Londres de qualquer jeito para identificar o fotógrafo e a produtora que fariam nosso filme.

Na sede deles, me mostraram um pequeno teste do que seria o tal efeito... a mordida.

Eu gelei. Estava simplesmente horrível – meus temores haviam se confirmado. Vi na tela algumas opções de *rendering*, formas diferentes de acabamento, e, quanto mais realistas eram as imagens, mais nojentas ficavam.

Aqueles dentes vistos por trás, aquelas gengivas, o interior da bochecha, a língua em primeiro plano... argh! Passava uma sensação muito ruim, especialmente em um filme que supostamente deveria ter um enorme *appetite appeal*!

Pedi que fizessem novos testes; por aquele caminho eu não iria mesmo, com certeza.

No final, optamos pelo efeito mais simples possível, apenas uma rápida aproximação enchendo o quadro com o produto, e um afastamento revelando que ele havia sido mordido. Realmente ficava muito melhor: passava a mesma mensagem e não "sujava" a imagem com aqueles elementos nojentos, que de fato eram desnecessários.

Less is more...

Quando eu mostrei o material para o Fabinho, os primeiros testes e o final pelo qual eu havia optado, ele não gostou. Agiu como se eu tivesse "boicotado" o processo, como se eu não tivesse tentado e testado o suficiente para podermos manter a concepção original. No final, ele acabou cedendo, talvez mediante as opiniões de outras pessoas da agência, e adotamos o caminho que eu havia escolhido.

Devo ressaltar que a minha relação com o Fabinho era um tanto intensa, quase que de amor e ódio. Uma vez ele deu um depoimento para uma publicação, em que dizia: "O Wellington deve ser o diretor de comerciais com quem mais briguei na vida. Somos grandes amigos e, com certeza, nas nossas discussões, aprendemos ambos".

Verdade. E valia muito a pena passar por aqueles entreveros, porque os roteiros que ele criava eram simplesmente sensacionais. Aliás, talvez a Young & Rubicam, onde trabalhei com minha querida amiga Christina Carvalho Pinto e o impagável Nelson Porto, tenha gerado o maior número de prêmios conquistados pela 5.6.

Mas todo esse "aprendizado" foi se acumulando, e a coisa chegou a um ponto em que um dia, quando ele já comandava a F/Nazca, eu simplesmente devolvi um filme que já havia sido rodado.

– Olha, Fabinho, eu entrego todo o negativo pra vocês, talvez consigam usar alguma coisa que já foi filmada... Não precisa pagar nada, faz de conta que nada aconteceu. Fique livre pra começar tudo do zero.

– Mas, Wellington, você não pode fazer isso comigo.

– Fabinho, confesso que, no caso desse filme, não me sinto à altura para entender a sua genialidade. Não me considero competente ou inteligente o suficiente.

– Você está sendo irônico comigo!

Não era ironia, era só sinceridade, pura e simples. O Fabinho é de uma inteligência irritantemente enorme, e às vezes ele enxergava coisas que eu não conseguia ver, me mortificava não poder chegar lá, dar a ele o que ele queria.

No final ele cedeu um pouco, eu também, e acabamos aquele filme, mas nunca mais trabalhamos juntos, nem mesmo nos cruzamos por muitos anos, até que fui prestigiar sua filha, a talentosa cantora e compositora Nina Fernandes, em um *pocket show* no Itaim.

Voltando ao comercial de Bonna... Antes de voltar para o Brasil, visitei algumas agências que representavam diretores de fotografia, para analisar repertórios. Ocorre que nenhum fotógrafo gosta de montar um repertório com um tema único, ou seja, só comida, só automóveis, só moda, porque ele corre o risco de ser rotulado e só pegar filmes daquele tipo de produto. Isso não é bom para carreira nenhuma. Vendo aquele monte de demo reels, eu não conseguia distinguir quem era bom em qual estilo. Às vezes, tinha um filme de comida, um filme de carro, um de moda, um de paisagem... Até que o agente que estava me atendendo sugeriu:

– Olha, você falou que vai querer alguém mais especializado em culinária... Por que não vai a uma agência de produção culinária e vê o repertório deles? Veja lá os filmes de que você gosta, identifique quem iluminou e, a partir daí, você escolhe o seu diretor de fotografia!

Eu achei a ideia ótima. De qualquer forma, fazia parte da minha missão em Londres ir atrás de profissionais de produção culinária.

Fui até uma agência que representava vários profissionais e assisti a um longo repertório, do qual uns dez filmes me chamaram a atenção, pela excelente qualidade fotográfica.

Para minha surpresa, mais da metade deles era de um único fotógrafo, um austríaco chamado Michael Bindlechner. Entrei em contato com ele imediatamente. Ele adorou a oportunidade de filmar no Brasil, e só exigiu levar também um assistente de sua confiança, outro Michael (Kaufmann), que acabou se tornando um bom parceiro e amigo.

A chegada dos dois Michaels ao Brasil deflagrou um processo de desentendimentos com o Aldo, que ficou bastante enciumado pelo fato de trazermos um "concorrente" para ocupar o seu lugar, especialmente em um trabalho ligado a culinária, área em que ele era considerado muito bom, em vista de ter sido "cria" do Ronaldo Moreira, especialista no assunto.

Ele ficou meio de pá virada e começou a minar e, de certa forma, desmerecer o Michael perante a equipe, tirar sarro do seu método de trabalhar.

Naquela época, nós já tínhamos um parque de iluminação de dar inveja. O Michael podia pedir absolutamente qualquer coisa que quisesse. Normalmente, se fosse o Aldo a fotografar, ele iria pedir dez, doze refletores pequenininhos, para caberem no diminuto espaço de um table top. Mas o Michael não pediu nada disso; pediu um único HMI de 5.000 (que é um refletor enorme) e um monte de espelhos pequenos de diversos formatos. E só! Mais nada.

Aliás, anos depois tive uma situação semelhante em um comercial de Lipton que produzimos em Los Angeles para a Thompson de Londres. O fotógrafo era o Breno Silveira, com a assistência da minha amiga Mônica Rogozinski, na época radicada em Nova York. E, claro, estando na meca do cinema, poderia pedir também qualquer coisa que lhe desse na telha. Mas, para estranheza de todos e decepção do nosso fornecedor, ele pediu apenas alguns espelhos de 1 metro por 1 metro. E rodamos todo o filme, que reputo como um dos mais bonitos que já dirigi, sem nem mesmo precisar de um gerador.

Aqueles eram conceitos novos, que o Aldo ainda não tinha alcançado. Nos bastidores ele zombava do Bindlechner, alimentando um clima de desrespeito da equipe para com ele.

Mas eu enxerguei a estratégia do Michael. Ele iria trocar um monte de refletores por uma única fonte de iluminação, e usaria apenas pequenos espelhos para refletir e desenhar a luz do set. Entre a mesa onde estariam os pratos de comida e o refletor, ele pediu que fosse colocado um filtro difusor, criando já uma magnífica luz suave lateral, no melhor estilo Rembrandt ou Vermeer.

Para realçar determinadas áreas, com o auxílio de uma ponteira a *laser*, ele ia fazendo pequenos furos no filtro, deixando que a luz direta passasse e atingisse apenas alguns pontos estratégicos do set, criando um efeito admirável. Ele praticamente pintava a luz!

Em termos de fotografia de culinária, foi o melhor trabalho que fiz na minha vida, sem a menor sombra de dúvida. E provavelmente o mais confortável: com a fonte de luz tão distante, o set de filmagem não esquentava, e os produtos duravam muito mais.

Era uma coisa tão simples, tão óbvia, mas ao mesmo tempo tão fora do nosso estilo de trabalhar, do nosso conceito de iluminar no Brasil, pelo menos na minha história, que foi muito incrível. Eu me dei conta de que novamente tinha estado preso dentro de uma bolha, olhando o assunto por um único ângulo, seguindo a mesma escola em que eu tinha aprendido, desde o Ronaldo, na Ultima Filmes, até então.

A partir daí eu comecei a entender a importância de dar prioridade ao estilo mais adequado para cada projeto, para depois escolher qual o fotógrafo que melhor poderia me garantir aquele resultado. Mas o Aldo começou a ficar muito descontente com essa minha nova abordagem, e ele deixava isso muito claro toda vez que eu, ou outro diretor da casa, optava por algum outro fotógrafo que não fosse ele.

– Eu sou sócio da 5.6... Deveria ter prioridade em todos os trabalhos!

– Dana... Eu sou sócio majoritário da 5.6, no entanto temos aqui meia dúzia de outros diretores trabalhando com a gente, muitos fazendo filmes que eram meus e que eu repassei pra eles.

Mas ele não conseguia enxergar aquela visão mais ampla do negócio, e a nossa relação foi se deteriorando. Percebi que aquele clima começou a contaminar também a equipe de câmera e maquinaria, e, antes que tudo aquilo começasse a afetar o resultado de nossos trabalhos, concluí que não haveria solução sem que o Aldo saísse da empresa.

Mantendo-me fiel aos meus princípios, fiz a ele uma proposta que eu mesmo aceitaria. Esse fato não passou despercebido pelo advogado do Aldo, que acabou recomendando que ele aceitasse.

Foi uma grande perda pelo lado pessoal, mas, a partir da saída do Aldana, eu passei a gozar de total liberdade para trabalhar com qualquer fotógrafo que eu quisesse, inclusive ele mesmo. Ele continuou trabalhando bastante para nós, mas numa outra situação: como freelancer, sem outros envolvimentos. E nós continuamos amigos, até que infelizmente ele nos deixou, em 2019.

Mas essa experiência com o Bindlechner foi incrível. Ele um dia comentou comigo:

– Wellington, até hoje não sei por que me escolheu pra fotografar a Bonna... Meu forte não é comida, o meu forte são as paisagens!

E, de fato, os demais filmes de cenas outdoor dele eram simplesmente fantásticos, verdadeiras pinturas. E ele ensinou muito bem tudo isso a seu pupilo Kaufmann; este, com um cachê bem mais dentro da realidade brasileira do que o do seu mestre, acabou trabalhando muito comigo, em filmagens tanto no Brasil quanto internacionais: Japão, Rússia, Itália, França e Alemanha.

Administrar perdas, livre-arbítrio, trocar peças no *puzzle* da vida, que, a despeito de todos os obstáculos... continua.

5.2
Sorte grande

Há coisas que ocorrem em produções e filmagens que parecem ser obras divinas. Uma delas foi o que aconteceu em uma filmagem para a Philco.

O roteiro pedia um jovem que punha um CD no aparelho e sentava-se em uma poltrona confortável, apreciando a linda "Peer Gynt Suite nº 1", de Edvard Grieg. Ao fundo, um gracioso canarinho pousa na janela e parece também curtir a bela música. De repente soa o telefone, o rapaz usa o controle remoto para pausar o som e sai calmamente de quadro para atender à chamada. Indignado, o passarinho alça voo em direção ao controle remoto que havia sido deixado sobre a mesinha lateral, pousa sobre ele e bica na tecla "play", o que faz voltar o magnífico som do deck da Philco.

Fácil escrever, quase impossível de materializar. Mas, com muito planejamento e vários planos B, partimos para a filmagem. O filme em si não tinha nada de mais complicado, exceto pelo canarinho. Por isso, levamos cinquenta deles para o estúdio. O criador nos informou que, diante de muito estresse, eles podem sofrer um ataque cardíaco, portanto deveríamos evitar fazer mais que um take com cada um. Daí a necessidade de termos tantos à disposição.

A produção encontrou uma forma de direcionar o passarinho para pousar em qualquer superfície que quiséssemos. Aves têm a tendência de pousar nas superfícies planas mais fáceis que encontrarem. Por isso, criamos "tendas" de um *voil* muito fininho, que partiam da lente da câmera e iam até o ponto de onde o canário deveria partir, num ângulo correto, para que não fossem visíveis pela câmera. Como o *voil* ficava solto, mesmo quando os passarinhos tentavam se agarrar a ele, não dava muita sustentação, e com isso as aves quase sempre iam parar na mesinha posicionada bem em frente à câmera. Nosso grande problema era mesmo fazer com que pousassem sobre o controle remoto, uma ação que antecederia a bicada na tecla. Tínhamos razoável segurança de que, mais cedo ou mais tarde, um deles iria fazer isso, já que a mesinha onde estava o controle não era tão grande.

Já para a cena da bicada em si, tínhamos um canarinho preparado por um taxidermista e que usaríamos como "dublê".

Só que o quinto canarinho que soltamos pousou na mesinha, saltou para o controle e bicou a tecla! Timing perfeito. Foi uma coisa tão espetacular que eu só podia rezar mesmo para que, do nosso lado, tudo estivesse ok, porque do lado do canarinho... E estava! O filme foi um sucesso.

Outro episódio que pode ser considerado um verdadeiro milagre foi um filme para Sundown, da Johnson's.

Depois que acrescentei ao meu repertório filmes que eu havia rodado no Taiti, no Caribe, na Grécia e em outros paraísos da Terra, com águas absolutamente cristalinas de cor turquesa e areias que pareciam talco, ficava complicado aprovar uma locação no litoral de São Paulo, ou mesmo no Nordeste.

Desde que havia feito o primeiro comercial para Sundown, nas Bahamas, com o mesmo valor que nossos concorrentes orçaram para filmar no Brasil, a Johnson's nunca mais sequer considerou uma alternativa nacional. Eles queriam aquele look dos sonhos que só em poucos lugares do mundo conseguimos obter, e apenas em determinadas épocas do ano.

Por isso decidimos filmar esse segundo comercial em St. Thomas, nas Ilhas Virgens Americanas. O roteiro exigia um garotinho protagonista, duas garotinhas coadjuvantes e uma mãe, mais um monte de figurantes. Como a ilha tinha uma população de menos de 40 mil pessoas, predominantemente negra, e o roteiro pedia como ator principal um garoto loiro, levamos do Brasil essas crianças, e de Miami, metade da figuração – a outra metade seria contratada localmente.

Chegamos com três dias de antecedência para reconhecimento do local, e nos instalamos no hotel. Saí no mesmo dia com o produtor para uma visita técnica à locação, que eu só tinha visto por fotos, e, ao chegar lá, decepção: a posição em relação ao sol não era favorável, me tolhia metade do dia de filmagem; além disso, a faixa de areia não era tão larga quanto parecia nas fotos. O produtor disse que em St. Croix, a 30 milhas náuticas dali, a situação talvez pudessse ser melhor, por isso fretamos um helicóptero para um sobrevoo, de forma que eu pudesse verificar, literalmente "por alto", se valeria a pena mudarmos de lugar.

Identifiquei uma área excelente, com boa faixa de areia. Além de tudo, ali pertinho havia um centro turístico, com diversos quiosques, um ponto ideal para instalarmos o nosso QG de produção.

Partimos todos em um *ferry boat* no dia seguinte para a nossa nova locação. Em tese, seriam noventa minutos navegando pelo paraíso, mas aquilo logo se tornou um verdadeiro inferno. O mar estava agitado e quase todos os passageiros passaram mal. Finalmente o tormento acabou e nos instalamos no hotel, mas pouca gente saiu do quarto no resto do dia porque estavam se recuperando.

No dia seguinte, a mãe do ator mirim principal me procurou: o filho não queria mais fazer o filme. Estava estressado, assustado e não queria saber de mais nada.

Tentamos de tudo para agradar o garoto, mas não tinha como mudar seu estado de espírito: ele chorava histericamente e travou de um jeito que eu vi que daquele mato não sairia mais coelho.

Como já disse antes, em trabalhos que envolvam crianças ou animais, eu sempre tenho pelo menos um backup, e dessa vez não foi diferente: havia um segundo garoto aprovado pelo cliente, mas que, por questão de estratégia psicológica e econômica, havia permanecido no Brasil. Liguei para a minha coordenação e pedi que o garoto reserva embarcasse naquele mesmo dia. Como meu *shooting board* previa diversas cenas que não envolviam o garoto, conseguiríamos iniciar as filmagens dentro do cronograma.

Duas horas depois que eu havia dado o comando para que o garoto estepe fosse acionado, minha coordenadora me liga:

– Well, fodeu. O garoto se acidentou, cortou a cabeça, e tiveram que raspar metade do cabelo dele para o curativo...

Aí eu me vi sem saída. Ou eu convencia o garoto aprovado a fazer o filme, o que me parecia extremamente improvável, ou teríamos que retomar todo o processo de escolha do personagem principal. Tínhamos outros garotos interessantes que chegaram a ser cogitados na escolha do casting, mas não era do meu feitio sugerir ou mesmo aceitar esse tipo de solução, que teria um certo sabor de *downgrade*. Por isso, solicitei um novo casting a toque de caixa. E já estava conformado em ter que arcar com os custos de manter todo mundo na ilha até que tivéssemos um novo protagonista mirim.

Enquanto meu pessoal no Brasil armava essa nova seleção, chega o Alessandro, meu produtor local:

– Posso tentar resolver pra você? Podemos fazer um casting aqui, na ilha mesmo...

– Olha, não quero ser indelicado ou politicamente incorreto, mas o roteiro pede um garoto loirinho de olhos azuis. Não me parece que tem muita gente assim aqui.

– Bom, não temos nada a perder, se não der, não deu...

Em seguida ele olhou para o relógio, ligou o rádio do carro e ajustou o *dial* para uma estação em que havia um locutor desses bem animados. Ele tirou o celular do bolso e fez uma ligação. Para minha surpresa, quem atendeu foi o próprio locutor, ao vivo!

– Olá, Alessandro, como vai você? Não nos falamos há muito tempo! O que anda fazendo, muitas filmagens?

– Sim, na verdade estou no meio de uma produção, e preciso da sua ajuda.

Alessandro explicou que precisava de um garotinho de 5 ou 6 anos, caucasiano, de olhos azuis, para a participação em um comercial internacional. Se alguém se interessasse em fazer um teste, deveria aparecer no hotel tal, entre 17h e 20h daquele mesmo dia etc.

Eu ouvi tudo aquilo com curiosidade, mas sem a mínima esperança de sucesso. Para cumprir tabela, fiquei de plantão no hotel esperando alguém aparecer para o teste. Instruí minha produção para que desse uma filtrada, na improvável hipótese de aparecer alguém, tanto no quesito aparência quanto no que se referia à capacidade de interpretação da criança.

O sol já tinha se posto quando minha assistente me aparece conduzindo pela mão... um anjo. Um querubim. Um menino lindo, dos mais bonitos que eu já tinha visto na vida. Olhos que pareciam safiras, rosto perfeito. Ele tinha a idade certa, e o look, nem se fala!

Fomos apresentados, e logo de cara deu liga. Ele riu das minhas palhaçadas e brilhou no joguinho de imitações que eu costumo usar para testar a capacidade de as crianças reproduzirem as minhas reações. Fiz cara de choro, e ele me espelhou com perfeição. Raiva, idem. Gargalhada, também. Descobri ali que ele até falava um pouco de português. Seu pai, mergulhador local, tinha nascido em Portugal. Enfim, tínhamos achado um substituto muito, mas muito melhor que o original.

Nem me preocupei em obter aprovação dele com o pessoal no Brasil; pedi à minha coordenação no Brasil que abortasse a nova sessão de casting e começamos a filmagem já no dia seguinte, totalmente dentro do cronograma.

Foi como jogar uma peça do quebra-cabeça para o alto e ela cair exatamente no devido local. Milagre.

5.3
O especialista

Raras vezes nos deparamos com esse tipo de coisa que vem assim do céu, "out of the blue", como os episódios que narrei no capítulo anterior. Muitas vezes temos que contar, sim, com um pouco de sorte, mas principalmente com expertise, conhecimento de causa, muita experiência para lidar com situações não habituais.

Uma coisa que sempre me fascinou na minha profissão foi a falta de rotina. A cada dia, em cada produção, lidava com um assunto diferente, de focas amestradas a aviões antigos, de homens das cavernas a minas de carvão, de florestas tropicais a viagens espaciais.

Cada dia era um dia diferente, e não há produtor no mundo que saiba tudo sobre tudo. Daí a necessidade de contratar especialistas, pessoas que têm um conhecimento específico, pelo menos maior que o nosso, em cada assunto.

Quando eu comecei na Ultima Filmes, era obrigado a fazer um pouco de tudo, por conta da equipe tão reduzida. Hoje em dia há uma departamentalização muito grande, criando-se setores de produção bem específicos.

Antigamente chamava-se uma maquiadora e pronto, isso quando eu mesmo ou o Aldana não assumíamos o papel. Hoje, há diversas modalidades e profissionais especializados em cada uma delas, seja moda, caracterizações, envelhecimento ou rejuvenescimento, efeitos visuais etc.

Da mesma forma, hoje encontramos diretores de fotografia que se especializam em paisagens, são experts em automóveis, filmagens aéreas, comida, líquidos, *portraits*...

Mesmo entre os diretores, há uma certa especialização: tem aquele que se dá melhor com crianças, outro com animais, outro com storytelling, humor, moda, ação, table top, esportes, música. O mercado acaba distinguindo pequenas tendências de cada um em função do maior ou menor sucesso de seus trabalhos, e quase que inconscientemente acaba direcionando roteiros de um determinado tipo para aquele diretor que tenha se destacado de alguma forma naquela modalidade. Às vezes os diretores ficam tão rotulados que acabam só fazendo um tipo de filme. Isso é um problema. Eu me recordo do Gordo, diretor com quem viríamos a fazer uma *joint venture*, ter reclamado um pouco a esse respeito, porque só recebia filmes com crianças para orçar...

No meu caso, em particular, acabei atraindo regularmente produções com alto grau de complexidade, de produção ou pós, que infelizmente não tinham a verba compatível com a dimensão do projeto, ou seja, eu era o "resolvedor de problemas" das agências com as quais eu trabalhava.

Mas sem especialistas não conseguimos chegar lá, no nível (sempre crescente) de exigência demandado pelas agências e clientes, e principalmente por nós próprios, diretores. E quando falo em especialistas, não me refiro apenas a pessoas que passaram anos e anos debruçadas e focadas em algum assunto específico, incluo também aqueles indivíduos que têm um estilo específico, que conseguiram imprimir ao seu trabalho um caráter, um tipo de visual ou som. Que têm uma assinatura reconhecível nos trabalhos que realizam, seja em que área for.

E não posso deixar de reconhecer que são também especialistas as pessoas que aprenderam e se pós-graduaram em qualquer matéria, na raça, na base da tentativa e erro, na escola da vida. Como grande exemplo posso citar o meu querido Alex Periscinoto, que se tornou um ícone na publicidade tendo estudado apenas até o quarto ano do ensino fundamental.

Uma vez pegamos um job cujo roteiro pedia uma vaca falando para a câmera.

Isso mesmo... quase 30 segundos de texto!

Pensei na hora: "Se tivemos problemas com a Dina Sfat, imagine com a 'Mimosa'..."

A produção foi impecável: conseguimos uma vaca holandesa superpremiada, linda, daquelas que pareciam uma pintura de beleza, e uma locação perfeita. A ideia era filmar a vaca mastigando algum alimento e depois, na edição, dublá-la com a voz do personagem.

Só que – me dei conta ali na hora – uma vaca não mastiga movimentando o queixo para baixo e para cima, verticalmente, como alguns outros animais e os seres humanos; elas mastigam girando ou deslizando o maxilar inferior, triturando o alimento com esse movimento. Aquilo não daria a impressão de que ela estava falando, e ficaria muito difícil dublar.

Olha que nós tentamos, tentamos, mas não tinha jeito, vacas são assim, tinha que me contentar com aquilo. Rodamos o que foi possível, e fiz um intervalo para aguardar o sol tocar o horizonte, para rodarmos uma última cena na melhor luz do dia.

O dono da fazenda havia deixado um veterinário encarregado para supervisionar tudo o que acontecia na filmagem e, principalmente, cuidar da vaca. Percebendo que não tínhamos obtido o resultado esperado, ele diz para o Magrão:

– Eu preciso lavar o rosto da vaca...

– Quê? Que lavar o rosto da vaca, nada! O sol já vai se pôr e vamos rodar uma última tomada!

– Não, eu preciso lavar o rosto da vaca! Preciso lavar o rosto da vaca!

Aí o Magrão olhou para mim...

– Ah, deixa! Se tem que fazer, tem que fazer... Pra mim, o filme já está na lata.

Só sei que o encarregado se afastou com a vaca uns trinta metros e me chamou a atenção o fato de que ali não havia água.

Mas, sei lá, eu não sabia o que ele estava aprontando. Só sei que ele fez alguma coisa com a vaca que eu não consegui descobrir e em menos de um minuto ele a trouxe de volta.

E a vaca veio fazendo *nham, nham, nham*, praticamente falando que nem um político no palanque. *Nham, nham, nham*... não parava. Corremos todos em volta da vaca!

— Nossa! Vamos rodar! Põe ela no lugar!

E pá! Câmera rodando, captando aquela vaca falante ao pôr do sol.

E a Mimosa, superarticulada, "falava" com razão, fazia pausas, como que buscando por palavras, enfim... muito além de nossas melhores expectativas.

No final, não houve necessidade de nenhuma edição. Apenas escolhemos um trecho com a duração correta e adaptamos o texto ao ritmo da vaca.

É claro que depois da filmagem eu fui falar com o tal veterinário.

— Que mágica você fez aí, que a gente não entendeu?

Então ele me contou o que aconteceu. Eles usam um fio dental para limpar os dentes dessas vacas, que são superespeciais, valiosíssimas. Eles cuidam delas como se fossem bichinhos de estimação. Então, o que ele fez? Usou o fio dental, como estava habituado a fazer, e fez um corte nas gengivas da vaca, lá no fundo, atrás de onde seria um "dente do siso". Esse corte começou a incomodar a vaca, fazendo com que ela fizesse aqueles movimentos estranhos com a boca, passando a língua no lugar para aliviar o incômodo.

— Só que, pelo amor de Deus, nunca conte para o meu patrão, porque se ele souber disso eu perco o meu emprego.

Ou seja, foi necessário um expert no assunto, alguém que tinha um conhecimento que não se adquire nos livros, nem em uma faculdade, só mesmo na escola da vida.

O exemplo a seguir também mostra a diferença de como se trata um animal numa filmagem aqui no Brasil e lá nos Estados Unidos, por exemplo, onde eu tenho mais experiência.

O roteiro pedia uma grande bola com o logo da Pan Am, que entrava e saía do quadro, verticalmente. A câmera se afastava, revelando que era uma foca que estava jogando a bola para o alto, enquanto o locutor convidava o espectador para visitar a Flórida, voando nos braços da Pan Am.

Acontece que, ao chegarmos lá, os treinadores não permitiram que filmássemos aquela cena. Em razão da histórica relação entre as duas instituições, foi a Pan Am que solicitou as autorizações para a filmagem, e o SeaWorld as deu, sem ter sequer visto ou analisado o roteiro, por isso só ficamos sabendo do impedimento ali na hora.

Ocorre que, pelas regras da Humane Society, a sociedade protetora dos animais norte-americana, um animal não pode ser submetido a realizar qualquer coisa que ele não fizesse em seu hábitat natural. Ao contrário da crença popular, focas não equilibram naturalmente bolas ou quaisquer outros objetos naturalmente. Isso é comportamento estimulado, coisa dos circos de antigamente.

– Mas nos shows de vocês mesmos, elas fazem tantas coisas!

– Nada que não fizessem naturalmente... A gente só coloca tudo num contexto diferente pra ficar divertido.

Um dos sketches do show das focas no SeaWorld mostrava uma delas atrás de um púlpito, com um microfone, soltando o verbo, como um palestrante em plena conferência. Era muito engraçado. Liguei para o cliente, contei o problema que estávamos enfrentando e dei a solução: em vez de um locutor, usaríamos a própria foca para vender o nosso "peixe"!

Novo roteiro aprovado, filmamos sem nenhum incidente, já que a foca simplesmente teria que emitir seus gritos e apoiar-se no púlpito, coisas que poderiam acontecer normalmente na natureza – claro que, nesse caso, sob o comando de um treinador. Mais um especialista com experiências específicas, sem as quais jamais conseguiríamos nosso intento.

Assim como no caso da vaca, não foi preciso nenhuma edição ou efeito. Aproveitamos um trecho que oferecia pausas naturais e construímos um texto que casava com os movimentos da simpática foca, que foi dublada por mim mesmo.

– Hello, my friends in Brazil!...

Outro especialista também foi necessário para conseguir que um canarinho agisse como previsto no roteiro. Essa passagem se deu com o Cláudio Meyer, e ninguém como ele a narra com tanta maestria e humor, mas vou tentar.

Pelo roteiro, uma mão entrava em quadro e abria a portinhola de uma gaiola. O canarinho saía da gaiola, pousava sobre o parapeito de uma janela, deveria olhar de um lado para o outro, como que decidindo para onde ir, e aí levantava voo rumo à liberdade.

Muito bem. Sair da gaiola foi fácil para o passarinho. Pousar no parapeito da janela já foi um pouco mais difícil, já que às vezes ele voava direto para fora do cenário, mas no final ele pousou ali. Agora, olhar de um lado para o outro e só depois levantar voo... Aí a coisa encrencou.

Não tinha jeito. O criador colocava o canarinho no lugar e o soltava, mas, antes que suas mãos saíssem do quadro, o passarinho já tinha voado. Inúmeras tentativas, e o mesmo mau resultado.

Assim como no caso do treinador que precisava "lavar o rosto" da vaca holandesa, o criador de canarinhos pediu um tempinho e foi para um canto do estúdio com o bicho. Voltou andando rapidamente, gritando:

– Roda a câmera! Pode rodar!

– Como assim?

Mas, vendo a aflição do criador, o Cláudio deu câmera e ficou olhando pelo visor.

Viu o canarinho sendo colocado no local correto, envolvido pelas mãos do criador. Viu as mãos soltarem o passarinho. O passarinho não voou. Em vez disso, ele simplesmente caiu para a frente, apoiando a cabeça no parapeito, ainda com as perninhas estendidas, as asinhas voltadas para o alto, ele ali, duro, travado, formando um "V" invertido por alguns segundos. Humm.

E a câmera rodando.

De repente, o passarinho, que parecia ter adormecido em pé, desperta. Lentamente ergue a cabeça, fica ereto sobre suas patinhas, olha para um lado, olha para o outro... e sai voando.

– Viva!

Aplausos! Nossa, todo mundo perplexo... O que aconteceu?

O Cláudio chamou o criador de lado:

– O que foi que você fez? Como conseguiu aquilo?

Quando o Cláudio conta isso, ele assume um certo sotaque caipira ao imitar a voz do treinador dos passarinhos, então não consigo imaginar essa cena de outra forma:

– Bom, *sô Cráudio*... É que eu conheço bem *o jeitim desses bichim*, sabe? Então o que é que eu fiz? Eu arranquei uma peninha e *enfiei ela* no *cuzim* dele...

– Ahn?

– Aí, o *passarim se contrai tudim*! Aí ele desmaia um *bocadim*, mas logo *vorta tudo*... Tem problema não!

Tem especialistas para tudo... Ainda bem, porque sem eles não iríamos muito longe.

Essas situações com animais seriam impossíveis de acontecer nos Estados Unidos. No caso da foca da Pan Am, foi preciso alterar o roteiro completamente, e não tínhamos escapatória, porque qualquer filmagem envolvendo animais em território americano é acompanhada por um representante da Humane Society, para garantir que o animal não sofrerá maus-tratos (físicos ou psicológicos), que terá pausa para descanso, para comer, para aliviar o estresse. Enfim, tudo dentro das regras estabelecidas.

Claro que tais práticas adotadas na época por alguns treinadores e produtores seriam inaceitáveis hoje no Brasil, diante do fortalecimento das instituições protetoras dos animais e o endurecimento das penalidades para aqueles que cometam tais atos. Mas o fato é que, naquele tempo, havia no Brasil apenas um único treinador de animais confiável, o professor Jairo. Depois apareceu o Gilberto Miranda, mas na verdade nenhum dos dois tinha muito controle sobre os bichinhos que treinavam, porque não era como nos Estados Unidos, onde esse serviço foi moldado para atender a um mercado muito maior, mais exigente e mais controlado. Por isso, há literalmente milhares de treinadores, mas a grande maioria é especializada em um único tipo de animal, ou no máximo em alguns. Quem treina cachorro treina cachorro. Quem treina gato treina gato. Aves é com o treinador de aves... Pura e simplesmente assim, claro, com algumas exceções.

Mas o principal fator é que a maioria dos *wranglers*, como são chamados por lá, cria seus próprios animais desde filhotes, para depois de muito treino colocá-los no mercado para que atuem em longas e comerciais. Portanto, a probabilidade de sucesso na performance do animal durante as filmagens é infinitamente maior do que a que poderíamos obter no Brasil.

Se você pedisse para o professor Jairo uma cacatua para um comercial, ele teria que procurar alguém que tivesse uma e concordasse em cedê-la para a filmagem e ficar com ela não sei quantas semanas para tentar treiná-la, sem garantia de sucesso.

Nos Estados Unidos, você consegue achar diversos criadores/treinadores de cacatuas, com várias opções, cada uma com diversas habilidades, de forma que, para cumprir as demandas de um roteiro, você poderia se valer de duas ou mais aves, cada uma fazendo uma parte da ação. Bem diferente daqui.

Uma experiência fantástica que eu tive nessa área foi num comercial para Friskies.

O roteiro pedia um pai e uma filha alimentando um cachorro e um gato em sua varanda. Quando abriam os pacotes, o cheiro dos produtos despertava a atenção dos animais da vizinhança. Havia uma sequência de reações de diversos cães e gatos, de raças e tamanhos diferentes, que sentiam o cheiro e saíam correndo na direção de onde vinha o aroma. A coisa ia se avolumando, e, em um determinado ponto, tínhamos perto de sessenta animais, entre gatos e cachorros, juntos, correndo pelo meio da rua para finalmente saltar a cerca da casa onde estava sendo servida a ração.

Complicado, né? Claro que nos valemos de algumas cenas compostas em pós-produção, mas boa parte foi filmada ao vivo.

Os treinadores exigem controle absoluto sobre o paradeiro de seus animais – toda a área de uma filmagem tem que ser cercada de alguma forma, para evitar que um animal fuja por algum motivo.

Naquele roteiro específico, não tínhamos como cercar parte de um bairro, diversos quarteirões. Então optei por alugar uma cidade cenográfica dentro dos estúdios da Universal – as mesmas ruas que foram usadas nas filmagens de clássicos como *De volta para o futuro*, *O sol é para todos*, *Murder, she wrote*, entre tantos outros. Dessa forma haveria controle total do espaço em que iríamos trabalhar.

Não seria possível fazer esse filme no Brasil, por absoluta falta de criadores/treinadores, de especialistas na área. A grande oferta desses profissionais nos Estados Unidos foi o que viabilizou essa produção.

Ainda na área de especialistas, existem alguns profissionais que conseguem se dedicar a resolver problemas, dentro de uma gama muito mais ampla que a grande maioria. Eles são pagos para pensar, desenvolver uma estratégia, pensar num *modus operandi*, numa forma de cumprir um objetivo usando basicamente noções gerais de física, química, materiais, mecânica e principalmente lógica, entre outros conhecimentos.

Uma dessas figuras é o Domingos Utimura, que por sua multiplicidade de talentos e conhecimento foi o pioneiro e um dos maiores profissionais de efeitos especiais do Brasil. Tive a oportunidade de trabalhar com ele muitas vezes, desde quando eu era produtor de RTV da McCann, quando ele ainda era contratado fixo da Lynx, até quando a 5.6 já estava bem estabelecida, e ele já podia contar com o apoio de seu herdeiro de sangue e profissão, Rogério.

Mais uma história que se passou com o Cláudio Meyer:

Era um filme para uma nova linha de tapetes, e o roteiro pedia que um deles se desenrolasse sozinho, cobrindo o piso de uma sala. Diz o Cláudio que ele tentou de tudo. Fios de náilon, molas, pensamento positivo, tudo que sua produção pudesse pensar e tentar, mas nada feito.

Desistiu de continuar dando tiros no escuro e chamou o Utimura, que pediu uma semana para pensar numa solução – claro, mediante o pagamento do seu cachê, que era bem relevante. Depois de uma semana, ele foi procurar o Cláudio.

– Já tenho a solução. Construa o cenário todo a 45 graus e solta o tapete lá do alto.

O Cláudio ficou mudo. O Utimura tinha falado o óbvio do óbvio, mas às vezes não vemos o óbvio... Ficamos pensando em estruturas e traquitanas mirabolantes, cheias de engrenagens, quando às vezes a solução mais simples é a mais eficiente e econômica. No caso, bastava observar uma simples lei: a da gravidade!

Aprendi muito com esse episódio, que depois me foi explicado pelo próprio Utimura.

– Wellington, quando alguma coisa não está dando certo, não adianta pensar em alternativas com pequenos graus de diferença. Pense logo numa solução radical, a 90 ou 180 graus, pense lateralmente, pense no oposto! Normalmente é assim que a coisa se resolve.

Foi me valendo dessa premissa que resolvi um pepino enorme que enfrentei na produção de um comercial do Fiat 147.

Em um espartano posto de combustível no meio de um deserto, uma bomba de gasolina adquire vida ao perceber a aproximação de um Fiat 147. O gatilho atrelado à mangueira de abastecimento se prepara para capturar o carro que vem chegando, se erguendo no ar e se transformando num laço de caubói, que se lança na direção do 147, mas erra o alvo e se frustra ao ver o potencial "cliente" se distanciar, desdenhando da necessidade de abastecer.

O grande problema era fazer a mangueira e o bico de abastecimento se comportarem como um laço de caubói, se formando no ar de forma convincente, numa época em que não havia a possibilidade da animação 3D.

Para a execução do efeito especial *in loco*, convocamos o Sérgio, da Truque, que não cumpriu com o prometido; o resultado ficou muito aquém do esperado, e, depois de várias tentativas, desisti de seguir por aquele caminho e voltamos para casa, pensando em uma solução alternativa.

Lembrando do que o Utimura tinha me falado, sobre pensar em soluções em direções opostas, adotamos outro caminho: encomendamos uma maquete da bomba de gasolina completa, com mangueira e bico de abastecimento. Posicionamos a maquete de cabeça para baixo e pintamos o piso da cor do céu que tínhamos na filmagem em locação. Entre o piso e a bomba, colocamos um vidro totalmente transparente.

Sobre o vidro posicionamos a mangueira com o bico, na forma exata do laço que pretendíamos, com a outra ponta dela sendo segurada fora de quadro, lembrando que todos esses elementos estavam de cabeça para baixo. Mas, como a câmera também estava apontando para baixo, no vídeo dava-se a impressão de um contra-plongée, ou seja, estávamos vendo a bomba de baixo para cima!

Essa foi a primeira inversão, de 180 graus.

Depois foi simples: câmera... ação! A ação era para que alguém puxasse a mangueira, desfazendo o laço que estava formado sobre o vidro.

Aí veio a segunda inversão. Invertemos o sentido da ação, o que resultou no bico e na mangueira entrando no quadro, formando um perfeito laço contra um magnífico céu azul, idêntico ao da locação onde rodamos o restante das imagens.

O resultado ficou excelente. Obrigado, Domingos, pelo ensinamento!

5.4
Pequenos detalhes

Muitas vezes não são muito grandes os problemas que resultam em um desastre. São detalhes que surgem do nada e nos pegam desprevenidos.

Estranhei muito quando o Perci, da McCann, me chamou para orçar um filme de animação de massinha, pois sempre fomos uma produtora "live".

– Duke, a gente sabe que vocês não fazem isso, mas no Brasil ninguém faz, então a gente queria contar com a sua experiência internacional pra tocar esse job, gerenciar isso pra gente.

Achei o projeto muito legal e comecei a pensar e pesquisar sobre quem poderia executar melhor o trabalho. Sem nenhuma sombra de dúvida, a produtora ideal seria a Aardman, a maior e mais bem-sucedida produtora do mundo nesse tipo de animação, chamada "claymation". Foram responsáveis por grandes filmes, como *Wallace e Gromit*, *A fuga das galinhas*, *Shaun, o carneiro*; enfim, têm um estilo muito distinto e próprio e, obviamente, com muito sucesso. Mas seria impossível, muita areia para o nosso caminhão. Mas, como sempre fui um pouco atrevido, resolvi tentar. Quem sabe?

Acabei aparecendo sem prévio aviso na sede deles, em Bristol, Inglaterra, e para minha grata surpresa fui recebido por Nick Park, um dos diretores da empresa. Expliquei minhas intenções e descobri que eles tinham acabado de finalizar um longa e estavam iniciando o desenvolvimento de outro, portanto não tinham a menor chance de fazer um comercial, mesmo porque não era mais o *core business* deles: tinham descoberto uma mina de ouro, com muito ainda a ser explorado no cinema de longa-metragem. Mas ele sugeriu uma alternativa:

– Tem uma equipe de modeladores e animadores que trouxemos de Londres para este último projeto. Vai haver um intervalo de alguns meses até começarmos a rodar o próximo longa... Eles até têm uma pequena estrutura, por que não fala com eles?

Humm! Quem não tem cão...

Fiz exatamente isso. O grupo de profissionais a que Nick se referiu tinha de fato um pequeno estúdio nos arredores de Londres, preparado para a produção de *claymation*, e a equipe poderia, sem sombra de dúvida, dar conta do recado.

Eram dois filmes protagonizados por uma família bovina. No primeiro, o boi e a vaca conversavam sentados em um sofá, e no segundo participava também um casal de bezerrinhos, em uma típica cena de café da manhã. Tudo muito fofo.

Para facilitar a animação dos personagens, nós produzimos o filme no Brasil, de verdade, com atores. Chamamos o Cláudio Mamberti e a Helen Helene para interpretar o casal bovino, e duas crianças, com quem eu já estava acostumado a trabalhar, para o papel dos bezerrinhos. Montamos cenários referência, só com os elementos principais, e rodamos e editamos os filmes como se fossem pra valer, de forma que a equipe de animadores pudesse usar as nossas cenas como referência de timing, enquadramento, interpretação e, principalmente, os movimentos labiais e sincronismo com o áudio, que já tinha sido aprovado como definitivo.

A escolha dos atores se baseou, claro, no talento de cada um, mas também nas qualidades vocais: a voz retumbante e grave do Mamberti e a voz suave e levemente afetada na interpretação da Helen.

Todo o processo foi muito interessante, uma delícia! Eu tive que ir para Londres umas quatro vezes acompanhar a evolução dos trabalhos, e o resultado ficou simplesmente fantástico.

Filme pronto, a vaquinha toda fofinha, vestidinho cor-de-rosa, colarzinho de pérolas. Um cenário cheio de detalhes, móveis de madeira, sofazinho de *chintz*, cortininhas estampadas, quadros, luminárias... O Perci e todos da McCann acharam o máximo: golaço!

Aí foi a vez de apresentarmos ao pessoal da Nestlé, que também

adorou, praticamente um replay da reação que tínhamos obtido da agência. Mas havia uma nova integrante no time da Nestlé, que tinha recentemente assumido o posto de diretora de produtos lácteos da marca e não tinha acompanhado o processo desde o início. Em um dado momento, ela falou:
– Olha, não sei... Não me parece que essa vaca tenha credibilidade...
Daí todo mundo parou e se virou para ela. Ninguém abriu a boca. Eu mesmo fiquei esperando que alguém desse uma risada. Só podia ter sido uma piada... mas ninguém riu. Depois de um longo silêncio, o Perci comentou, com sua voz habitualmente grave:
– Não entendi.
– Vejam, afinal de contas, é um produto da Nestlé! E... uma vaca falando dos atributos do leite... Que credibilidade ela tem pra falar disso?
Para encurtar a história, ela começou essa discussão, a agência começou a defender, aí alguém mais da Nestlé se manifestou:
– É, realmente... Ela tem uma certa razão aí.
Ou seja, a coisa foi desandando de um jeito que o resultado final foi que os filmes nunca foram ao ar. Uma fortuna, perto de um milhão de libras, jogada no lixo. Porque uma vaquinha cor-de-rosa, toda fofinha, falando em um filme de animação... não tinha credibilidade! Um pequeno detalhe, pondo tudo a perder.
O Percival conta outra história que se passou também com a Nestlé, não sei se com o mesmo time de marketing, que recusou um filme, parte de uma campanha para Creme de Leite, criada pelo Paulinho Almeida. Em suas próprias palavras, extraídas de seu blog:
"Em animação, um pêssego subia uma escada de circo, chegava num trampolim lá em cima, vendava os olhos. Rufar de tambores, expectativa e suspense. De repente o pêssego saltava no ar, dava um salto triplo mortal e aterrissava exatamente na lata do creme de leite, de onde saía todo lambuzado e envolvido, para os aplausos da plateia.
Razão que o cliente deu pra reprovar o comercial: 'Como é possível um pêssego de olhos vendados acertar em cheio e cair bem na nossa lata de creme de leite?! Isso é totalmente inverossímil. Nada crível'".
Aff!
Mais ou menos em novembro de 1994, fomos chamados para fazer mais um filme de Sempre Livre, da Johnson's.
O filme seria com a atriz Malu Mader, que é uma fofa, uma querida,

uma pessoa com quem é extremamente fácil trabalhar, sempre na boa, sempre muito profissional e que se tornou uma boa colega e amiga. Já tínhamos feito juntos diversos outros filmes, inclusive para esse mesmo produto.

Nessa época, ela e o Tony Bellotto estavam passando uma temporada para estudos em Nova York, e os cursos já estavam quase concluídos. Ela ficou muito feliz com o convite para o filme do Sempre Livre, o cachê era bem bom e vinha a calhar, pois o casal pretendia comprar um apartamento no Rio.

Ela iria voltar dali a um mês, um mês e pouco. Dava para esperar, a campanha só iria ao ar depois do Carnaval. Ficamos aguardando. Nesse meio-tempo, eu li uma notícia que informava um "pequeno detalhe" sobre a Malu. Ela estaria grávida. "Putz! Se for verdade... Adeus, filme de Sempre Livre!"

Aquilo me lembrou um episódio que tinha acontecido com a própria Johnson's e com o mesmo produto doze anos antes. Marília Pêra iria protagonizar um filme de Sempre Livre e foi à sede da empresa para a assinatura do contrato. Mesa de reunião repleta, todo mundo querendo prestigiar e testemunhar aquele momento importante, e um dos presentes pergunta:

– Marília, sei que você acabou de filmar *Pixote*... Qual é o seu papel no filme?

Só naquele momento todo mundo ficou sabendo que ela representava uma prostituta que praticava um autoaborto se valendo de um cabide de arame. Além disso, no filme ela acolhe e amamenta um adolescente ligado a atividades criminosas. Isso num filme do Babenco, que já se prenunciava como um estrondoso sucesso.

Nem preciso dizer que o contrato foi cancelado. A substituta foi a Dina Sfat, que precisou dos setenta takes para fazer a cena do "e fica firme no lugar".

Eu já havia produzido dezenas de filmes para a Johnson's ao longo de muitos e muitos anos e acabei desenvolvendo um relacionamento excelente com todo mundo da área de Marketing e Propaganda, em especial com a então diretora, Suzan Rivetti. Eu me senti no dever de contar aquele "detalhe" da gravidez da Malu para ela. Se fosse verdade, iria afetar todo o planejamento já estabelecido.

– Suzan, eu li uma notícia, de que a Malu estaria grávida. É de uma revista de fofocas, mas a gente precisa ver isso, porque, conforme for, conforme o timing do negócio todo, pode ser um problema, não vai rolar.

– Ah, mas não vai mesmo. Descobre se é verdade e pra quando é, e daí a gente vê o que faz.

Aí eu ligo pra Malu, em Nova York:

– Malu... Li essa notícia aqui, tem algum fundo de verdade nisso?

– Não! Imagina! Mas vamos conversar. A gente está voltando semana que vem, você vai lá em casa, a gente fala.

Ela deu uma desconversada, e na semana seguinte fui até a casa dela. Por precaução, já levei a figurinista comigo, para fazer uma prova de roupa.

Ao chegar lá, no que ela abriu a porta, eu já senti o drama. Ela já estava inchada, os seios enormes, a barriga pronunciada... Não tinha jeito!

– Malu! Como você me deixa nessa situação?

– Não! Dá pra fazer, tenho certeza!

Ela pega a calça que estava com a figurinista e vai para o quarto:

– Vai ver só como eu entro fácil!

A Malu foi lá para o quarto e tentou, mas não tinha jeito, nem fechava o zíper. Aí ela ficou desesperada.

– Well, a gente já deu um sinal como entrada num apartamento, a gente está contando com esse dinheiro.

– Malu, mesmo se a gente conseguisse filmar, você já está, sei lá, de três, quatro meses, quando o filme for para o ar você vai estar em toda a imprensa com um barrigão enorme... Se fosse qualquer outro produto, mas absorvente? O que eu posso fazer?

– Ah, me ajuda! Vê lá o que você consegue!

Eu fiquei sensibilizado com a situação e falei com a Suzan.

– Su... Aconteceu isso, isso e isso. Qual é a possibilidade de a gente adiar essa campanha uns quatro meses? E teria como a Johnson's dar um adiantamento pra Malu pra segurar ela no contrato?

Encurtando a história, como a Malu era a atriz perfeita para aquele filme, acabaram adiando a campanha e adiantando metade do cachê.

O João Mader Bellotto nasceu em 14 de maio de 1995.

No começo de julho, a Malu já estava de volta à sua forma e finalmente pudemos rodar o filme.

Pequenos detalhes...

5.5
A missão

Quem é do ramo sabe que quando um diretor grita no estúdio "câmera" ou "ação!", não é o começo da filmagem. Muita água já passou por baixo da ponte antes disso. Na verdade, quase tudo já aconteceu antes de um filme começar a ser rodado.

Em toda a minha carreira, acredito que vivi muitas produções complexas, mas houve uma que merece um capítulo à parte nas minhas memórias, não só pela complexidade em si, mas porque foi o milésimo filme da 5.6.

Estávamos em 1996 e tínhamos recebido da Thompson um pedido de orçamento de um novo projeto. Sabonete Lux. Raras vezes eu recebia o briefing de um orçamento diretamente. Esse processo era normalmente conduzido pelo Atendimento ou mesmo pela coordenação de produção, via telefone mesmo, mas por algum motivo resolvi ir eu mesmo à Thompson para ouvir diretamente do Pedro Feyer, diretor de criação, qual era a ideia e o que ele queria para o filme.

Eu logo antevi algumas limitações pela frente, algumas coisas teriam que ser mais estudadas. O Pedro Feyer tinha umas ideias que não eram facilmente factíveis, pelo menos não do jeito que ele pensava.

O roteiro pressupunha iniciar o filme com cenas de uma metrópole ressequida, muito concreto, árvores nuas ou com folhas alaranjadas, um clima muito árido. A atriz escolhida para o filme, Betty Lago, surgiria na imensa varanda de uma cobertura e, ao ver e sentir na pele toda aquela secura, resolvia tomar um banho. Sequência de imagens mostrando a Betty sob o chuveiro, aplicando suavemente o sabonete estrela do comercial, alternando com imagens de uma chuva generosa, fios de água escorrendo sob folhagens exuberantes, grossos pingos caindo sobre uma terra esturricada, tudo em uma analogia à pele ressecada sendo hidratada pelo sabonete Lux, atributo principal daquele sabonete.

Depois de a Betty tomar seu banho, toda linda e arrumada, ela retorna para a varanda, o sol já se pôs. Ela se apoia sobre o parapeito, ao mesmo tempo que, como que por encanto, todas as luzes da cidade se acendem, como se estivessem prestando uma homenagem ao encanto daquela mulher. Nesse momento surge um helicóptero, que, ao girar sobre seu próprio eixo, revela pela porta lateral um cameraman, um *paparazzo*, apontando sua lente e as luzes para a atriz. Ela reage timidamente, mas com um olhar sedutor para a câmera. E, quando se apoia no parapeito, a alça do vestido lentamente cai, deslizando sobre um dos ombros, para mostrar a maciez da pele perfeitamente hidratada. Coisas hollywoodianas.

À medida que eu ia ouvindo o Feyer, ia tendo mais convicção de que teríamos que rodar boa parte do filme nos Estados Unidos, por algumas razões simples. Não há no Brasil cidades grandes com aquele tipo de paisagem outonal prevista no roteiro, nem cidades "acesas" à noite, como é normal em Nova York ou Los Angeles, por exemplo. São Paulo é escura à noite, pouquíssimos prédios mantêm as luzes acesas após as 19h.

Claro que todas essas dificuldades poderiam eventualmente ser contornadas na edição e na pós-produção. Mas não a sequência do helicóptero, que forçosamente teria que ter o mesmo background da cidade iluminada. No Brasil, especialmente em São Paulo, o DAC não autoriza voos noturnos nas áreas urbanas, portanto...

– Daniel e Dominique... *Here I come!*

Eu saí da agência já com a certeza de que ganharíamos o job. Nossos concorrentes iriam detectar as mesmas dificuldades e chegariam às mesmas conclusões que eu, mas ninguém tinha tantas facilidades fora do Brasil quanto a 5.6.

Contratei o diretor de fotografia Claudio Leone, e ele viajou com alguns dias de antecedência para rodar as cenas que estávamos chamando de "cenas secas", árvores sem folhas, ou com folhas alaranjadas do outono, paisagens áridas etc. Eu fui para lá apenas para rodar a sequência que envolvia o plano geral do helicóptero e o background da cidade iluminada.

Encontramos uma locação ideal para essa filmagem: um hotel que tinha um de seus lados voltado para um parque muito grande, com uma maravilhosa vista do *skyline* de Los Angeles ao fundo, com espaço mais que suficiente para as evoluções do helicóptero.

Alugamos um quarto que tinha vista para o parque, sem revelar no check-in as nossas reais intenções, porque não tínhamos as "permits" necessárias, as devidas autorizações das "n" entidades envolvidas na burocracia de uma filmagem como aquela. Resolvi arriscar.

A primeira dificuldade apareceu quando descobrimos que as janelas do quarto não abriam, eram fixas. Não daria para fazer a filmagem através do vidro! Então, embora aquilo fosse uma contravenção passível de cadeia, a solução foi desmontar a janela.

Meio que correndo contra o tempo, para que o pessoal do hotel não viesse interromper o nosso trabalho, conseguimos rodar a sequência do helicóptero. Tínhamos comunicação direta com o piloto via rádio e ele ia seguindo as minhas instruções, fazendo todas as evoluções de que precisávamos para o filme.

Antes que o pessoal do hotel descobrisse o que estava acontecendo, já tínhamos finalizado tudo e fizemos o *checkout*. Ficamos "hospedados" por menos de uma hora, e a filmagem não demorou mais do que quinze minutos.

Os closes das cenas de helicóptero foram rodados no Brasil, e o nosso parceiro e amigo Beto Maldonado fez o papel do galante cameraman.

Aproveitamos aquela viagem para alugar e levar para o Brasil uma câmera hi-speed, que rodava até mil frames por segundo, quase cinquenta vezes a velocidade normal. Ela seria usada para captar as imagens em altíssima câmera lenta de sabonetes Lux interagindo com líquidos cremosos. Um visual que ficou absolutamente lindo, mais um grande trabalho dos meus eternos parceiros, Victor e Soninha. Essas cenas de produto eram peças, até então inócuas, do meu quebra-cabeça, que causariam um impacto muito importante no meu futuro próximo.

Um roteiro aparentemente simples, mas que teve muita complicação na hora da execução!

Escolhemos o Edifício Martinelli, um histórico marco arquitetônico no centro de São Paulo, como sendo o local do apartamento da Betty Lago. Filmamos cenas aéreas e detalhes da sua cobertura, que foi reproduzida parcialmente em cenário em nosso estúdio, onde rodamos tanto as cenas "externas" quanto as internas, do quarto, banho etc.

Filme concluído, efusivamente aprovado. Next!

Pelo menos era o que eu pensava... Mas a história daquela produção, na verdade, mal tinha começado.

Já se sentia no ar o prenúncio de mais uma grande crise econômica mundial. Os famosos Tigres Asiáticos, os então emergentes Coreia do Sul, Singapura, Hong Kong e Taiwan, tinham iniciado um incrível processo de industrialização nos anos 1970, e nas duas décadas seguintes conseguiram manter um impressionante crescimento de seus PIBs acima dos 7% ao ano. Um feito e tanto enquanto durou.

A crise se instalou primeiro na Tailândia, contaminou os demais Tigres, toda a Ásia, e derrubou a Bolsa de Hong Kong, que por sua vez afetou as Bolsas de todo o mundo, chegando à Bovespa, que despencou mais de 8% em um único dia.

Eu pensei: "lá vamos nós de novo".

O Brasil foi o país da América Latina que mais sofreu com essa crise mundial, embora tivéssemos conseguido algum sucesso com o Plano Real na contenção da inflação. Por outro lado, com uma moeda supervalorizada, as exportações ficaram muito prejudicadas, e logo a indústria também ficou abalada. Afetada a indústria, o mercado publicitário dançou junto.

Como já disse, a solidez da 5.6 nos permitiria atravessar um deserto de um razoável tamanho. Éramos praticamente autossuficientes e quase imbatíveis nos nossos orçamentos. Mas claro que as notícias que chegavam eram fonte de preocupação. As dores do Plano Collor ainda não estavam esquecidas, e naquela altura ninguém poderia imaginar qual seria o tamanho da encrenca que se avizinhava.

Antevendo uma possível estagnação do mercado, intuí que a 5.6 deveria atuar de forma mais proativa e ir atrás de novos jobs, e me dispus a tomar a linha de frente nessa prospecção. Melhor prevenir do que remediar.

5.6
Golpe de mestre

Quando fomos chamados à Thompson, sem saber exatamente qual era o motivo da convocação, decidi comparecer pessoalmente. Quem sabe a minha presença motivaria alguém da Criação ou do próprio RTV a pelo menos discutir um novo projeto comigo.

A conversa com a Naná Bittencourt, a chefe do RTV da agência, foi tranquila, não era sobre nada importante; infelizmente, não se tratava de um novo projeto. Mas, quando eu estava já para me despedir, ela atendeu a um telefonema e começou a falar em inglês com alguém do outro lado da linha. Eu me afastei um pouco para dar privacidade a ela.

Num dado instante, a Naná, vendo que eu estava alheio, falou mais alto ao telefone, ainda em inglês, fazendo alguns movimentos para me chamar a atenção:

– Ah, por coincidência, estou justamente com o diretor e produtor desse filme aqui na minha frente. Quer falar com ele diretamente?

Naquele instante, comecei a entender por que estava ali, naquele dia, naquela hora. A Naná me passa o telefone:

– É o Alistair Fryer, de Londres!

Eu me apresentei e em seguida descobri quem estava do outro lado: o produtor internacional da Thompson de Londres.

Eu já sabia que era prática de clientes multinacionais distribuir seus comerciais produzidos mundo afora entre todas as suas filiais, para que fossem avaliados e eventualmente testados localmente. Um filme que tivesse sido bem-sucedido em um mercado poderia repetir a dose em outro, muitas vezes com apenas pequenas mudanças de áudio e letreiros.

O Alistair me disse ao telefone que o nosso filme, o do sabonete Lux com a Betty Lago, tinha sido muito bem-avaliado em muitos países, e que dezenas deles queriam veiculá-lo nos seus mercados locais.

O caso era que aquele filme específico tinha uma característica fundamental, que era o fato de ser protagonizado por uma celebridade, portanto não poderia ser utilizada integralmente a nossa versão, porque a Betty Lago só era conhecida no Brasil. Isso implicaria a necessidade de cada país interessado no roteiro ter que fazer sua própria versão do comercial, utilizando como protagonista uma estrela local.

Para diminuir um pouco os custos da produção de cada versão, o Alistair queria adquirir os direitos para usar todas as cenas genéricas do nosso filme: as "secas", o *skyline*, as cenas de chuva, do helicóptero, e principalmente as de produto, já que ele era idêntico em todos os mercados, e as nossas imagens tinham ficado realmente muito boas.

Enquanto o Alistair falava, minha cabeça dava voltas, imaginando produtores e diretores do mundo todo tentando reproduzir um filme, o meu filme, que já estava pronto. Eu tinha passado pela situação inversa no caso da campanha da Levi's, e, na ocasião, pude sentir na pele quão mais complicado é tentar copiar alguma coisa do que fazer uma a partir do zero.

Eu tinha certeza de que aquela intenção de produzir dezenas de versões do filme da Betty Lago mundo afora tinha tudo para ser uma tremenda dor de cabeça, com altíssimas chances de haver muitas expectativas frustradas. Sabia que estava muito longe do gol, mas, ao ver o goleiro adiantado, não resisti e chutei:

– Alistair, com certeza podemos ceder todas as cenas genéricas de que vocês precisam, sem qualquer problema, tem até uma tabela já prevista pela nossa associação, agora... Vocês vão produzir, em cada mercado, uma cópia de um filme que eu já fiz e está sendo usado como referência. Certo?

– Sim, certo! É isso!

– Então por que você não contrata a 5.6 para produzir esses filmes? Daí, ele hesitou.

Senti um branco do outro lado e quase podia ouvir as engrenagens do cérebro dele funcionando, o que significava que a minha proposta mexera com ele. A reação dele parece que levou uma eternidade.

— Como assim? Você iria em cada país para produzir e dirigir os filmes lá?

— Não. Eu estou pensando em uma central de produção. Em vez de quinze, vinte produções independentes, faríamos apenas uma. Cenário único, mesma equipe, equipamento, iluminação. Por algumas poucas diárias a mais, vamos garantir um resultado idêntico em todas as versões!

Mais uma pausa do outro lado, mais uma eternidade de espera, mais um olhar indagador da Naná: agora ela mesma interessada no que eu acabara de propor. Eu sei que tinha jogado uma isca na mesa, uma ideia quase que irrecusável.

— Nossa, eu não tinha pensado nisso. A ideia era realmente cada país rodar o seu filme, tentando copiar, da melhor maneira possível, o original... Mas o que você diz faz todo o sentido!

— Claro que teremos que coordenar as agendas de todas as atrizes envolvidas, para podermos rodar tudo como uma linha de montagem, mas acho que esse problema não é tão complicado de se resolver...

— Wellington, isso não é um problema. Na segunda-feira vamos ter uma reunião em Paris sobre esse projeto, e eu vou levantar essa sua sugestão, mas acho que tem uma boa chance de acontecer, sim! Depois dessa reunião eu falo com você, eu ligo para a Naná...

Na verdade, o Alistair tinha alcançado a ideia. Mas aquela frase, "depois eu falo com você", era uma coisa que eu não gostava de ouvir quando fazia uma proposta. Então, antes de desligar o telefone, ainda arrisquei um pouco mais:

— Olha, Alistair, eu tenho uma reunião na quarta-feira em Viena, estava pensando em ir na segunda via Frankfurt, mas, se achar que vale a pena, posso alterar minha passagem e ir no domingo via Paris, aí podemos conversar pessoalmente!

— Você faria isso? Maravilha! Acha que conseguiria me preparar um orçamento até lá?

— Claro, sem problema nenhum!

Eu voltei para casa feliz da vida. Ainda não acreditava como tudo aquilo tinha acontecido, em minutos. E foi uma das vezes em que melhor senti uma coisa em que sempre acreditei: sucesso por estar no lugar certo, no momento certo, falando com a pessoa certa. Pessoa essa que jamais soube que a tal reunião em Viena tinha sido inventada na hora.

5.7
O primeiro encontro

Eu tinha improvisado aquela história toda de ter uma reunião em Viena porque queria estar perto do tomador de decisão, olho no olho. É muito mais difícil dizer um "não" presencialmente do que ao telefone. E eu sabia que tinha argumentos irrefutáveis. Minha proposta resolveria muitos dos enormes problemas de orçamento e produção que eles enfrentariam ao optarem pelo caminho original.

Mas não tive muito tempo para pensar, porque, a partir do momento em que me propus a ir a Paris, tudo foi uma correria.

Comprei uma passagem já para o dia seguinte, porque se eu embarcasse só no domingo o voo chegaria na segunda-feira, quase no horário da reunião da Lever, e eu queria ter uma margem de segurança para qualquer eventualidade.

Reservar as passagens, hotel e tudo o mais foi o menor dos problemas, a Elzinha cuidou de tudo para mim. Mas, quando comecei a fazer as malas, percebi que em meu guarda-roupa só havia camisetas, shorts e bermudas. Tive que ir correndo ao Iguatemi comprar roupas de executivo, e tê-las ajustadas às pressas.

Comecei a trabalhar em um orçamento tentativo assim que me instalei na poltrona do avião, ciente de que me faltavam duas informações cruciais para que ele ficasse minimamente próximo do real: quantas celebridades seriam e de que países viriam.

Para que minha proposta funcionasse, a central de produção teria que ser instalada em um local que facilitasse a logística, onde fosse fácil o deslocamento de todas as atrizes e cantoras que participariam da produção, uma vez que teríamos uma tarefa muito complicada, a de compatibilizar as agendas de cada uma.

E, claro, eu teria que fugir dos centros tradicionais se quisesse ser o mais econômico possível. Me vieram à cabeça quatro opções viáveis: Mumbai, Budapeste, Los Angeles e São Paulo. As duas primeiras teriam a vantagem de estar mais próximas da origem da maioria dos países de onde viriam as celebridades, e ambas ofereciam uma boa estrutura de produção e preços bem competitivos. Eu já tinha tido uma experiência na Índia e me senti confortável com a estrutura que encontrei por lá. Nunca tinha trabalhado na Hungria, mas tinha tido excelentes referências de profissionais em que eu confiava, e sabia que os preços praticados por lá eram bastante atraentes.

Claro que rodar em São Paulo seria muito mais confortável e mais lucrativo para a 5.6, mas se a escolha fosse Los Angeles, eu estaria bem satisfeito também. Eu sempre poderia levar a pós-produção para o Brasil, qualquer que fosse o local escolhido para as filmagens.

Se você chegou até aqui, já percebeu que a 5.6 sempre teve vocação para produções internacionais, talvez dada a minha ligação histórica com os Estados Unidos. Mas, de qualquer maneira, eu sempre tive muita admiração e respeito pela estrutura que foi criada lá, a serviço do cinema.

Não estou falando só de Hollywood. A todo lugar que você vai nos Estados Unidos, mesmo em cidades de menor porte, há sempre uma Film Commission, que oferece incentivos para atrair produções para o local.

Existem cidades ou bairros inteiros que se preservam e se mantêm como verdadeiros cenários, com sua população engajada, cada habitante com roupas, objetos e veículos de época. Ou seja, existe toda uma cultura, um mecanismo à disposição dos produtores, dos criadores e dos diretores de cinema.

Eu já tinha me aproveitado dessas facilidades na filmagem de "Bus station", da Levi's, que narrei anteriormente, quando filmamos em Waxahachie, ao sul de Dallas, Texas – uma dessas cidades reais que parecem cenográficas.

Então é óbvio que a gente não podia deixar de lançar mão daqueles recursos que estavam à disposição. E a 5.6 realmente talvez tenha sido a produtora que melhor soube utilizá-los.

Nós orçamos a produção de um comercial para o café Melitta, cuja história se passava dentro de uma cadeia do Velho Oeste. Esse orçamento se baseou na premissa de que o filme seria rodado em estúdio, com a tal cadeia cenografada.

Ganhamos a concorrência, e, antes da reunião de pré-produção, eu cismei de pedir ao Daniel e à Dominique que fizessem uma pesquisa e um orçamento para alugarmos uma das muitas cidades cenográficas do "Velho Oeste", nos arredores de Los Angeles. Não foi surpresa quando ele voltou com algumas opções, todas maravilhosas. E o mais interessante é que a locação desses espaços, por dois ou três dias de filmagem, custaria menos do que a construção de um cenário em um estúdio aqui no Brasil.

Obviamente eu me senti no dever de levar essa oportunidade, essa alternativa, para o pessoal da agência, na reunião de pré-produção. Apresentei as fotos da locação. Uma rua inteira, com todas as fachadas, lojas, *saloon*, igreja, banco e a delegacia onde ficava a cadeia. Tudo prontinho para filmar, tanto cenas externas quanto internas.

– Mas quanto custaria a mais para a gente fazer o filme lá?

Eu sorri, antegozando a cara que eles fariam quando ouvissem a resposta:

– Não vai custar mais nada! A gente só está deslocando o que iria gastar em cenografia no Brasil para cobrir as despesas de viagem e estada... Na verdade, vai ficar elas por elas.

A intenção não tinha nada a ver com dinheiro, com orçamento; tinha a ver com resultado, em oferecer uma execução mais elaborada, com um valor de produção muito maior, e foi o que aconteceu.

Não foi só com a Melitta que isso aconteceu, mas também com Amil, Leite Moça, uma infinidade de clientes a que tivemos a grata possibilidade de entregar mais do que tinha sido pedido.

Mas às vezes essas facilidades vinham não para simplesmente acrescentar valor à produção, mas para resolver problemas de verba ou prazo que não raramente apareciam pela frente. A "escola" em que fomos educados profissionalmente, em que fomos obrigados a pôr a mão na massa em todas as frentes de uma produção, também foi uma grande facilitadora, já que a polivalência adquirida (minha e do Aldana) nos permitia trabalhar com equipes reduzidíssimas.

Participamos da concorrência para a produção de um comercial de chocolate Prestígio, cuja história se passava em uma ilha paradisíaca. Eu tinha acabado de me casar com a Leslie, e ela havia me confidenciado que seu sonho era conhecer o Taiti. Por isso, meu orçamento previu rodar o comercial na Polinésia Francesa. O Ronaldo, da Ultima, participou da concorrência e escolheu o Caribe como locação, e, consequentemente, seu preço estava um pouco mais baixo que o da 5.6.

Porém, como o visual das ilhas do Pacífico Sul era muito mais interessante (aliado ao fato – que passou despercebido pelo Ronaldo – de que era época de furacões no Caribe), a agência estava dando preferência pra gente, mas teríamos que chegar ao valor da concorrência. Estava difícil reduzir os custos, nosso orçamento estava bem enxuto, mas, ao saber que um fotógrafo nos acompanharia para fazer as imagens para a parte gráfica da campanha, eu me ofereci para produzir as fotos, sem nenhum acréscimo no orçamento, que resultou em economia para o cliente, na verba total. E assim foi; conseguimos um lindíssimo filme (e fotos), com uma equipe de apenas cinco pessoas.

Não foram poucas as vezes em que a equipe de filmagem consistia apenas no Aldana ou algum outro fotógrafo e eu, e muitas vezes encarei sozinho a missão de rodar no exterior, dispensando até apoio local.

Em um filme para o Banespa, rodei cenas em Roma, Paris, Londres e Nova York, sem nenhum apoio local. Aluguei o equipamento e transporte, operei câmera e fotografei as cenas, tendo apenas a Leslie para me dar uma força, ajudar a carregar o equipamento e ficar de olho nele enquanto eu filmava.

Outra experiência "one-man band" foi uma produção para Omo Progress, para a qual estava sendo produzida a maquete de uma cidadezinha idílica. Ocorre que a veiculação do comercial foi antecipada e não haveria tempo hábil para concluir a maquete. Para resolver a questão, peguei um avião para Frankfurt e, sem nenhum suporte local, aluguei o equipamento necessário e percorri uns mil quilômetros em busca da cidadezinha dos sonhos. Eu a encontrei no interior da Áustria e rodei as imagens, retornando ao Brasil em poucos dias, com uma economia de quatro semanas no cronograma.

Claro que essas soluções paliativas não seriam possíveis no caso de filmes com um nível de complexidade maior, como na megaprodução que estávamos fazendo para a Coca-Cola, protagonizada por Christina Aguilera.

No roteiro, uma adolescente em seu quarto ouve "Ven conmigo" no fone de ouvido e, ao dar um gole na Coca, se transporta magicamente e se torna a própria Christina Aguilera, que está em seu camarim, prestes a entrar no palco. Seu assistente abre a porta e a chama para iniciar o show. Depois de finalizar sua apresentação diante de uma plateia que lotava o estádio, ela retorna ao camarim, dá mais um gole no refrigerante e se transporta de volta ao quarto, já como adolescente de novo.

Toda a sequência da performance de Christina seria filmada durante um de seus shows, já que ela estava em turnê pelos Estados Unidos. Porém o SAG, o sindicato de atores americano, tinha entrado em greve, proibindo que seus membros participassem de qualquer filmagem.

Como Christina fazia parte do sindicato, tivemos que pensar em um plano emergencial, e a solução foi irmos para Toronto, onde tivemos que, em apenas dois dias úteis, simular um estádio lotado, formar uma banda de última hora e um corpo de bailarinos para acompanhá-la, além de construir o cenário do camarim.

Tarefa nada fácil, mas brilhantemente cumprida pela nossa equipe norte-americana. Teria sido impossível realizar aquela produção sem a estrutura que conseguimos montar nos Estados Unidos.

Mas, voltando ao caso daquela enorme produção de Lux, seria impossível eu ter condições de apresentar um orçamento definitivo sem uma pesquisa mais aprofundada. Como eu havia prometido uma ideia de valores, decidi apresentar apenas os custos de fazer todo o projeto no Brasil, e gastei parte da viagem e todo o dia seguinte trabalhando naquilo.

5.8
Um tiro no escuro

Na segunda-feira pela manhã eu estava em Paris, na sede da Unilever, com orçamento preliminar em mãos, aguardando o Alistair na área de espera da recepção, e ele chegou um pouco antes das 10 horas.

– *Hey*, Wellington! Muito prazer! Obrigado por ter vindo!

Fomos para outro andar, onde havia outra sala de espera. Pela porta entreaberta, pude perceber algumas dezenas de pessoas se acomodando. Não seria uma reuniãozinha qualquer.

– Me aguarde aqui... Não deve durar mais do que uma hora. Daí a gente sai pra almoçar e falamos sobre o projeto, talvez já com alguma definição, dependendo do que acontecer aqui.

Eu fui para Paris com esperança de participar do encontro, mas, vendo aquela quantidade de gente, entendi que não haveria chance. Provavelmente, a pauta da reunião lidaria com diversos outros assuntos além daquele projeto em si, portanto não me dizia respeito.

Minha espera foi muito mais curta do que eu imaginava. Em pouco menos de vinte minutos o Alistair abriu a porta da sala e me chamou. Surpreso com o convite, eu entrei e me deparei com uma sala maior e mais repleta do que eu imaginava: cerca de sessenta pessoas acompanharam a minha entrada, com olhares curiosos. Acho que nunca participei de uma reunião com tanta gente.

Na diagonal oposta ao lugar onde eu me sentei percebi um senhor, de feições tipicamente indianas e semblante muito simpático, que me olhava fixamente com um sorriso estampado no rosto. Descobri mais tarde que ele tinha sido designado para coordenar todo aquele projeto internacional em nome da Lever.

Assim que me ajeitei na cadeira, ele começou a falar se dirigindo a mim, muito animado, com aquele sotaque gostoso que lembrava o de Peter Sellers em *Um convidado bem trapalhão*.

– Olha, aquele filme que você fez é maravilhoso, e eu senti um "WOW" quando assisti! Então faço questão que esse efeito "WOW" continue nos filmes que a gente vai fazer. Estamos muito felizes com esse caminho e com essa perspectiva. Vamos em frente!

Eu olhava para aquele homem vibrando, com aquele entusiasmo nas palavras, e senti o seu encantamento genuíno. Eu entendi perfeitamente o "WOW" que ele quis definir. Há conceitos que nos encantam. Eu só não entendi o que ele quis dizer com "vamos em frente"... O Alistair só fazia um gesto discreto com a mão, como dizendo: "Calma, a gente conversa depois..."

Enfim, acabou a reunião. Tinha durado pouco mais de meia hora. Fui então formalmente apresentado ao tal indiano, à diretora de Criação da Thompson Indonésia e ao Peter Hughes, diretor de Criação da Thompson para a região asiática. Estes dois seriam os responsáveis pelo projeto em nome da Thompson, além do próprio Alistair.

– Encontro você no restaurante, lá eu explico tudo.

E no local marcado, o Alistair e o Peter já ocupando uma mesa de canto, muito animados:

– Muito bem, agora é trabalhar, vamos trabalhar juntos, fazer esses filmes, Wellington!

– Mas não falamos nada, não tem um orçamento!

Quando o Alistair me olhou nos olhos, com aquele sorriso e expressão franca, disposto a começar a me contar o que se passara na sala de reunião antes de eu entrar, eu senti que ali havia algo formidável: confiança, sintonia!

Na verdade, durante aqueles minutos antes de eu ser chamado, ele simplesmente expôs a minha ideia da central de produção para o grupo, que não precisou de muito convencimento para entender os imensos benefícios da proposta. E ficaram ainda mais felizes quando souberam que o diretor/produtor do filme da Betty Lago estaria no comando dessa central e que eu estava ali fora, na sala de espera... o resto eu mesmo presenciei.

Não queria acreditar no que tinha acontecido. Eu ainda não tinha um orçamento aprovado, mas já tinha um sinal verde para seguir em frente, para ir por aquele caminho que eu tinha proposto: eu iria dirigir, e a 5.6, produzir aqueles filmes. Ganhamos o job!

Mas estava faltando um pedaço importante ali que tinha que ser colocado, embora as premissas financeiras, para eles, já estivessem estabelecidas: vai ficar mais barato? Vai, mas quanto?

– Alistair, mas eles nem sabem quanto isso vai custar!

– Ah, eles sabem, cheguei a dar uma ordem de grandeza para eles e já tenho uma verba pré-aprovada. Aliás, teve a chance de fazer os orçamentos?

Aí eu vi que provavelmente o Alistair não iria abrir o número dele sem que eu mostrasse o meu primeiro. Expliquei a ele que só tinha conseguido fazer uma estimativa para rodar o filme no Brasil, teríamos antes que discutir as demais possibilidades.

– Ah, que ótimo! A gente até tem uma preferência por filmar no Brasil.

Eu me vi sem saída. Eu teria que mostrar as minhas cartas antes que ele me mostrasse as deles. Me veio à mente uma experiência terrível pela qual passamos na produção da campanha de lançamento do Kadett, da GM, que produzimos para a McCann, episódio que vou contar mais adiante.

Mais uma vez a experiência me chamou de canto e falou: "Ooooolha..."

5.9
O jogo do dinheiro

Quando, numa fração de segundo, aquele episódio do lançamento do Kadett passou pela minha memória, eu achei que, diante de uma produção tão grande, com detalhes ainda por serem definidos, seria prudente eu dar uma inflacionada no número.

Passei para o Alistair o valor que eu tinha apurado, multiplicado por *dois*.

– Está ótimo! Muito bom! Menos do que eu imaginava que seria!

Humm, muito fácil, pensei. Senti um frio na barriga e veio a dúvida: estaria subestimando ou esquecendo alguma coisa? Por precaução, rapidamente eu emendei:

– Mas olha, nesse valor não tem nenhuma despesa de viagem, estada e alimentação... Nem para as atrizes nem para o pessoal de agência.

– Ah, claro! Mas isso a Thompson paga direto, já temos todo um esquema.

– E você precisa me dizer se eu acrescento a pós-produção também, ou se fica por conta da Thompson.

Ao contrário do que acontece no Brasil, em muitos mercados as produtoras não se envolvem na finalização dos filmes, a tarefa fica por conta da agência.

– Wellington, prefiro que vocês assumam a pós... é mais prático assim.

Acontece que, no valor original do meu orçamento, eu já havia incluído tudo aquilo: passagens de primeira classe, hotel cinco estrelas, alimentação classe A, e também toda a parte de pós-produção. Quando passei um valor duas vezes maior para o Alistair, eu já tinha criado um colchão de proteção extremamente confortável.

– Wellington, considere o projeto aprovado! Só inclua os custos de pós e me mande o orçamento lá de Viena, pode ser?

Quando eu me despedi dele, algo me incomodava por dentro, porque na verdade eu não gostava de inflacionar meus orçamentos, pelo contrário, sempre procurei deixá-los o mais enxuto possível. Mas, depois de refletir bem, acabei por ficar em paz com a minha consciência, porque quem mais teria a ganhar com tudo aquilo seria a própria Lever, que iria economizar uma verdadeira fortuna, em razão de uma ideia levada a eles por mim.

E sempre havia a possibilidade de me deparar com uma situação "Kadett" pela frente... Você irá entender o porquê mais adiante.

No voo de volta a São Paulo, tive tempo para pensar, com admiração, nas voltas que o universo dá, para que cada coisa aconteça no seu momento, para que cada pecinha do quebra-cabeça encontre, na hora certa, o seu espaço dentro do Todo. Uma ideia jogada com convicção para o universo... energia se materializando, tornando-se realidade!

Já no Brasil, reuni a equipe para colocar todo mundo a par dos acontecimentos e deflagrar o início daquela superprodução. Refizemos o budget interno baseado na nova realidade, e instruí a equipe para que não medisse esforços: tudo deveria ser feito para o melhor resultado daquele job.

Alguns dias após o meu retorno, o Alistair me ligou.

– Wellington, é o seguinte: houve mudanças aqui.

– O que houve?

Na hora eu fiquei extremamente preocupado.

– O seu projeto acabou de ficar maior!

Não sei se ele ouviu o meu suspiro de alívio...

– Tem um novo filme para produzirmos, com a mesma estrutura do "Penthouse", só que a ação se passa em um navio de luxo entrando na baía de uma cidadezinha como Mykonos ou Santorini. No lugar de um helicóptero e um cameraman, vamos usar um farol de sinalização naval e o seu operador galã.

– Entendi, vamos orçar, tenho bons contatos na Grécia.

– Mas a gente queria rodar esse filme também no Brasil...

Expliquei que no Brasil não havia aquele tipo de paisagem e mar, mas ele insistiu que eu pensasse em alguma saída.

– Me dá uns dias... A gente se fala.

Reuni meu pessoal. Trocamos ideias e encontramos uma solução: reproduzir todo o ambiente e o navio em escala – as boas e velhas maquetes.

Seria inviável fazer as filmagens com um navio verdadeiro, principalmente no verão da Grécia, Croácia ou qualquer lugar do gênero, tudo praticamente lotado. Fretar um especialmente para isso seria loucura. Portanto, a ideia da maquete soou quase como uma alternativa única.

Quando eu liguei para o Alistair e passei toda a ideia, a única pergunta que ele me fez foi:

– E fica realista?

– Fica! Eu vou lhe mandar dois filmes, para você ver como fica perfeito.

Aí eu mandei para ele, via malote da Thompson, os comerciais do Omega e da Quantum, que realmente convenceriam qualquer um.

Uma semana depois, ele me ligou:

– Maravilha, vamos nessa!

Baseado nos números aprovados para o primeiro filme, fiz o orçamento da nova produção, que ficou razoavelmente mais cara, já que não haveria nenhum aproveitamento de imagens de estoque. Tudo teria que ser feito do zero, inclusive as cenas de produto, que pediam uma nova ambientação. Como da primeira vez, os valores também foram aprovados sem questionamentos.

Foi dada a largada.

Enquanto a minha equipe iniciava as pesquisas de elenco secundário, figurino, cenários, estilo de luz e tudo o mais, eu tive que partir para a escolha do casting principal, o que envolveu a minha ida a vários países para escolher as celebridades que estrelariam cada filme.

Para mim, aquilo era uma situação inusitada. Seria como se aqui no Brasil fizéssemos uma busca convocando consagradas atrizes globais para fazer um teste de VT! Eu me senti até constrangido por ter que fazer isso, mas lá era normal, as atrizes faziam numa boa, repetiam o texto quantas vezes eu pedisse.

Estávamos em 1998, e a reunião de produção foi agendada para o dia 13 de maio, em Jacarta. Além da tradicional apresentação em PowerPoint, eu também levei na bagagem um vídeo. Eu me propus a apresentar um pequeno "show": conduzir uma reunião de pré-produção como eles jamais imaginaram.

Na apresentação em vídeo, de uma forma bem glamorizada, eu coloquei todos os elementos da produção: elenco, figurino, cenografia, objetos de cena e todos os demais detalhes. Reuni tudo em uma edição bem caprichada, dentro do estilo visual e sonoro que eu pretendia implementar. A ideia era que eles primeiro sentissem o clima geral que eu pretendia para os filmes, para depois discutirmos os pormenores que seriam apresentados no PowerPoint.

Foram trinta e tantas horas de viagem até Jacarta, e eu cheguei lá no fim do dia, agarrado à minha bagagem de mão, devido a amargas experiências anteriores. Só que, dessa vez, o que extraviou foi a minha mala despachada. Morto de cansaço, tomei um banho, sabendo que não teria roupa limpa para vestir e, pior, para ir à reunião na manhã seguinte.

O hotel em que eu me hospedei ficava em um complexo que incluía um shopping center. Comprei algumas camisas, gravatas, mas não encontrei uma loja que vendesse ternos. Alguém me indicou um alfaiate, que talvez tivesse algum pronto. Fui até lá.

– Não tenho nada pronto, mas eu faço um pra você.

– Não dá! Preciso para amanhã de manhã, às 9h!

– Sem problemas, às 7 da manhã eu entrego.

Eu fiquei muito desconfiado, mas, na hora que ele falou o preço, achei tão barato que acabei topando. Precisamente às 7h da manhã, batem à porta do meu quarto, e era o alfaiate com o terno. Experimentei, ele fez uns ajustezinhos ali na hora, e ficou perfeito!

Ainda tive tempo de tomar o café da manhã antes de seguir para a agência.

5.10
Um sonho de liberdade

A caminho da agência, percebi que algo muito grave estava acontecendo na cidade. As ruas estavam semidesertas e ocupadas por muitos soldados armados e veículos militares bloqueando os cruzamentos. O motorista do táxi não falava inglês e não pôde me explicar a situação. Ao chegar à agência, depois de ser apresentado a todos os personagens locais do Atendimento, Planejamento, Criação e RTV, me explicaram que estava havendo violentos protestos em algumas regiões do país, fortemente reprimidos pelo governo, e que finalmente tinham atingido a capital.

Alguns estudantes haviam sido mortos durante uma manifestação, que provocou uma dura reação da população, resultando em um conflito generalizado e na consequente renúncia do então presidente Suharto dali a alguns dias.

A Thompson ficava em uma casa muito exposta a eventuais depredações, e houve um consenso de que não estaríamos seguros ali. Decidiram transferir a reunião para o próprio hotel onde eu estava hospedado; para lá nos dirigimos e pudemos finalmente começar a apresentação.

Presentes estavam alguns personagens que eu tinha conhecido em Paris, incluindo o diretor de Criação da região, Peter Hughes, e o indiano do "WOW" representando a Unilever.

Depois de algumas amenidades, começamos a apresentação.

Informei a todos que primeiramente eu iria projetar um vídeo, que daria uma noção da minha visão básica dos dois comerciais. Pedi a todos que se preocupassem apenas com o clima geral, que não se ativessem a detalhes, que seriam apresentados e pormenorizados depois no PowerPoint.

A projeção começou e durou aproximadamente quinze minutos. Ao final, quando eu já me preparava para iniciar o PowerPoint, veio uma reação geral dos presentes que eu jamais havia presenciado em toda a minha carreira: todos ao mesmo tempo se puseram de pé e começaram a bater palmas. Foi uma sensação muito estranha! Eu me senti envergonhado, não sei explicar, muito constrangido diante de uma situação como aquela.

Aí o Mr. "WOW" virou-se para mim e disse:

– É isso! Já estou vendo o resultado, perfeito! Vamos trabalhar!

E foi assim, acabou a reunião, e nem viram o PowerPoint.

Eu tinha viajado por mais de trinta horas para chegar lá, outras tantas horas para voltar, para fazer uma reunião que durou, no máximo, meia hora, isso com o bate-papo e tudo o mais. Mas essa importante aprovação massiva, para mim, significava ter total liberdade para criar, acoplada à intrínseca responsabilidade.

Vou me permitir um aparte aqui, porque aquela situação me remeteu, de forma oposta, ao que ocorreu durante uma reunião de pré-produção na McCann Rio, na qual estava presente o então presidente da Coca-Cola, Jorge Giganti.

A campanha mundial, criada pelo Marcio Moreira, consistia em diversos filmes, cada um deles apresentando uma colagem de dezenas de pequenas cenas que ilustravam letras adaptadas de vários arranjos diferentes de "Águas de março", de Tom Jobim.

Foi uma campanha que causou muita controvérsia, muita gente criticando Tom por ter cometido a heresia de se vender, cedendo sua música para a publicidade. Antônio Houaiss, membro da Academia Brasileira de Letras, filólogo, enciclopedista, diplomata e autor do *Grande Dicionário da Língua Portuguesa*, disse à época: "Não vejo nenhuma vantagem social na relação entre uma grande música brasileira e um produto que é uma porcaria". O humorista Jaguar também se manifestou: "Como todo amante da música popular brasileira, fico levemente escandalizado com a avacalhação que sofreu a música do Tom Jobim".

Houve até quem aproveitasse a oportunidade para acusar o Tom de plágio, como o crítico José Ramos Tinhorão, ensaísta, jornalista, crítico e historiador da música popular brasileira: "Quanto à venda da sua composição para uma empresa comercial, não vejo nada de mais. A única coisa estranhável é Tom Jobim vender uma criação que não é sua. O tema de Águas de Março vem do folclore..."

Polêmicas à parte, a campanha foi adiante em todo o mundo, e no Brasil fui convocado para produzi-la e dirigi-la. À mesa de reunião, ao contrário do que aconteceria em Jacarta, perpetuava-se uma interminável discussão sobre os filmes, cena por cena, detalhe por detalhe, a maioria deles irrelevante. Percebi que aquilo não fazia sentido, era desperdício de tempo e energia. Devo ter expressado inconscientemente o meu desconforto, porque o Giganti se dirigiu a mim:

– Wellington, o que foi? Você fez uma cara aí...

A McCann era um dos meus mais antigos e maiores clientes, portanto eu gozava de um bom prestígio dentro da agência, o que me permitiu dizer, depois de um profundo suspiro:

– Acho que estamos perdendo tempo com todos esses detalhes, e pior: estamos criando muitos impedimentos, cerceando, limitando demais essa ideia, que é tão boa. A gente tinha que estar falando só do conceito geral, do tom e do clima que se espera, e aí vocês me deixam ir filmar! Garanto que vou trazer um filme mais interessante e mais rico do que pode estar escrito no roteiro.

O Giganti girou o olhar por todos ao redor da mesa e voltou-se para mim:

– Tem razão. Eu acho até que a gente já falou demais aqui. Você já entendeu o espírito da coisa. Faz o filme e mostra pra gente.

E ficou assim. É óbvio que isso aumentou a responsabilidade, minha e da produtora. Era uma campanha enorme, uma coisa realmente muito importante, eu não poderia errar. Mas eu estava muito seguro do que estava fazendo.

Partimos para a produção usando o roteiro apenas como um guia, uma intenção, e eu tinha a liberdade para filmar qualquer coisa que me desse na cabeça ou com o que eu me deparasse ao longo do caminho e que coubesse no conceito.

Nós estávamos na praia, no Rio de Janeiro, aguardando o sol nascer para filmar uma garota que iria furar uma onda com *bodyboard*.

O sol começou a nascer, estávamos todos prontos para filmar, eu estava com a câmera calçada, uma teleobjetiva 600 mm, e, nesse momento, a uns quinze, vinte metros de onde nós estávamos, pousou uma gaivota. Ela ficou um tempinho por ali e começou a andar em direção ao mar, com aquele típico jeito rebolante. Eu vi ali uma oportunidade. Virei a câmera em direção a ela e capturei essa sequência. Mais tarde nós usamos essa cena para ilustrar uma frase da canção, que dizia "é um jeito de andar". Ficou divertidamente pertinente.

Encurtando a história, apresentamos o filme, foi um sucesso, a agência amou, o cliente amou mais ainda, foi tudo perfeito. Aí não perdi a oportunidade de fazer um comentário, que mais tarde eu viria a usar em palestras e outras reuniões, nas quais eu defendia esse jeito de trabalhar, um pouco mais solto, um pouco mais liberal:

– Na próxima vez, lembrem quanto custaria aquela cena da gaivota, se ela estivesse no roteiro. Coloquem no roteiro o seguinte: uma gaivota andando de costas, em direção ao mar, ao nascer do sol. Façam a conta de quanto custaria só essa cena!

Isso foi uma lição: a liberdade, embora também traga uma responsabilidade muito maior, traz a oportunidade de aproveitar coisas que acontecem espontaneamente, deixa a gente mais antenado em coisas às vezes inesperadas, que fazem parte daquele universo em que a gente está navegando. Não ficamos bitolados só naquilo que está no papel.

Essa campanha "Águas de março", da Coca-Cola, merece um aparte do aparte: além de vender os direitos da música, Tom Jobim também topou figurar em alguns dos filmes da campanha, dando pequenos depoimentos para a câmera. O Tom era simples e genial como músico, mas também como ser humano. Quando estava com ele, parecia que éramos amigos de longa data, matando a saudade.

Antes, nos intervalos e depois das filmagens, levávamos longos papos sobre diversos assuntos, mas principalmente sobre suas grandes paixões: música e passarinhos. Em um desses momentos, o Tom pediu licença e foi para a área íntima da casa.

Assim que ele deixou o ambiente, sem raciocinar direito, eu resolvi me sentar ao piano dele. E, inspirado por aquela oportunidade, comecei timidamente a dedilhar "Corcovado" no teclado, sem me dar conta de que estava tocando, em duplo sentido, em um objeto absolutamente sagrado!

Silêncio absoluto, toda a equipe com os olhares atentos em mim, talvez me recriminando pela heresia cometida. Percebi um movimento pelo canto de olho e me deparei com o Tom, apenas com a cabeça aparecendo por trás da parede do corredor, com um olhar que não consegui decifrar. Ele levantou a mão, num gesto cujo significado não entendi, e desapareceu. Me afastei do piano imediatamente, quando ele entra na sala empunhando um violão e, com sua voz habitualmente rouca, me diz:

– Espera! Espera aí!

Ele me empurrou com o seu corpo de volta ao banco do piano, abrindo espaço para poder se sentar ao meu lado, e me perguntou:

– Em que tom você estava tocando?

– Eu ssss...só ssss... sei tocar em dó-dó-dó maior...

– Ótimo, eu compus essa música em dó maior, pode tocar.

Aí eu não sabia o que fazer.

Minhas mãos tremiam feito gelatina; comecei pela introdução da música, que sozinha já é magnífica... Não podia crer no que estava acontecendo: lá estava o Tom, um entre poucos gênios mundiais da música, *me* acompanhando ao violão.

Olho para trás hoje e tenho duas sensações ligadas àquele momento tão especial: gratidão e raiva.

Gratidão aos Engenheiros Universais por aquela oportunidade que raríssimas pessoas no mundo tiveram. E raiva porque ninguém da equipe, incluindo o Aldana, o Geraldinho Ribeiro, do som, o Jimmy, assistente de câmera, teve a manha de documentar, de nenhuma forma, aquela experiência inesquecível.

Mas essa experiência foi realmente inacreditável e inesquecível, e aquele episódio acabou criando um laço de amizade entre Tom e eu.

Aqui vai, agora, o aparte do aparte do aparte.

Umas duas semanas depois da filmagem, eu liguei para o número que ele havia me confidenciado, e ele me atendeu:

– Tom, eu tenho um projeto aqui que é a sua cara... Você pode me receber esta semana para falarmos a respeito?

– Me conta por alto do que se trata.

Resumidamente, expliquei a ele qual era a minha ideia, e aparentemente ele gostou, tanto que preferiu vir ele próprio para São Paulo, já no dia seguinte, para discutirmos as possibilidades.

Na manhã do dia 1º de julho de 1989, acompanhado por seu filho Paulinho, Tom e eu nos sentamos no restaurante do Maksoud Plaza para o café da manhã e fechamos um acordo por escrito.

O projeto seria uma sinfonia a ser composta por Tom, em uma inusitada parceria com... passarinhos!

Quando pássaros estão pousados sobre fios, eles remetem a notas musicais – tive esse insight uma tarde na minha fazenda, descansando em uma rede na varanda. Como normalmente só há três fios na rede elétrica, ficavam faltando mais dois para completar um pentagrama musical. Animadamente, pedi ao meu capataz que montasse um "varal" com cinco fios e fiz dezenas de fotos, ao longo dos dias seguintes, de pássaros pousados sobre eles. O resultado de fato lembrava muito partes de uma partitura.

Imaginei que eu tinha inventado a pólvora e que seria alçado ao píncaro da fama, mas não demorou para cair a ficha de que eu não tinha estatura alguma para levar aquilo adiante, por isso lembrei do Tom.

Assinamos um contrato ali no ato, do projeto "Sinfonia da Natureza – Suíte das Aves", que incluía outras iniciativas, como exposição de fotos e arte ligada ao assunto, performance da Sinfônica do Estado de São Paulo, espetáculo de dança, livro etc.

O Tom me fez um comentário que inicialmente soou negativo, mas depois entendi como elogioso:

– Wellington... a sua ideia é maravilhosa, mas você precisa saber que não é original. O Villa-Lobos compôs uma sinfonia inspirada nos contornos do Pão de Açúcar, da Serra da Piedade e dos Órgãos. Mas eu prefiro o seu projeto, porque aqueles contornos vão originar sempre a mesma melodia, enquanto a dos passarinhos vai estar sempre se renovando!

Saí do Maksoud flutuando. E, para completar aquele dia maravilhoso, cruzei com o diretor de Marketing da Fiat no saguão. Contei a ele rapidamente sobre o projeto e a minha reunião com o Tom, e ele disse que estaria dentro, que patrocinaria o projeto, desde que pudesse usar sua verba do ano seguinte – condição que não me atrapalharia em nada, já que havia muito trabalho de pesquisa e preparação pela frente.

Só que aí veio o Plano Collor... e tudo desandou.

E antes que o mercado se recuperasse e os patrocínios voltassem ao patamar de normalidade, o Tom se foi.

Mais um bom projeto abortado por forças ocultas do destino.

Andaram trilhando por uma ideia similar há alguns anos, mas entrei em contato com o "autor" e o desencorajei a levar aquilo adiante, já que a ideia está devidamente registrada na Biblioteca Nacional. Se o projeto tiver que ser desengavetado, quero estar à frente dele. Aliás, estou ensaiando uma possível retomada, em parceria com Paulinho Jobim, em homenagem ao pai.

Mas voltemos ao projeto Lux. Saí da reunião no hotel, em Jacarta, com o mesmo *feeling* com que saí do Maksoud Plaza depois do meu encontro com o Tom – me sentindo nas nuvens e com um fortíssimo sentimento de missão cumprida.

Mais trinta horas de viagem, dessa vez com o fuso horário a favor, e, sem tempo a perder, convoquei toda a equipe e nos pusemos a trabalhar. Era hora de materializar todas aquelas propostas tão aplaudidas.

5.11
Estrelas além do tempo

A maquete que deveria ser construída para o filme do navio não cabia no nosso estúdio em Alphaville. Tivemos que alugar um galpão próximo, de 4 mil m², que pertencia a Gugu Liberato, e ali construímos o "Mar Mediterrâneo".

Na verdade, era uma piscina de mais ou menos 800 m², com 40 cm de profundidade. Fizemos a maquete da cidade, casinha por casinha, construídas sobre uma costeira, todas diferentes umas das outras, muito bem estudadas, com iluminação própria dentro, porque a ideia era que a chegada do navio fosse exatamente naquela hora mágica, em que o sol acabava de se pôr, mas com um céu ainda de um azulado-escuro. Cada detalhe foi cuidadosamente pensado. Estradinhas percorrendo as montanhas, postes de iluminação, carros, torres e tudo o mais que emprestasse realismo ao set.

Quanto ao navio, decidi que ajudaria na narrativa começarmos o filme com uma tomada aérea de um cruzeiro de luxo, algo que chamamos de "establishing shot", uma cena que estabelece a situação em que irá se desenrolar a história.

Achei que, para essa introdução, o ideal seria usar uma cena real, e a produção foi atrás de stock shots, imagens de arquivo, junto às fontes mais óbvias, que seriam as empresas de cruzeiros marítimos. Uma delas não só nos cedeu sem custos uma tomada aérea magnífica, como ainda forneceu plantas do navio, que nos ajudariam, e muito, na confecção da maquete.

A piscina teve que ser grande porque não é possível reduzir em escala elementos como a água, por exemplo. Em uma banheira, o navio se comportaria como um brinquedo. Por isso, a maquete do navio foi construída com quase 6 metros de comprimento. Era incrível, um trabalho irretocável do Victor e da Soninha. No seu todo, o ambiente que incluía o mar e a cidade ocupava perto de 1.500 m². E era realmente incrível ver, através do monitor, aquele navio entrando em quadro em direção ao porto, um look mágico verdadeiro, realidade ainda aprimorada por termos filmado a 90 quadros por segundo, um *slow motion* que acrescentava um "peso" adicional ao movimento do navio e da água que ele deslocava.

Poderíamos ter construído os demais cenários dos dois filmes no nosso próprio estúdio, mas, por uma questão de logística, e por ainda ter sobrado muito espaço no galpão que havíamos alugado para a construção da maquete, decidimos concentrar tudo num único local. Já estava pago mesmo.

Chegou a época das filmagens.

Cada detalhe verificado, tudo pronto para recebermos o grande elenco estelar que chegaria de todos os cantos do mundo. Tinha gente vindo da Hungria, das Filipinas, da Austrália, da Indonésia, da Tailândia, da Argentina... A logística foi incrível, cada atriz chegou num horário diferente, algumas acompanhadas pela mãe, outras pelo marido ou namorado, outras com um *entourage* de quatro, cinco pessoas.

Na época não havia um único hotel em Alphaville, e eu não queria que elas ficassem em São Paulo, por uma questão de logística e pelo risco do enfrentamento de trânsito pesado. Por isso hospedamos todo mundo em flats, em diversos edifícios próximos à 5.6.

Uma coisa que me preocupava, ao ter tantas "divas" em um mesmo ambiente, era o relacionamento entre elas. Afinal, eram todas estrelas em seus respectivos países, e eu temia que pudesse haver algum tipo de clima ruim entre elas, de alguma disputa velada (ou explícita) gerada por inveja ou ciúme.

Então eu pensei que poderia tentar criar um ambiente amistoso antes das filmagens e resolvi promover uma recepção para todos, como uma forma de quebrar o gelo. Organizei uma grande recepção na minha casa e convidei todo mundo: o cliente, a agência, as atrizes e seus acompanhantes, o pessoal da agência que veio de Londres e de todos os demais países.

Oferecemos um *buffet* muito variado, pois já sabíamos das eventuais restrições alimentares de cada um dos presentes. Bebida rolando à vontade.

A minha casa tinha um terreno bem grande, de 3.500 m², uma verdadeira chácara, com um pomar de mais de setenta árvores frutíferas e acesso exclusivo a um enorme bosque de uns 15.000 m².

Estávamos em uma época muito gostosa, de tempo firme, então montamos um palco no meio do bosque, onde apresentamos aos nossos convidados um show fantástico de capoeira e outro de chula, o sapateado gaúcho.

Todos curtiram também um concerto de chorinho, com uma formação completa, e também a performance de uma pequena escola de samba com uma bateria de uns vinte integrantes e uma coleção de lindíssimas mulatas, todos fantasiados a caráter, criando um altíssimo astral que contagiou a todos.

Os convidados ficaram maravilhados. Foi um acontecimento incrível, que aproximou todo mundo e criou um clima amistoso, que ajudou muito a evitar uma improvável, mas possível briguinha de egos entre as celebridades. Algumas das personalidades eram cantoras e deram uma "canja", o que contribuiu para a construção de um clima de extrema camaradagem entre todos.

Quanto à filmagem, é interessante observar que estamos falando de uma linha de produção. Ou seja, quando eu precisava filmar uma cena, era a mesma cena com todas as atrizes. Eu não queria que elas ficassem entediadas, aguardando muito tempo para entrar em ação, por isso optamos por fazer um cronograma detalhado, com uma divisão a cada quinze minutos do dia: tudo era controlado, desde o *wake-up call* das atrizes.

Por exemplo, uma atriz tinha um *wake-up call* às 7h, a outra às 7h15, a outra às 7h30, e assim por diante, por todo o processo de pré-maquiagem, maquiagem, cabelo, maquiagem final, retoque, figurino, set, filma, sai do set... E tem a liberdade de voltar para o seu apartamento, ou ainda participar de um dos diversos passeios que tínhamos programado para que conhecessem a cidade.

Tínhamos um verdadeiro exército de profissionais para garantir que tudo fluísse sem problemas.

Eu tinha absolutamente tudo programado: para tal cena, 15 minutos por atriz; para aquela, 20 minutos. Para outra cena, 10 minutos por atriz; essa outra, 40 minutos... E foi por aí. Era uma engrenagem que começou a funcionar, aos poucos nós fomos entrando nela, e tínhamos um cronograma tão detalhado e cronometrado que eu sabia exatamente o que estaria rodando e com qual celebridade a qualquer momento do dia.

Eu nunca gostei de filmar até tarde, odeio esticar as filmagens noite adentro.

Lembro bem de uma filmagem da série "Shell responde", da qual participava um produtor recém-contratado da 5.6, o Clóvis Gonzalez. Ele tinha vindo da TVC, do Dodi, que até então havia feito todos os filmes daquela série. Quando dei o sinal de "Wrap!" ao final das filmagens, o Clóvis suspendeu uma das portas de aço que davam para fora do galpão. Ele olhou para o alto e fixou seu olhar no céu. Fiquei curioso com o que ele poderia estar vendo ali e me dirigi a ele.

– O que foi?
– É dia!
– E?...
– Do mesmo dia!

O Clóvis estava habituado a entrar num estúdio e ficar lá por 24, 36, 72 horas antes de o Dodi concluir uma filmagem, especialmente de "Shell responde", que tinha roteiros sempre bastante complexos. Daí a surpresa dele ao constatar que tínhamos finalizado a filmagem em pouco mais de seis horas!

Por causa desse meu estilo de conduzir uma filmagem, tínhamos planejado começar a rodar às 9h30 para acabar às 17h30, e, no primeiro dia, conseguimos cumprir a meta. Isso foi muito bom para todo mundo!

As próprias atrizes adoraram a forma de trabalhar e apreciaram o respeito que nós tivemos por elas. A atriz vinha, fazia todo o processo de preparação e maquiagem, filmava, e aí ela já estava liberada e não ficava à toa, esperando, a não ser que quisesse.

O interessante é que, no segundo dia de filmagem, praticamente todas preferiram permanecer no estúdio. Inclusive uma delas chegou para mim e pediu:

– Posso assistir à filmagem da atriz que vem antes de mim?

– Por mim, sim – respondi, e logo perguntei à outra atriz se ela se incomodaria, ao que ela respondeu: "Claro que não".

Aquela coisa de o universo conspirar a nosso favor... Aí tudo vai que é uma maravilha!

O grau de interação e cooperação entre as atrizes foi ótimo. O fato de elas começarem a assistir às filmagens umas das outras facilitou demais a minha vida como diretor, porque a próxima já sabia o que tinha que fazer, eu não precisava explicar tudo de novo. Ela já via o que estava acontecendo e bastava, na vez dela, repetir a ação, do seu próprio jeito e na sua própria língua.

Apesar de toda a complexidade do projeto, não houve nenhum estresse ao longo de toda a filmagem. A flexibilidade das atrizes acabou azeitando, digamos assim, todo o processo, todo o esquema que tínhamos montado, e no segundo dia também o cronograma foi respeitado, até acabamos um pouquinho antes.

No terceiro dia foi a mesma tranquilidade.

No quarto e último dia programado para as filmagens, dispensamos todas as estrelas, exceto aquelas que decidiram não usar dublê e preferiram fazer elas mesmas as cenas de banho.

No quinto dia, rodamos as cenas do navio e do farol, e ficaram para os dois últimos dias de filmagem as cenas de produto.

Foi um processo espetacular e muito tranquilo, e que no final nos rendeu bons frutos, porque essas duas campanhas nos abriram o mercado asiático e finalizamos diversos filmes para a região. Realmente uma experiência com resultados fantásticos, em todos os sentidos; financeiro, nem se fala!

E foi um grande esforço coletivo, que confirmou a grande competência da minha equipe e daqueles que acessoriamente participaram da realização dos dois comerciais, como a Vetor Zero, que tanto contribuiu para melhorar ainda mais o resultado para podermos atingir aquele fator "WOW" tão esperado.

5.12
Grandes esperanças

Eu tive a sorte de ter bons professores. Não me refiro aos acadêmicos, mas àqueles com quem aprendi pondo a mão na massa.

Não foram só bons porque entendiam do assunto e tinham uma boa didática para transmitir seus conhecimentos, mas porque foram generosos ao não esconderem o jogo, ao não reservarem egoisticamente para si algum "pulo do gato".

Entendi que aquela postura altruísta deveria ser levada adiante, que de alguma forma eu deveria tentar repassar tudo que aprendi para novas gerações de profissionais, ou para qualquer um que se interessasse.

Essa prática me traria dois benefícios. O primeiro seria uma forma de dar continuidade a uma cadeia de generosidades que nos conduz a um círculo virtuoso, uma relação de ganha-ganha com o universo.

O outro benefício tinha dois aspectos: o primeiro era identificar talentos, formá-los conforme os princípios que me norteavam e prepará-los para me ajudar no dia a dia da produtora, como assistentes, diretores, produtores, coordenadores, desde que estivessem sintonizados com o todo da 5.6. O segundo aspecto, e para mim o principal deles, era identificar um sucessor, já que eu tinha plena consciência de que toda carreira tem seu cume.

Eu pretendia transformar meu cume no maior platô possível, mas sabia que em um determinado ponto eu seria forçado a passar o bastão, e para isso eu precisaria ter alguém (ou "alguéns") que pudesse levar meu eventual legado à frente.

Claro que o primeiro herdeiro que nos vem à cabeça é o de sangue. E o meu filho Caio já demonstrava possuir todos os predicados e habilidades para assumir esse posto, também na área profissional.

Aliás, é interessante observar que muita gente descobre a sua habilidade e o que quer fazer da vida, a sua vocação profissional, desde muito cedo, às vezes criança. O indivíduo percebe um talento específico e acaba, de alguma forma, criando interesse naquele caminho que eventualmente o conduz a uma profissão.

Desde garoto, sempre gostei muito de desenhar, não só desenho livre, *cartoon*, mas também projetos arquitetônicos. Sempre gostei muito também de música, de cantar, fiz parte de corais, gosto de compor, tocar piano, de escrever, pintar, portanto sempre imaginei que esse lado criativo poderia eventualmente me proporcionar uma carreira, mas não sabia exatamente em qual área. Embora eu tivesse todas essas pseudo-habilidades, nunca me considerei bom o suficiente em nenhuma delas, e não via justificativa para perseguir uma carreira em uma ou outra direção.

Eu gostava de cantar, mas nunca fui um cantor bom o suficiente para me tornar um profissional. No desenho e na escrita, a mesma coisa. Ou seja, tudo o que eu fazia era mais ou menos, eu nunca me senti bom em nada, sempre me vi como "meio tanque". Então isso complicou muito o meu direcionamento em busca de uma profissão. Foi só quando eu me tornei diretor de comerciais que vi o valor e a importância dessas pequenas habilidades que desenvolvi ao longo do meu crescimento.

Para ser diretor de comerciais, não precisa entender necessariamente de cenografia, de figurino, de iluminação, de interpretação, de música, nada disso. Você pode muito bem contratar profissionais que sejam capacitados para cumprir cada uma dessas tarefas específicas. O mais importante é ter um nível mínimo de diálogo e capacidade de se comunicar com esses profissionais que vêm trabalhar no seu projeto, sob a sua direção.

Demorou, mas finalmente percebi que, para mim, era mais importante ter um monte de pequenas habilidades do que ser muito bom em apenas uma delas.

Aprendi também que, para quem quer ser um diretor, e também pretende ser um empresário, ter sua própria produtora, comandar uma equipe que extrapola o set de filmagens, passa a ser fundamental um determinado equilíbrio entre os hemisférios esquerdo e direito do cérebro.

O lado "diretor" do empresário deve ter por obrigação uma visão holística, ser intuitivo, sensível, ter imaginação, pensar de forma aleatória, ser subjetivo, lidar bem com simbologias, ser musical, ter boa noção espacial, ser destemido... Já o lado "empresário" do diretor deve ser mais intelectual, mais analítico, linear, racional, ter certa dose de medo, lidar bem com números, ser mais verbal, mais focado.

Sempre fiquei de olho, buscando pessoas com esse perfil para harmonizar tantas particularidades aparentemente antagônicas.

Eu identifiquei no meu filho Caio tudo isso. A criatividade, a objetividade, a intelectualidade, a musicalidade e tantas outras "dades" da vida que ele sempre conseguiu balancear de forma natural, e com uma grande vantagem. Ao contrário de mim, muitos dos dons do Caio eram (e são) mais que suficientes para que ele se tornasse um grande profissional nessa área.

Além disso, ele sempre teve uma enorme paixão por cinema, e consequentemente imaginei que não teria que pensar duas vezes: a fruta não cai longe do pé, e, desde que eu trouxesse meu filho para perto da minha vida profissional, essa passagem do bastão seria tranquila.

O Caio veio trabalhar comigo na 5.6, passou por vários departamentos, chegou até a dirigir alguns comerciais, mas, infelizmente para mim, seu coração não estava no cinema publicitário, que ele considerava uma "arte menor". Sua paixão era o cinema de longa-metragem. Mais para Hollywood do que para Barueri.

Com isso, perdi o meu herdeiro natural da 5.6, que acabou de fato se mudando para os Estados Unidos, fez curso na New York Film Academy, em Los Angeles, e Faculdade de Cinema em Santa Monica, Califórnia.

Mas sempre achei que devemos seguir os nossos sonhos e os nossos instintos, sem ficar olhando muito pelo retrovisor, por isso sempre o incentivei a ir na direção que seu coração apontava, mesmo sabendo que isso significaria o início de uma busca constante por um novo herdeiro. Uma missão nada fácil.

Para conseguir cumpri-la, tentei estratégias diferentes. Uma delas foi buscar diretores jovens e talentosos, mas sem muita experiência ou projeção, que teriam a oportunidade de crescer dentro da 5.6, beneficiando-se do enorme suporte que a empresa poderia lhes dar.

Passaram pela produtora o Oscar Rodrigues Alves, o Rogério Gallo, o Roberto Laguna, o Alex Miranda, a Flávia Moraes, entre muitos outros que classifico nessa categoria.

A Flávia veio para a 5.6 por meios bem pouco convencionais. Ela havia ganhado alguma notoriedade no mercado de Porto Alegre e atraiu a atenção da Rosa Jonas, da Espiral, que a trouxe para São Paulo. O trabalho dela também chamou a nossa atenção, e o Cal e eu estudamos uma forma de convencê-la a vir para o nosso time. Oferecemos a ela uma espécie de "luvas" pela sua transferência, que foi um terreno que compramos em seu nome, no condomínio onde moro até hoje. Em valores da época, estamos falando de algo em torno de 600 mil dólares, prática, até onde eu sei, inusitada no nosso meio.

Ela foi lançada ao mercado com grande estardalhaço. Ela foi minha primeira grande esperança em, finalmente, ter alguém com quem dividir, de fato, o fardo de conduzir a produtora.

O Cal foi quem identificou o grande potencial do Oscar. Ele vinha da MTV e tinha uma linguagem muito contemporânea, mesmo ainda com um repertório formado por filmes de clientes de pequeno porte, sem grande projeção na mídia. Apesar de me considerar ainda um diretor jovem, aos 41 anos, eu o levava a tiracolo nas reuniões de pré e de produção, apresentando-o como meu "assessor para assuntos contemporâneos", o que sempre provocava algumas risadas à mesa de reuniões.

Na verdade, minha intenção era apresentar esses potenciais herdeiros profissionais ao meu círculo, e aos poucos ir repassando, ainda que sub-repticiamente, alguns de meus filmes para eles. Assim eles poderiam criar um repertório mais sólido, o que de outra forma demoraria muito, e dificilmente seria com filmes de clientes tão relevantes quanto aqueles que eu já havia conquistado.

Em uma dessas oportunidades, eu me recordo que "repassei" para o Oscar um filme de Gatorade. No dia marcado para a filmagem, o tempo virou, e assim permaneceu por mais de uma semana. Eu tinha uma viagem marcada para os Estados Unidos, e avisei à agência que a produção teria que ficar em *stand-by* até que eu retornasse, o que todos entenderam.

Bom, eu nem tinha me programado para acompanhar a filmagem; de qualquer forma, portanto, instruí o Magrão para que, caso o tempo abrisse, ele fosse em frente com a filmagem, com o Oscar no comando. Ocorre que o tempo abriu logo no dia seguinte ao meu embarque. Não havia uma única nuvem no céu, e a previsão era de que assim ficaria por alguns dias. A agência não podia falar nada, eles sabiam que eu estava indisponível.

Quando eu voltei, o filme já estava montado e maravilhoso. Uma linguagem atual, uma dinâmica surpreendente, enfim, não havia o que retocar.

Só que o tempo fechou de novo bem no dia que eu voltei. Aí começou a pressão da agência, porque a partir dali o prazo para veiculação começaria a ficar comprometido, e seria um prejuízo imenso para cliente e agência se não entregássemos o filme no prazo. Eu não podia dizer que o filme já estava pronto, porque seria confessar que havia delegado a responsabilidade para um diretor "júnior". A previsão era de que o tempo permaneceria fechado por um bom período, e, como já esperava, recebi um telefonema da agência:

– Wellington, estamos com um problema sério. Esse filme está sendo produzido porque compramos uma cota do patrocínio do evento "tal". Se não entregarmos o filme, vamos ter que cancelar o patrocínio e, consequentemente, o filme. Me ajuda aí, o que a gente pode fazer?

Aí a minha responsabilidade para com agência e cliente falou mais alto.

– Olha, acho que eu tenho uma solução muito boa para esse problema. Vocês poderiam vir até a produtora para discutirmos essa possibilidade?

– Claro! Vamos já!

Quando chegaram, eu os levei à sala de edição e, com o Oscar presente, apresentei o comercial que ele havia filmado.

O pessoal da agência, que estava esperando apenas que eu apresentasse uma ideia, alguma solução de filmagem, quase pulou e gritou de surpresa e alegria.

– Nossa!

– Como assim?!
– Está maravilhoso!
– Olha, gente, nós estávamos de olho na meteorologia, enquanto eu estive fora. Como o tempo abriu, e entendi que isso iria criar uma situação desconfortável pra agência, resolvi arriscar e dar a oportunidade para o Oscar fazer o filme, sem nenhum compromisso, porque eu estava preparado pra refilmar tudo, se fosse o caso. Mas achei que o resultado ficou tão bom que eu ia mostrar pra vocês de qualquer maneira. Sinceramente, não acho que eu teria feito melhor.

Claro que adoraram e me parabenizaram pela iniciativa, e também ao Oscar, pelo trabalho realizado. O cliente viu, adorou o filme, e o próximo comercial de Gatorade já foi direto para o Oscar. Missão cumprida.

5.13
Busca implacável

O Alex Miranda também veio para a 5.6 como resultado do trabalho de olheiro que o Cal fazia.

Da mesma forma, ele também me acompanhou em muitas reuniões como "assessor para assuntos contemporâneos" e "herdou" alguns filmes meus, o que lhe permitiu montar um repertório um pouco mais robusto. Assim como o Oscar, ele cresceu dentro da empresa e conquistou seu espaço no mercado em razão de sua competência e talento.

Já o Rogério Gallo veio trabalhar conosco por iniciativa própria, algo parecido com a forma com que eu entrei na Ultima Filmes. Foi assim:

Um belo dia, recebo um telefonema dele, que na época estava trabalhando com o Waltinho Salles, no Rio. Eu não o conhecia pessoalmente, mas já tinha visto alguns trabalhos que ele havia feito e que me chamaram a atenção.

– Wellington, eu quero alçar voos mais altos, e acho que você e a 5.6 são o melhor caminho pra eu chegar lá. Quero ir pra São Paulo trabalhar com você. Gosto muito do seu trabalho, admiro a 5.6, e é o que eu gostaria de fazer.

De forma bem resumida, talvez não com essas palavras, o papo foi assim.

– Ok, vem pra cá... Aqui a gente vê como faz!

Em pouco tempo ele veio para São Paulo e, seguindo a mesma estratégia de apresentá-lo como "assessor para assuntos contemporâneos" e aos poucos ir repassando alguns de meus filmes; logo ele ficou "independente", conquistando jobs por mérito próprio.

O Laguna entrou na 5.6 um pouco por "osmose". Sua aproximação foi bem natural, já que também foi "cria" do Ronaldo Moreira; talvez tenha sido quem mais absorveu o seu DNA. Tão perfeccionista quanto o nosso mestre "Bombarda", o Laguna era particularmente obsessivo com o resultado fotográfico de seu trabalho, o que resultava em diárias longuíssimas, mesmo que fosse um simples filme de table top.

Por causa do silêncio e do ar-condicionado, ele tinha por hábito rodar os filmes em nosso estúdio blimpado, que foi, em decorrência dessa preferência, batizado pela equipe de "Pavilhão 9", alusão a uma ala do Carandiru, presídio de onde quem entrava dificilmente saía.

Brincadeiras à parte, o Laguna fez trabalhos muito técnicos e bonitos na 5.6, no melhor estilo Ultima Filmes.

Outra estratégia na minha busca por um herdeiro foi ir atrás, ao longo de toda a existência da 5.6, de diretores mais estabelecidos, como o Ricardo van Steen, o Gordo e o Tripolli, que incluo nessa categoria, apesar da sua origem mais voltada para a fotografia.

O Ricardo van Steen teve uma breve passagem pela empresa, logo no seu início, mas acabou preferindo seguir voo solo. A entrada do Gordo já foi motivo de uma *joint venture* entre as nossas empresas, que passaram a operar em cooperação durante algum tempo, uma iniciativa que não vingou. O Tripolli já era nosso amigo de longa data. O Cal e eu fomos praticamente sócios-fundadores do seu saudoso Café Photo, que à época era um magnífico restaurante e casa de *pocket show*s que se podia frequentar com a esposa ou namorada.

A única questão com o Tripolli é que ele era... o Tripolli. A despeito de todos os briefings e todas as recomendações e instruções arrebanhadas nas reuniões com agência e cliente, ele rodava o que achava melhor para o resultado que ele queria, a maior parte das vezes não se cobrindo o suficiente para ao menos garantir um único take da forma que fora combinada. Isso produzia um certo estresse, porque passava a ser uma situação sem meio-termo. Ou o cliente amava a proposta, ou odiava, obrigando-nos a algumas refilmagens, que poderiam ser evitadas sem grandes esforços.

Mas o Tripolli, com toda a sua genialidade, tanto na fotografia quanto na direção de arte, já estava consagrado no mercado, e na maioria das vezes suas propostas eram muito bem-recebidas, mesmo porque quase todos que o escolhiam como diretor já conheciam sua forma de trabalhar.

Na incansável busca por um sucessor, sempre fiquei de olho no pessoal de Criação, pois habitualmente tinham uma certa vocação para a direção. Foi entre eles que eu pincei o Beto Ramazzina, para quem eu havia trabalhado quando ele atuava como redator na Lintas, e em quem eu identifiquei um grande potencial para dirigir. Ele foi outro diretor principiante para quem repassei alguns filmes, entre eles um da DPZ, que ganhou Leão de Ouro em Cannes.

Dei oportunidade até para um técnico de som, o Luciano "Gafanhoto" di Segni. Ele foi aprendiz (daí seu apelido) do meu ex-colega de faculdade, o Hugo Gama, e tornou-se um excelente profissional da área. Mas em uma ocasião eu fui duplamente surpreendido por ele: primeiro, quando me foi indicado pelo nosso casting para fazer um papel de humor num comercial de Atum Coqueiro. Ele fez o teste, gostei do resultado, indiquei-o na reunião de produção e foi aprovado pelo cliente. "Humm, um técnico que também usa o lado direito do cérebro…"

A outra surpresa foi exatamente durante essa filmagem, que aconteceu no interior de São Paulo. Chegamos na tarde anterior ao hotel e, ao pôr do sol, estávamos todos na varanda, matando tempo, quando o Gafanhoto aparece empunhando um violão e nos brinda com uma deliciosa performance de bossa-nova e canções italianas. "Humm, o lado direito do cérebro dele é cada vez mais interessante…"

Ainda na locação, perguntei e ele me revelou quanto ganhava mensalmente trabalhando como técnico de som. Ofereci o dobro para ele trabalhar na 5.6 e aprender a ser assistente de direção, o que ele prontamente aceitou.

Outra abordagem que adotamos na 5.6 foi trazer alguns diretores um pouco mais "calejados" para compor o time da casa, entre eles o Jaílson "Jajá" de Almeida e o próprio Cláudio Meyer, que, além de dirigir, ainda atuava nos meus filmes, me ajudando de forma generosíssima e totalmente desprovida de vaidade, muitas vezes atuando quase que como um simples assistente de direção.

Esse seu desprendimento, esse carinho para comigo e a total disposição para me dar suporte são coisas que jamais conseguirei retribuir. Sou e serei eternamente grato pela amizade e amor incondicionais que sempre permearam a nossa relação.

Além de todos esses profissionais mencionados, há muitos outros que passaram pela 5.6, por mais ou menos tempo, com maior ou menor sucesso, mas o rio sempre flui para o mar, e tudo tem um porquê na vida, um princípio e um fim.

Alguns dos potenciais herdeiros saíram por não se encaixarem, não gostarem ou não se sentirem confortáveis no esquema da casa. Outros cresceram tanto dentro da 5.6 que era natural que buscassem sua independência e partissem para montar suas próprias produtoras, como foi o caso do Oscar (Academia de Filmes) e do Alex Miranda (Trator Filmes), ou para novos desafios, como aconteceu com o Rogério Gallo, que foi convidado para assumir a direção artística da Rede TV e depois da Band. Os três vieram conversar comigo antes de dar os respectivos passos e contaram com o meu apoio, fosse mantendo as portas sempre abertas, fosse oferecendo qualquer tipo de ajuda que estivesse ao meu alcance. Nossa amizade e respeito mútuos se mantêm inabalados até hoje.

A mesma atitude não teve a Flávia Moraes, que, apesar de confrontada algumas vezes, sempre negou que estivesse abrindo uma produtora, a despeito de algumas notícias publicadas na mídia especializada. O fato é que ela estava, sim, em estágios avançados na montagem da Film Planet, desprezando todo o investimento pessoal e financeiro que havíamos feito em sua carreira. Esse foi um episódio que deixou um forte amargor em nossa relação, que passou a inexistir desde então.

Alguns diretores e assistentes optaram por se tornar freelancers e se lançaram no mercado em busca de maior volume de trabalho, e outros ainda mudaram de ramo, como o Gafanhoto, que, após uma longa e bem-sucedida passagem pelo marketing político, optou por cultivar seus dotes musicais; o Nicolas Graves, que passou a atuar como designer digital; ou ainda o Beto Ramazzina, que voltou para suas origens na Criação, desta vez trazendo na bagagem um enorme e importantíssimo aprendizado que teve do outro lado do balcão.

De todos os que trabalharam para mim como assistentes, destaco dois, que se tornaram e se mantêm diretores: o Ricardinho Barros, grande responsável pelo sucesso do *Pânico* e do *Encrenca*, na Rede TV, e atualmente à frente do *Perrengue*, na Band, e a Camila Simon, que hoje tem sua própria produtora, a Beautik, e vem realizando um excelente trabalho. O Ricardinho já tinha o cinema publicitário em seu DNA, pois é filho do saudoso Necão de Barros, e a Camila começou no mercado pelo outro lado, na frente das câmeras, atuando como modelo no Brasil e até no Japão. Foi nessa capacidade que eu a conheci em uma filmagem no Caribe e identifiquei o seu potencial. Espero ter contribuído de alguma forma para a formação de ambos, e de coração desejo um mundo de sucesso para os dois.

Bom, dá para perceber que não foi por falta de tentativas que não consegui eleger alguém ou "alguéns" para me suceder na 5.6. Olha que me dediquei a essa missão! Investi tempo, dinheiro e reputação nessa verdadeira caçada, que acabou sendo infrutífera. Além do objetivo natural, que era mesmo o de passar o bastão e perpetuar uma máquina muito azeitada e produtiva, eu já estava ficando muito sobrecarregado.

Eu dirigia uma média de cem filmes por ano, ou seja, no mínimo cem reuniões de pré, cem reuniões de produção, cem diárias de filmagem, cem apresentações... Não havia dias suficientes no ano para tanto, eu era obrigado a ficar girando pratinhos, feito artista de circo, para a coisa não desandar.

Meus dias eram constantemente de 16, 17, 18 horas. E apesar de financeiramente eu já poder até pensar em pendurar as chuteiras, eu me sentia na responsabilidade de manter a operação fluindo, pensando nos nossos colaboradores e em suas famílias.

5.14
Foi apenas um sonho

Para acrescentar outra dificuldade a essa busca por um herdeiro, tanto o Cal quanto eu sabíamos, graças aos números apresentados pelo nosso software de administração, que apesar de os meus trabalhos representarem aproximadamente metade do volume de jobs da empresa, eles eram responsáveis por mais de 70% de seu faturamento e mais de 85% do lucro.

Por isso, mesmo os mais desejáveis candidatos a me suceder pecavam um pouco no tocante ao resultado financeiro, o que poderia comprometer a integridade e a estabilidade da empresa.

Conforme prometido anteriormente, vou contar agora o tal caso Kadett, que ilustra muito bem esse tipo de questão, quanto a "mão" de um diretor influencia no resultado financeiro de um job. Esse episódio envolveu a Flávia Moraes e serviu de experiência em todos os meus futuros orçamentos, principalmente o da campanha internacional de Lux.

Em 1989, a GM estava para lançar uma nova linha, e, quando fomos chamados para orçar a campanha, sugeri para a Nilvia Centeno, chefe do RTV da McCann:

– Nilvia, você sabe que a gente acabou de contratar a Flávia Moraes... Eu acho que essa campanha tem a cara dela!

Mostrei o repertório da Flávia, ela achou ótimo, e partimos por aí.

Voltei para a produtora, me reuni com o Cal e o Magrão, e nós então desenvolvemos nossa estratégia de orçamento. Depois de tudo finalizado, o Cal veio falar comigo. Como não me recordo dos valores corretos, vou usar números fictícios, mas dentro das proporções exatas do que ocorreu.

– Well, está dando 150 mil cada filme, 300 mil os dois filmes. Mas eu estou preocupado...

– Por quê?

– Porque eu orcei como eu sempre orço os seus filmes, mas não sei se a Flávia segura a onda tão bem...

– Bom, então põe uma margem aí de garantia.

Aí o Cal foi, fez lá mais alguns cálculos e...

– Tá aqui, Well. Eu vou mandar 400 mil pelos dois filmes, 200 mil cada um.

– Ok. Acho que está bom demais.

Na tentativa de descobrir como a 5.6 se posicionava na preferência da agência para pegar aquele projeto, o Cal ligou para a Nilvia:

– Pois é, eu estou preocupado, porque a gente queria muito pegar esse filme, mas eu estou achando um pouco caro.

– Mas quanto que está dando?

Aí, em vez de o Cal falar os 400 mil...

– Pois é, está dando em torno de 500 mil!

Um certo silêncio lá do outro lado, até que ela falou:

– Escuta, quantas diárias você orçou?

– Orcei três diárias.

– Mas você acha que dá para fazer só em três diárias?

Aí já acendeu uma luzinha piscando no cérebro do Cal.

– É, porque a gente está orçando bem justo, para não perder o orçamento.

– E quantos metros de negativo?

– Orçamos 2.000 metros.

– Nossa, estou achando muito pouco!...

Bom... Ela estava dando todas as dicas de que a gente estava orçando baixo, embora o valor que ele tivesse passado fosse o dobro do que ele realmente tinha orçado. Mas, é claro, diante dessas dicas todas, o Cal ajustou o orçamento e voltou a ligar para a Nilvia:

– Olha, eu já orcei, mas veja lá, eu não quero perder. Vamos negociar; qualquer coisa, fala com a gente.

— Mas quanto é que está dando?
— Está dando 700 mil...
— Razoável, acho que está ok. Agora, e o segundo filme, quanto está dando?

O Cal ficou mudo do outro lado e quase teve um ataque cardíaco. Os 700 mil já incluíam os dois filmes! Mas não perdeu o rebolado:
— Está dando mais ou menos a mesma coisa.
— Maravilha, me manda os orçamentos.

Aí o Cal me contou o que tinha acontecido.
— Mas como é que pode?! Será que a gente não entendeu direito o briefing? A diferença é grande demais, nunca aconteceu isso.
— Então, mas ela foi dando a entender que o nosso orçamento estava baixo.
— Bom, manda assim, então. Pode ser que os filmes já estejam direcionados para outra produtora, vai saber!

O Cal mandou os valores, agora quase cinco vezes maiores do que o orçado originalmente.

Para minha enorme, mas grata surpresa, ganhamos a concorrência. Incrível.

O Cal e eu celebramos, com a certeza de termos feito um excelente negócio contratando a Flávia. Só que não. Acredite se quiser, o filme deu prejuízo.

Não vou entrar em detalhes aqui, nem elucubrar sobre os porquês, mas praticamente todos os itens do orçamento estouraram, e muito, como se pode imaginar. Se nós não tivéssemos tido aquele enorme incremento no orçamento, não sei o que teria acontecido.

Por essas e por outras, comecei a me desencantar com a tal busca por um herdeiro. Resolvi que precisaria começar a pensar em um plano B, mesmo que em sacrifício do legado que eu pretendia que fosse levado adiante.

5.15
A conquista

Quando eu comecei a finalizar filmes em Nova York, ainda na época da Ultima Filmes, conheci uma dupla de irmãos que na época eram os mais renomados designers gráficos voltados para o cinema, Pablo e José Ferro. Naturais de Cuba, foram responsáveis por espetaculares aberturas e créditos de longas-metragens, como *Thomas Crown – a arte do crime*, *Dr. Fantástico*, *Perdidos na noite*, *Bullitt*, *Os russos estão chegando*, *Gênio indomável*, *Homens de preto*, o remake de *Psicose*, entre muitos outros.

Um dia, eu os aguardava na recepção da produtora e achei interessante o fato de que ela era decorada com desenhos infantis muito bem emoldurados. Olhando mais de perto, percebi que na verdade os desenhos tinham sido colados sobre diplomas de premiações conquistadas em vários festivais, incluindo Cannes. Uau!

Quando o José chegou, perguntei a ele:

– Por que você cobriu todos aqueles prêmios com desenhos de seus filhos?

– Porque prêmios não têm a menor importância. Meus filhos têm toda!

Foi um choque para mim. Primeiro, eu ainda não tinha filhos, não conseguia ainda compartilhar daquele sentimento. E depois, na minha cabeça, não havia ambição maior para qualquer profissional do que conquistar um Leão de Ouro! No início da minha carreira, eu achava que desprezar uma honraria daquelas era simplesmente inimaginável.

Mas entendi que ele, já um profissional consagrado, que não precisava mais provar sua capacidade para ninguém, poderia se dar ao luxo de pensar daquela forma e agir de acordo. Obviamente, porém, em algum momento de sua carreira ele deu, sim, alguma importância a prêmios, ou então eles nem teriam sido pendurados ali na recepção.

Aquele episódio me marcou, e plantou em mim uma sementinha, um questionamento sobre o real valor de um prêmio.

Na Ultima Filmes, fomos premiados diversas vezes – Cannes, Clio, Japão... Quando estive na MPM, então, nem se fala. Mas, com aquela sementinha ainda presente na minha cabeça, comecei a perceber e a questionar algumas práticas não muito ortodoxas utilizadas pelas agências, e certas produtoras, para conquistar seus troféus.

Na época, os festivais aceitavam a inscrição de qualquer peça, mesmo aquelas que tinham sido produzidas especialmente para a competição, sem terem sido jamais apresentadas a um cliente, sem nunca terem ido ao ar. Claro que não passaria pela cabeça de profissionais de uma agência norte-americana, inglesa ou japonesa se aproveitar dessa falta de controle por parte das organizações para se beneficiar: se uma prática moralmente ilícita dessas viesse a público, seria um desastre para sua reputação e, consequentemente, para o seu business. Já no Brasil...

Não saberia dizer qual o percentual, e seria leviano de minha parte chutar um número, mas posso afirmar que muitos dos prêmios que ajudaram a colocar o Brasil entre os países mais laureados do mundo não foram merecidos.

Não por não serem extremamente criativos, surpreendentes ou pertinentes ao produto, ou por não terem um bom valor de produção, mas simplesmente por não terem passado por todos os obstáculos, restrições e impedimentos impostos ao longo do processo de aprovação de um comercial pelo anunciante. É como competir numa corrida de 100 metros com barreiras, numa pista na qual a sua faixa é a única sem nenhum obstáculo.

Chegou-se a um ponto em que a coisa começou a ficar feia, a dar muito na vista, e a organização do Festival de Cannes passou a obrigar que a inscrição de um filme fosse acompanhada por um certificado de veiculação. Aí sim, certo? Não. Embora isso fosse suficiente para a maior parte dos países participantes do festival, no Brasil...

Claro, vivemos no país do jeitinho, e não seria um certificadozinho desses que iria atrapalhar a magnífica campanha que o Brasil vinha fazendo em Cannes, ocupando sempre um lugar no pódio entre os maiores vencedores da disputa.

Qual a saída? Veicular o comercial uma única vez, numa emissora obscura de uma região inexpressiva e sem nenhuma audiência. Ou, ainda, exibir o comercial antes de uma única sessão de cinema, provavelmente às duas da tarde ou à uma da manhã. Isso, quando se davam a esse trabalho e simplesmente não tomavam atalhos menos ortodoxos ainda para obter o tal certificado.

Além de tudo, Cannes acabou virando uma mina de dinheiro, e perceberam que, para aumentar seus ganhos, bastaria criar mais categorias... e subcategorias. Para se ter uma ideia, na década de 1970, havia um único Grand Prix para filmes e outro para mídia impressa. Hoje são 35! A organização fatura atualmente mais de 20 milhões de dólares só com as inscrições de peças.

Toda essa situação foi um verdadeiro adubo que fez germinar aquela sementinha e acabou gerando em mim uma certa aversão a todo o sistema de premiação.

Quando montei a 5.6, e pela primeira vez tive o controle absoluto das ações da minha empresa, decidi que jamais iria participar de um festival, de qualquer natureza. Claro que não poderia impedir que agências inscrevessem filmes que eu tivesse dirigido ou produzido, portanto ganhamos, sim, dezenas de prêmios nacionais e internacionais, mas com peças que não foram inscritas por nós, e muito menos produzidas especificamente para aquele propósito.

Além disso, quem frequentava a 5.6 vai se lembrar: jamais qualquer um desses prêmios foi exibido na produtora. E garanto que não foi por falta de paredes; todos os nossos prêmios se mantiveram reclusos em um armário na sala da querida Elzinha.

Eu fui a Cannes para o festival pela primeira vez em 1974, representando a Ultima Filmes, e pela segunda em 1978, como delegado da MPM. Nunca mais tive vontade de retornar. Essa postura acabou tendo algum custo para mim, já que alguns poucos anunciantes e agências davam extrema importância a esse tipo de inclusão no currículo de seus fornecedores, mas confesso que não estava muito preocupado com isso.

Existem alguns grandes nomes da Propaganda com quem sempre quis trabalhar, por serem absolutamente geniais, mas nunca consegui, porque cada vez que eu orçava um projeto para eles, coincidência ou não, vinha uma exigência atrelada à possibilidade de vencermos a concorrência, que seria a produção gratuita de um ou mais filmes específicos para festival.

Aquilo não fazia sentido para mim, ética ou financeiramente, portanto sempre me recusei a entrar nesse jogo. Não quero aqui generalizar e desmerecer toda uma categoria de profissionais, porque tenho absoluta certeza de que muitos dos trabalhos premiados tiveram seu mérito e, consequentemente, deveriam ter reconhecimento. Só não posso generalizar na direção oposta, pois também sei que há aqueles que fizeram suas bem-sucedidas carreiras calcadas nesse tipo de prática, que eu considero, no mínimo, questionável.

Encerro esse assunto com as palavras do meu amigo Alex Periscinoto, extraídas de uma matéria da *Propmark* de 2013:

"Uma das coisas que sempre me incomodaram foi a produção de peças fantasmas. É quase uma unanimidade entre os profissionais que a publicidade deve estar a serviço de propostas mercadológicas, comerciais. É uma contribuição bem-vinda especialmente quando dá resultado. Ponto. Por isso os anúncios e comerciais concebidos para algo sem a condição mercadológica recebem a alcunha de fantasmas. Nunca vi com bons olhos esse tipo de trabalho".

5.16
Parceiros até o fim

Trabalhei muito e recorrentemente para vários clientes importantes, como General Motors, Johnson & Johnson, Coca-Cola, Unilever, Procter & Gamble, Nestlé, entre tantos outros.

Mas a 5.6 desenvolveu um relacionamento muito profundo e longevo com dois deles, que me prestigiaram com sua preferência e exclusividade por muitos e muitos anos.

A primeira grande parceria foi com as Casas Pernambucanas.

Tudo começou com uma relação que eu tinha com dois amigos, o Henrique Funari e o Duilio Malfatti, com quem eu já tinha trabalhado na MPM, ambos atendendo a conta da Fiat. O Funari saiu da MPM em 1982 e montou a Deck, que basicamente orbitava em torno da conta das Casas Pernambucanas. O Duilio foi com ele e era o atendimento da conta. No comando da Criação estava o Wander Levy e, no RTV, a Iracema Nogueira Lima.

O diretor de Marketing das Pernambucanas era inicialmente o Felipe Figliolini e depois o Paulo Lemos, meu amigo até hoje, que era o gerente de Propaganda e assumiu o posto do Felipe quando este se tornou diretor-superintendente. Faziam parte da equipe também o Ugo Trajano, que assumiu o lugar do Paulo quando ele foi promovido, e o Luiz Fernando Schuller, gerente de Promoção. Timaço.

Era o tipo de cliente que permitia que nós ousássemos, que a agência criasse de forma solta. A agência, por sua vez, permitia que eu, como produtor e diretor, também participasse do processo de concepção e desenvolvimento das campanhas e contribuísse com ideias.

Essa relação selou uma parceria de mais de uma década, fazendo com que a marca se destacasse no cenário do varejo, permitindo pela primeira vez na história que uma empresa brasileira desse setor conquistasse um Leão em Cannes.

Em 1989, por algumas questões internas na Deck, o Duilio e o Wander resolveram sair e convidaram a Iracema para montarem uma nova agência, que seria batizada de UP.

Como o relacionamento com as Pernambucanas era excelente e muito próximo, o trio foi até eles para sondar a possibilidade de a conta migrar para a nova agência. Tarefa muito delicada, já que ninguém mais na Deck tinha noção desse movimento nos bastidores.

O time das Pernambucanas revelou que eles iriam aonde as equipes de criação e produção fossem, já que o maior interesse seria dar continuidade ao trabalho que vinha sendo feito. Por isso, fui convidado para entrar na sociedade da UP.

Tive que ponderar muito aquele convite, pois, apesar de eu ter total vontade de continuar aquele relacionamento, as demais agências poderiam enxergar naquela relação um certo conflito de interesses. Então, resolvemos que a nossa participação na UP seria sigilosa. Nada seria divulgado, permaneceríamos como sócios ocultos; seria só um trabalho de bastidores, e a coisa foi mantida sempre assim.

Na época, estávamos em franca expansão, a sede da Rua Jacques Félix tinha ficado pequena para comportar a sempre crescente equipe, por isso um ano antes alugamos uma casa de apoio na Rua Professor Filadelfo Azevedo, a poucos metros dali, onde instalamos alguns departamentos da empresa. Mas, naquele momento, já estávamos quase em fase final de construção de nossa nova sede em Alphaville, por isso oferecemos aquela casa apêndice para que se tornasse a sede da nova agência.

Quando foi anunciada ao público a criação da UP, houve uma comoção no mercado. Uma manchete no Caderno de Propaganda e Marketing dizia em letras garrafais que "a Deck tinha sofrido um duro golpe". O jornal saiu no mesmo dia em que promovemos a festa de recepção da Flávia Moraes ao mercado e colaboradores da 5.6, o que causou um certo clima e muita fofoca entre os convivas, alheios ao fato de que fazíamos parte daquela história.

Permanecemos na sociedade da UP por mais uns dois anos e continuamos fazendo todos os filmes das Pernambucanas. Só que me pesava o fato de não poder participar ativamente da gestão da empresa e comecei a ficar incomodado com isso.

Para representar os interesses da 5.6 dentro da UP, eu tinha contratado um amigo de infância, Claudio Gaiarsa, que foi colega de colégio e também participou da minha segunda viagem aos Estados Unidos como bolsista da YFU. Mas não era a mesma coisa. Eu gostava mesmo era de estar próximo da ação, de pôr a mão na massa.

Também foi crescendo o receio de que nossa participação na sociedade viesse a público, revelando aos nossos clientes que éramos de algum modo também "concorrentes" deles. Bem a contragosto, mas seguro de que seria para o bem de todos, eu preferi me desligar.

Em perfeito consenso com os demais sócios da agência, a 5.6 saiu da sociedade. Continuamos trabalhando normalmente com a UP e as Pernambucanas, e essa relação de bastidores jamais foi divulgada ao público.

Outra parceria fantástica que conquistamos, e da qual morro de saudade, foi a que desenvolvemos com a Amil.

Em 1993 fui convocado para comparecer à sede da empresa, no Rio de Janeiro, à época ainda localizada num obscuro edifício próximo aos Arcos da Lapa. Fui recebido em uma diminuta sala de reuniões pelo então diretor de Marketing, o Clemente Nóbrega. Presentes também estavam a Carla "Carlinha" Bellino, gerente de Propaganda, a Paola Mirandola, diretora de Arte, e o Luiz "Luizinho" Periard, redator. Todos faziam parte da Promarket, uma House Agency, agência interna da Amil.

O Clemente, fiquei sabendo depois, havia construído uma carreira como físico nuclear na Alemanha e deu uma guinada na vida para se tornar homem de marketing. Pessoa de inteligência rara, humor afiado, não tinha meias palavras. Ele não passou logo um briefing de um filme específico; falou mais do espírito corporativo da empresa, da sua alma, das expectativas que pairavam no ar, das experiências negativas que vinham tendo na produção de seus comerciais. Bem ao meu gosto.

Logo percebi que havia ali uma abertura para que houvesse um trabalho cooperativo, quase que um convite explícito para que eu palpitasse, tivesse voz ativa no processo criativo, o que entendi como um ponto extremamente positivo.

O Luizinho, que havia ingressado na Promarket não fazia muito tempo, me mostrou o storyboard do filme pretendido e logo manifestou sua abertura para meus comentários e sugestões. Descobri ali mesmo que não haveria uma concorrência, como de hábito. Estavam apostando todas as fichas em mim, na 5.6. Ótimo.

O orçamento foi de fato aprovado sem questionamentos, e iniciamos a produção do que viria a ser um marco na comunicação da empresa, um comercial intitulado "Evolução", que mostrava momentos marcantes da história da medicina, envolvendo a composição de imagens ao vivo com computação gráfica realizada magistralmente pela Vetor Zero.

Entrou no circuito o produtor de RTV da agência, o Francis Figueiredo, que não havia participado da reunião inicial. Para minha gratíssima surpresa, descobri que ele também estava imbuído do mesmo espírito colaborativo do resto da equipe. Toda a equipe da agência mostrou-se aberta, disposta a ouvir e colaborar para o bom resultado do job, que foi um sucesso retumbante, de recall e de vendas.

Teve início ali uma aliança fundamentada na confiança mútua.

Mais tranquilo com o encaminhamento das produções, o Clemente saiu um pouco de cena e a Carlinha passou a ser o meu elo principal com a Promarket. Fizemos muitos filmes seguidos, e depois de um certo tempo o Clemente deixou a empresa, para seguir uma bem-sucedida carreira de escritor, palestrante e consultor de empresas.

Não tenho certeza de quantos filmes eu dirigi para a Amil, com essa equipe fantástica da Promarket, mas foram dezenas e dezenas de grandes produções, sempre inovadoras, vanguardistas, memoráveis.

Desde a primeira produção, nunca houve concorrência, tal a confiança construída de parte a parte – e, para coroar essa confiança, em razão da habitual complexidade dos roteiros da Amil, a Promarket não comprava espaço de mídia até que, após estudos e planejamento, *eu* indicasse uma data possível para a veiculação. Atitude impensável naquele mercado da época, mas extremamente benéfica para o resultado final, porque retirava-se de nossos ombros um fator terrível, uma pressão atroz, que era um deadline impossível ou muito arriscado de se cumprir.

E isso foi sempre assim, uma relação positivamente simbiótica com todos os membros da equipe da Promarket, incluindo profissionais que ao longo do tempo passaram também a participar daquela parceria, como a minha querida Marcinha Mendes.

Raras vezes em toda a minha carreira tive um relacionamento tão bom, tão cordial, compreensivo e colaborativo quanto com o time da Promarket/Amil, incluindo até o seu presidente, Dr. Jorge Ferreira da Rocha, que, para completar a proximidade, era nosso vizinho em Alphaville.

Guardo com muito carinho as lembranças dessa faceta tão legal da minha carreira, e todos os envolvidos sempre terão um espaço muito amplo no meu coração.

O mercado já mudou completamente, você já não conhece quase ninguém que esteja ainda na ativa, enquanto alguns poucos ainda sabem quem você é e o respeitam pela sua história profissional.

6.1
Infidelidade

Estava no *lounge* da 5.6, um belo dia, quando percebi uma certa comoção acontecendo no andar de baixo. Desci correndo as escadas e deparei com o Cal aos gritos com um montador freelancer que prestava serviços para a empresa havia muitos anos.

O Cal estava a ponto de ir às vias de fato, enquanto o montador, que trabalhava frequentemente para a 5.6, se encolhia e pegava suas coisas para ir embora. Fiquei sabendo em seguida que ele havia entrado com uma ação trabalhista contra a produtora.

Mais de 1.500 funcionários passaram pela empresa e tivemos raríssimos processos, até então todos de valores pequenos, sem grandes consequências. Mas esse processo não era daqueles; era algo que hoje estaria na casa dos milhões.

Ocorre que esse montador, de fato, nunca foi nosso funcionário, e na 5.6 não tinha aquela jogada de haver um contrato com uma pessoa jurídica para evitar os encargos. Ele realmente era um freelancer, que inclusive prestava, simultaneamente, serviços para diversas outras produtoras, o que já deveria ser mais que suficiente para descaracterizar qualquer vínculo empregatício. Além disso, ele nunca de fato editou um filme meu. Ele atuava como assistente, já que eu sempre gostei de montar meus próprios filmes (meu dia normalmente começava às 4 ou 5 da manhã para que esse trabalho de montagem fosse realizado antes do expediente normal).

Acontece que, como eu já aparecia nas fichas técnicas como o diretor do filme, e às vezes até como diretor de fotografia e produtor, eu "repassava" a autoria da montagem para meus assistentes, e ele acabou se valendo disso para "comprovar" que havia trabalhado trocentos zilhões de horas sob chuva de granizo e sob ameaças de chicotadas sem receber jamais nenhum tostão furado.

Eu achei muita graça na primeira vez que li os termos da ação que ele impetrou contra a 5.6, mas no final descobri que a justiça trabalhista brasileira tem um senso de humor muito diferente do meu. Depois de anos brigando, por uma omissão idiota do nosso advogado, fomos forçados a fazer um acordo, o que mesmo assim nos custou uma pequena fortuna. Esse episódio deixou no ar um fedor insuportável de injustiça e me fez reconsiderar muita coisa na minha vida, incluindo o timing do meu ciclo profissional. Havia algum tempo eu já vinha me sentindo um pouco amargurado, por não ter conseguido viabilizar, de forma mais contundente, outros projetos paralelos à 5.6.

Eu tinha muita vontade de dirigir um longa-metragem, mas meu cronograma de trabalho impedia que eu me ausentasse pelo tempo necessário, e, embora eu tivesse estofo para ficar sem ganhar meus cachês durante um bom tempo, sentia que não seria justo submeter minha equipe a esse sacrifício.

Assim, fui postergando, empurrando esse e outros desejos com a barriga, mantendo o enorme volume de produção, em prol de todos os membros da equipe e suas famílias. Chegamos a produzir três longas, mas nenhum sob a minha direção.

Ao mesmo tempo, alguns poucos membros do nosso time reclamavam que os cachês que recebiam eram inferiores aos do mercado, mas sem considerar que todo mundo recebia cachês por todos os filmes da casa, quer tivesse participado deles, quer não. Eu ficava me perguntando se estava valendo a pena continuar sacrificando meus desejos e ambições.

Outra coisa que estava começando a me incomodar era a ascensão no mercado de uma nova geração de profissionais, especialmente na Criação, sem que boa parte desse contingente estivesse preparada para o desafio.

No meu entender, estava acontecendo naquele momento um fenômeno que permitiu que espaços no topo da pirâmide criativa fossem abertos, antes que aqueles profissionais nos degraus mais abaixo estivessem preparados para assumi-los.

Muitas agências foram forçadas a reduzir sua folha de pagamento em razão de vários fatores, como maior concorrência, maior demanda de serviços não remunerados pelos clientes, verbas mais enxutas, redução do BV, entre outros. Algumas delas optaram por demitir os profissionais mais experientes, em razão dos altos salários que recebiam, criando ali um vácuo que fez ascender uma turma nova, muito despreparada.

Simultaneamente, alguns bons criativos resolveram, por conta própria, deixar de ser empregados, para montar suas próprias agências, levando com eles alguns dos bons profissionais com quem estavam habituados a trabalhar. Isso gerou mais vácuo, mais escalada de profissionais menos gabaritados.

Espero que me entendam, não estou generalizando. Se você chegou até aqui, já sabe que não sou de atrelar idade a experiência ou capacidade, não existe uma correlação direta aí. A sensação que eu tinha na época é que alguns profissionais não tão competentes foram alçados a posições de decisão, e o pior é que, por falta de experiência, segurança, maturidade, tinham que mostrar serviço, tinham que exercer o poder, tinham que ter a última palavra, ser donos da verdade.

Garanto que cruzei com alguns desses seres naquela fase da minha carreira, o que foi mais um motivador para eu começar a repensar a minha vida.

Nunca me esqueço de uma filmagem para Ferrero Rocher. Como de hábito, cheguei para rodar o filme por volta das 8h30, encontrando tudo pronto: cenário decorado, luz feita, elenco vestido e maquiado, câmera montada, esperando só que eu a posicionasse no lugar. Minha equipe era mesmo fantástica.

Começamos a rodar às 9h. Meu shooting board indicava que seriam 15 ou 16 cenas diferentes. Um pouco antes do meio-dia, eu exclamei meu tradicional "Wrap!". Tínhamos concluído a filmagem com sucesso. Tudo "na lata".

Durante o almoço em nosso refeitório, o redator da agência que havia acompanhado a filmagem (uma situação não muito comum na 5.6), usando um tom levemente irônico, me diz:

– Puxa, três horas pra rodar um filme...

Eu estava levando o garfo à boca e parei no meio da ação.

– E os trinta anos de experiência não contam?

Com tudo isso acontecendo à minha volta, e refletindo bastante, decidi que, pelo menos no médio prazo, eu iria dar mais uma virada na minha vida.

Eu não conseguia enxergar no horizonte algum patamar mais alto do que aquele em que me encontrava. Era hora de dar passagem para uma nova geração de diretores, e isso não me incomodava nem um pouco: concluí que já havia cumprido minha missão, já tinha motivos para me sentir realizado.

Fiz um planejamento de ações a serem desenvolvidas e implementadas, para que eu pudesse me afastar da empresa com o menor impacto possível.

Primeiramente, impulsionei a busca por mais potenciais "herdeiros", assunto já tratado anteriormente. Em segundo lugar, promovi a criação de uma nova empresa, a Cinco Ponto Seis Filmes, de cujo quadro de acionistas eu nunca fiz parte. Os sócios eram o Cal, o Magrão e inicialmente o Cláudio Meyer, que saiu da sociedade pouco tempo depois.

Aos poucos fomos transferindo todos os funcionários da 5.6 Produções para a 5.6 Filmes. Foi uma transição tranquila; acertávamos as contas em uma, e imediatamente a pessoa era contratada pela outra. Esse foi um processo que se desenrolou ao longo de um ano, talvez mais, sem grandes alardes ou consequências, mas que me trouxe uma grande tranquilidade, pois, depois de algum tempo, a 5.6 Produções tornou-se uma empresa totalmente "zerada", sem quaisquer passivos trabalhistas ou qualquer outro, mas detentora de todo o patrimônio que havíamos acumulado ao longo dos anos.

Naquela época, eu já havia comprado a parte do Aldana e detinha 75% da empresa. Quando senti que a coisa estava razoavelmente estabilizada, com alguns diretores da casa atraindo um volume razoável de trabalho, comuniquei ao Cal que iria me afastar da empresa e que passaria a atuar como se fosse um freelancer contratado, e só queria ser considerado para filmes da Amil ou para projetos especiais que me fossem extremamente atraentes, pela sua dimensão de produção, criativa ou financeira.

Fizemos um acordo, no qual eu "arrendei" a minha parte da 5.6 Produções para a 5.6 Filmes, recebendo royalties pelo uso da marca e do acervo da casa, e um aluguel pelo uso do prédio, equipamentos, veículos etc. Quando e se eu dirigisse algum filme, eu teria, além de tudo, direito ao meu cachê de diretor, em torno de 10% do valor do job. Bons tempos...

Não foi fácil me distanciar da empresa, havia muito trabalho que vinha direcionado para mim, e ficava difícil explicar a minha indisponibilidade aos clientes. Eu aceitava alguns jobs, recusava a maioria. Mas aos poucos fui me posicionando e forçando a barra para que o Cal e o Magrão se sustentassem com suas próprias pernas, e chegou um momento em que me senti confortável para me ausentar por um período mais alongado e mudei de mala e cuia para os Estados Unidos.

A Leslie e eu passamos algumas semanas à procura de um local próximo a Los Angeles, e finalmente alugamos um apartamento com espetacular localização, na Marina Del Rey. Era uma pequena unidade de canto, toda envidraçada, sendo que um lado tinha vista para o canal principal da marina, e o outro lado, para o primeiro de muitos e muitos canais secundários que abrigavam milhares de barcos.

Uma vista simplesmente espetacular, que ironicamente incluía o Fisherman's Village, um colorido complexo de lojas, e um farol, no píer onde anos antes eu havia filmado, para a Talent, o comercial da Grendene com a Victoria Principal.

Após seis meses curtindo a deliciosa paisagem daquela região entre Venice e Santa Monica, voltamos ao Brasil para matar a saudade da família, e também porque iria expirar o prazo máximo que nosso visto nos permitia permanecer nos Estados Unidos.

O que era para ter sido uma visita de algumas semanas acabou sendo um retorno definitivo.

A Leslie decidiu que não queria mais ficar longe dos filhos, e, mesmo um pouco a contragosto, acabei entendendo o seu ponto de vista. Eu tinha a pretensão de dirigir um longa por lá, mas, como ficar longe dela não era uma opção emocionalmente viável, me dei por vencido e acabamos nos desfazendo do apartamento, dos móveis, do carro... e voltamos de vez para o Brasil.

6.2
O show não pode parar

Finalmente havia chegado a hora. A chuteira estava praticamente pendurada, a publicidade começava a se afastar no meu retrovisor. Eu passei a realizar apenas alguns poucos projetos mais importantes para a Amil.

Seria o momento, então, de aproveitar a oportunidade para descansar, curtir "il dolce far niente" que todo mundo almeja ao chegar nessa fase. Só que não.

Os anos que se seguiram talvez tenham sido os mais produtivos da minha vida.

Escrevi o roteiro de um longa-metragem de animação chamado "Arctia", que revisita e dá um novo olhar sobre o conceito do Natal. A Lobo Filmes e a Vetor Zero se associaram a esse projeto e montamos a ToolBox, com a finalidade de desenvolver todo o visual e buscar investimento internacional para a produção do longa. Paralelamente, começamos a criar diversos produtos muito interessantes de "Edutainment", ações educativas com um forte viés de retorno institucional para as empresas patrocinadoras.

Por meio de uma produtora canadense, conseguimos um aporte de 35 milhões de dólares, e já estávamos para iniciar a fase de desenvolvimento do "Arctia" em Toronto, quando o investidor fez uma alteração na minuta do contrato, que acabou inviabilizando o seu prosseguimento, e preferimos ir em busca de outra fonte de financiamento.

Como eu teria que ficar dois anos fora do Brasil para conduzir o projeto, eu tinha alugado a minha casa e já havia reservado um apartamento em Toronto. Portanto, quando retornamos ao Brasil, a Leslie e eu estávamos "sem teto", pelo menos em São Paulo, já que tínhamos uma casa muito gostosa, pé na areia, em Ubatuba. Optamos por ficar por lá, pelo menos por um tempo, enquanto não decidíamos o que fazer da vida.

Nos primeiros meses eu consegui ficar tranquilo, realmente me recompondo do cansaço acumulado de tantas décadas de trabalho intenso. Mas daí veio aquela comichão, aquela vontade de fazer alguma coisa, pôr a mão em alguma massa, *produzir!*

Para encurtar a história, nos dois anos seguintes abri uma galeria de arte, uma loja de moda praia, uma fábrica de biquínis, um bar/forneria com música ao vivo, uma hamburgueria, uma TV a cabo, a única livraria que ainda existe na cidade, e ainda apresentei um programa de TV sobre publicidade e um de rádio sobre música e efemérides. Ficamos em Ubatuba por quatro anos.

Depois que voltei a São Paulo, concebi, fiz o projeto gráfico e editorial e consegui viabilizar, com grande ajuda do meu amigo Lair Ribeiro, a revista *Flash*, em sociedade com a Editora Escala e o apresentador Amaury Jr.

Logo em seguida, em parceria com meus amigos Ricardo Bellino e Samuel Goldstein, montamos as Casas Brasileiras, um canal de vendas voltado para o enorme contingente de brasileiros residentes no exterior (que movimenta perto de 7 bilhões de dólares anualmente). Nossos sócios nessa empreitada eram Ponto Frio/Casas Bahia e Rede Record. Como parceiros, estavam a bordo a Volkswagen, Construtora Tenda, Microlins, Rodobens, entre outros pesos pesados.

Resolvi também entrar no setor da gastronomia. Montei um restaurante português, o Marquês de Marialva, em sociedade com minha irmã e meu cunhado, o saudoso cantor Roberto Leal, e comprei o tradicional francês La Cocagne, aquele mesmo, vizinho da Glow e da Talent.

Depois montei o La Maison est Tombée, um boteco estilo carioca, em sociedade com os donos do celebrado Vaca Véia. E ainda fiquei sócio da unidade de São Paulo do Café de la Musique.

Paralelamente a tudo isso, entrei no setor imobiliário, incorporando alguns edifícios em Alphaville, em sociedade com o meu sempre parceiro Cal. Essa atividade me levou a desenvolver um projeto que me deu muito prazer, de hospedagem e cuidados voltados para a terceira idade.

Em 2018 fui convidado pelo Nando Cohen (Vetor Zero/ToolBox) para me tornar sócio e COO da BBL, uma empresa que atua em um segmento que está simplesmente bombando mundialmente: esportes eletrônicos. A BBL é uma *holding* de entretenimento que reúne uma série de empresas especializadas em games e eSports. Atualmente, ela é a empresa referência do mercado e responsável pela implantação da maior arena de eSports Battle Royale do mundo, no estádio do Pacaembu, e tem realizado ações muito relevantes para marcas como Claro, Burger King, Uber Eats, Fanta, entre outras, aproximando-as do gigantesco público e criando uma conexão importante com ele.

Nos intervalos de tudo isso, escrevi dois musicais: um intitulado *46th Street*, que conta as peripécias de brasileiros vivendo em Nova York, e outro baseado nas composições de Ivan Lins, batizado de *Começar de novo*.

E nas brechas também consegui realizar um grande sonho, que foi conhecer as regiões polares. Participei de três expedições a bordo do quebra-gelo Explorer, da *National Geographic*, acompanhando um grande time de fotógrafos e cineastas da instituição e aprendendo com eles. Foram duas aventuras no Ártico e uma na Antártida, passando pela South Georgia.

Em uma dessas viagens, fiquei conhecendo o biólogo e especialista em diplomacia científica Prof. Paul Berkman e sua esposa, Julie, que me convidaram para me tornar diretor de uma ONG voltada para a defesa das áreas do planeta que não se encontram sob a jurisdição de nenhum país: o fundo do mar, o alto-mar, as regiões polares e a estratosfera. A renomada bióloga e mergulhadora Sylvia Earle também faz parte dessa organização, chamada Our Spaces.

Com o objetivo de divulgar os interesses dessa organização, iniciei a produção de um documentário em celebração aos sessenta anos do Tratado da Antártida. Com a inestimável ajuda da Marinha do Brasil, em 2020 consegui levar uma equipe para a região, onde permanecemos por três semanas a bordo do navio polar Almirante Maximiano e na recém-inaugurada base brasileira Comandante Ferraz.

Ufa! Nada mal para quem estava pensando em se aposentar. Mas não acredito que vou parar de inventar moda por aqui. Prefiro achar que tenho algum tempo útil pela frente e estou sempre de olho em oportunidades que me estimulem a me manter ativo, com a mente sempre engrenada e acelerada.

Dos meus tempos na publicidade, só me restam as memórias, em sua grande maioria muito boas, guardadas com carinho dentro de mim.

O livro acabou ficando muito maior do que eu imaginava. Nem eu mesmo tinha consciência da quantidade de experiências que foram tão importantes na minha vida, contadas agora que saí de trás da câmera. Portanto, se você conseguiu chegar até aqui, é sinal de que elas foram de alguma forma interessantes também para você.

Foi uma longa jornada de trabalho, foram muitas histórias plantadas, muitas lembranças colhidas, e estou mais do que feliz pela oportunidade de compartilhar algumas delas com você.

Memórias são um meio de manter vivas as coisas que você ama, quem você é, o que você não quer perder... Ambiguamente podem nos fazer sorrir das coisas que nos fizeram chorar e provocar uma lágrima ou outra ao lembrarmos de nossas passagens mais felizes.

Ainda bem que mesmo ultrapassada a fase 6, o campo ainda continua semeado, prometendo uma nova safra de recordações para daqui a algum tempo.

Após a colheita, quem sabe, terei a oportunidade de compartilhá-las de novo.

Agradecimentos

Antes de qualquer coisa, preciso agradecer à minha irmã Márcia a inestimável contribuição para a realização deste livro. Sem a paciência e a organização dela para transcrever todos os "causos" que enviei em vídeo, e sem a sua habilidade para ordenar e seu talento para costurar todo aquele material e construir uma estrutura narrativa que fizesse sentido, eu não teria tido motivação para chegar até o fim. Por isso e por todos esses meus 68 anos, obrigado, maninha! Amo você.

Tenho também que reconhecer todas as agências que tiveram um papel crucial no meu desenvolvimento como diretor e na consolidação da 5.6, mas pessoas jurídicas são constituídas de pessoas físicas, criativos, atendimentos, produtores de RTV... e é a elas que devo o meu eterno agradecimento. Não vou relacionar nomes, porque você sabe que estou falando de você.

Foram cruciais todos os nossos queridos "frixos": freelancers *habitués*, como fotógrafos, profissionais de casting, de efeitos especiais, de maquiagem e cabelo, de som direto e assistentes de câmera, profissionais que mereceriam uma plaquinha de ativo fixo da produtora e que nos ajudaram a entregar tantos trabalhos de qualidade.

Aos estúdios de som, compositores, maestros, músicos e locutores que tão bem nos serviram durante todo esse tempo, só tenho a agradecer o talento, o empenho e a paciência por me aturarem.

Um muito obrigado ao Alceu, ao Alberto e ao Serginho, da Vetor Zero, pela eterna parceria e pela enorme contribuição para o resultado do meu trabalho.

Preciso enaltecer e aplaudir meus sócios, o Aldana e o Cal, por terem me apoiado de forma incondicional ao longo de toda a nossa empreitada, e, em particular, as centenas de profissionais que trabalharam de perto comigo, em especial na época da 5.6.

Muitos de vocês extrapolaram os limites da relação de trabalho, tornando-se muito, mas muito mais do que meros colaboradores – pelo menos é assim que enxergo vocês.

Sem vocês eu não teria me realizado. E sem vocês essa jornada não teria feito sentido.

Sei que não foi fácil, mas obrigado a todos por terem me suportado... em todos os sentidos da palavra!